刑事法随想　わが心の軌跡　曲肱の楽しみ

中谷瑾子

はしがき

わたくしは日本女子大国文科を出ましたが、考えるところがあって昭和二五年旧制最後の慶應義塾大学法学部を卒業し、その後助手になり、昭和三七年に慶應義塾大学法学部での最初の女性教授となりました。研究・教育活動に力を尽くして今日に至りましたが、その間の思い出話のいくつかを、書物の編集をしている中で問われるままに信山社の村岡侖衛さんにお話ししたことがありました。村岡さんからは、今ではわからなくなってしまっていることも多く、語って下さる方も少なくなっているので、是非、どなたか若い方にいろいろと質問して頂いて、そのお話をまとめさせて頂く機会を設けて下さいという依頼を受けていました。しかし、なかなか時間がとれないまま時間が過ぎてしまいました。

先日、書物の整理をしておりましたところ、かつて私の研究（ゼミ）卒業生の皆さんが私の還暦のお祝いとして、私が執筆した随想をまとめてくれた『曲肱の楽しみ』という書物が出てきました。中をぱらぱらと眺めていて、これなら村岡さんが要望していたことに若干でも応える内容があるのではないかと考え、その後執筆した随想や講演を収録して一冊にまとめることで長年の責めを果たせるのではないかと、その旨お伝えしたところ、賛成して頂くことができたというのが、この書物の成立の経緯です。

当時の書名『曲肱の楽しみ』とは、「貧しいながらも道を行う楽しみ」という意味で、私のささやかな思いを託したもので、その内容は昭和五六年一月から一二月までの『時の法令』誌に連載した随想が中心でした。そのことは、第一部のあとがきに書いてあるとおりです。

『曲肱の楽しみ』は絶版となって久しいので、今回新たに目を通しましたが、時代の経過の中で書き換えることが困難になっている点も多く、また、当時の時代、社会の中での発言として理解して頂いたほうが良いと考え、原則として執筆当時のままとし、現在の著者の考えを述べたい場合に最小限の補正・追加を行うという方針をとったことにつきご了解頂きたいと思います。

最後にこの場をお借りして、これまでの私の人生の道しるべともなって、お導きくださいました多くの皆様に深く御礼申し上げたいと思います。

刑事法学の師、故宮崎澄夫先生、また、刑事法を専攻とするにあたって、周囲の「女だてらに！」という反対を、おとりなしくださった故今泉孝太郎先生、そして、学問の［学際的研究］の必要性とその実際をお教えくださった、ドイツ・チュービンゲン大学の故ハンス・ゲッピンガー博士、以上の偉大な三師なくして私の学者人生はありえなかったと、深い畏敬の念とともに、感謝申し上げます。更には、私の拙い指導にもかかわらず、地道に努力を重ねられ、今やその才を大きく開かれ、刑事法学会の第一人者となられた井田良さんにも、多くお助けいただきましたことを御礼申し上げます。

併せまして、本書の出版のきっかけを作り、「刑事法随想　わが心の軌跡」という私には考えもつかない素敵な書名を考案し、出版を勧めて下さいました信山社の村岡侖衛氏に心からの感謝の意を表したいと思います。加えて前記のように『曲肱の楽しみ』がなければ本書はありえなかったわけですので、ここに改めてかつての私のゼミの皆様に深謝いたします。

平成一六年四月

中谷　瑾子

目　次

第一部　曲肱の楽しみ

I　思いつくままに

目次

目　次

第一部　曲肱の楽しみ

旧著　曲肱の楽しみ　献呈のことば

恩師中谷瑾子先生は、このたびめでたく還暦をむかえられました。先生には塾在学中はとくに御懇篤なる御指導を賜り、また卒業後も折にふれて御世話になったことを想うにつけ、わたくしどもゼミ卒業生の敬慕の情は年毎に深まるのを覚えます。

かねてより先生が還暦になられたらわたしども中谷ゼミ全体でお祝い申し上げたいと思い居りましたところ、先生には、還暦を機に、これまで公にされた御論稿の一部をまとめて出版される由承りました。そこで、先生の時宜にかなった珠玉の評論・随筆は、わたしどもがぜひとも出版したいとお願いしたところ、先生は快くおききいれ下さいました。こうして本書が編まれるところとなりました。

謹んで還暦をお祝いし、中谷瑾子先生に本書を捧げます。先生がますますお元気で、今後ともわたしども後進を導いて下さることを心からお願い申し上げます。

昭和五八年六月

慶應義塾大学法学部

中谷研究会卒業生一同

Ⅰ　思いつくままに

1　法的規制の要否

他大学に出講すると、そこの講師室で、全く専門を異にする研究者との出会いに恵まれ、いろいろ耳学問をし、また、異なった視座からものをとらえる可能性について示唆を受けることが多い。最近二か月の間に、渡辺昇一氏（上智大教授）が、ある週刊誌に、劣悪な遺伝子があると自覚した人は、克己と犠牲の精神で自発的にそれを残さぬようにすべき「神聖な義務」があるとして、ともに血友病（遺伝性）の二子をもつある作家を名指しで非難したことがマスコミで大きく取り扱われ、批判が相次いだ。

さき頃、出講先の某女子大学で、遺伝学の研究者であるF教授と一しきりこの問題について話し合う機会を得た。

F教授は、最近は公害・薬害の影響のせいか、障害をもって生まれる子がふえたのではなかろうかということ、また、未熟児哺育法の驚異的といってよい進歩は、従来は助からなかった「いのち」をも救いうるようになったが、同時に、心身に障害をのこす確率も高い（某医大教授によると約五〇％にものぼるという）こと及び障害者の人口比が一定限度をこえると、社会はその負担にたえかねるようになることなどを指摘された。この点に関しては、障害をもつ子の出産をさし控えることを目的とする胎児（側）適応も考えられる。

わが国の優生保護法（昭和二三年〔平成八年の改正で優生思想に基づくところを削り、法律名も「母体保護法」となった〕）は、第二次大戦後としては、妊娠中絶の自由化の点で世界的に先駆的な立法として評価されるものの、右の胎児（側）適応はまだ規定されていない。かつて、この適応の追加規定を含む改正案が国会（昭和四七年から四九年にかけて）に提出されたことがあるが、心身障害者の生存を否認することにつながるという強い反対にあって廃案となった。

今日の医学的知見によれば、羊水穿刺その他の方法によって胎児の遺伝子・染色体の異常などの相当数のチェックが可能であるという。胎児が悪い遺伝子を保有していることが判明した段階で妊婦がこれを希望したときは、他に中絶を適法化する理由がない場合にも、それだけで中絶を認めてよい（胎児（側）適応または胎児条項）のではなかろうか。これは遺伝子の組みかえまではいかないとしても、遺伝子工学につながるといえる。

また今日ではすでに胎児の性別の判定も可能であるから、男女の産みわけも思いのままという、ひと昔前の人間の夢はすでに夢ではなく現実のものとなった。しかし、このような出産調整は、いうなれば「神の手」を人間が手中にすることであり、果たしてそれは「人間」に許されるのか、また、人間にとって真の幸せにつながるのか、は問題であろう。

遺伝学ないし分子生物学の領域では、すでに遺伝子の組みかえや細胞の合成が可能であり、また、人間の臓器を動物に移植することも、動物の臓器を人間に移植することも可能であることなどは、門外漢の私でもおぼろげに知ってはいたが、さきほどのF教授の話の中で私が最もショックを受けたのは、アメリカで、人間とマウスとを組み合わせて*human*ならぬ*humouse*なるものが合成されるに至ったという話であった（その合成過程を教授はフィルムで実見したという）。

遺伝学や分子生物学について全く無知な筆者はF教授の話を正確に再現し、伝達することはできないが、教授の話の帰着するところは、ヒューマウスにかぎらず新しい合成生物をつくり出す可能性に対し、これを放任してよいものか、何らかの研究上の制約ないし歯止めが必要ではないか、という疑念（古くて新しい）であった。

ヒューマウスの提起した問題にしろ、胎児（側）適応ないし羊水穿刺による胎児診断法の提起した問題にしろ、その解決のためには、人間の科学（未知）への挑戦に対して、人間存在としての許容の限界を見据える必要があるのではなかろうか。それには哲学的、人間学的、しかも科学的視座とそこからの掘下げが要請されるのであり、そのうえで法の介入の余地、人類の未来を誤らせない適正な規制の可能性とその限界を画す明確な基準が求められねばならない。そして、その並々ならぬ重責は、主として法律家に課せられていることをわれわれはあらためて銘記する必要があるように思われる。

一九八一年、国際障害者年の年頭にあたり、現に障害をもつ人々の十全の福祉を祈念しつつペンを擱く。

（時の法令一〇九六号）

2 誤判の重み

昭和五五年も暮れようとする一二月半ば、相次いで二件の再審決定が出され、世の注目を集めた。一件は免田（死刑確定）事件の再審開始確定（一二日。最高裁決定）であり、もう一件はいわゆる徳島のラジオ商殺し事件に関する徳島地裁の再審開始決定（一三日。ただし即時抗告）である。死刑判決事件に対する再審開始決定の嚆矢は財田川事件であるが、目下即時抗告中で、再審開始が確定したのは今回の免田事件が第一号である。その意味でこの決定は極めて注目に値する。死刑廃止論の主要な論拠の一つは誤判のおそれ（刑執行後とりかえしがつかない）である。もし免田さんが再審の結果無罪となったときは（その確率は大）、死刑廃止論者のパーセンテージをあげることになるのではなかろうか。ただ、私自身、免田事件の詳細についてはとくに知るところがない。

徳島のラジオ商殺しについては、本決定が出る直前に本件をモデルにしたテレビ・ドラマ「暁は寒かった」が二回にわたって放映され、一般に強烈な印象を与えた（未解決の事件をこのような形でとりあげることについては疑問がないではない）ようであるが、私自身にとっても本件は、再審事件の中で最も身近に感じられる事件である。それは、請求者が女性で、しかも五度目の再審請求の結果を見ずに昭和五四年一一月一五日に癌で死亡するという悲運さが何とも哀れに思われるだけでなく、十数年前、研究調査の対象として和歌山刑務所に服役中の富士茂子さんの記録を読ませて貰い、口こそきかなかったが、その姿を見、処遇上の施設側の印象なども開いたことがあるからである。その後、なぜ釈放直前になって栃木刑務所に移送されたのか、および、経済的な理由と裁判に対する不信から上告を取り下げた彼女が、無実の証しを得るため早期出獄を切望しながらも、仮釈放が唯一「改悛ノ状」を要件とするところから、その表明を勧められても、それは、犯してもいない犯罪を犯したと認めることになるから、絶対にできないとして、みすみす仮釈放のチャンスをつかもうとしなかったこと（彼女は模範囚であった！）など、すべて今は亡き畏友H所長（当時保安課長、管理部長として彼女をよく知っていた）から聞いたことであった。現行の仮釈放制度では、無実を主張すればする程長く服役しなければならないという矛盾があることを深刻に考えさせられたのもこのケースだった。

最近、法務省の前田刑事局長は、衆議院の法務委員会での質問に答えて、必ずしも再審の門を大きく開く意図のないことを述べ、とくに本件再審開始決定には納得がいかないとされた。財田川事件・免田事件といった死刑判決事件にもまして、とりわけ本件の再審開始決定を不服とする検察側の真意は、他の再審事件では警察段階でのミスが争われているのに対して、本件はすべて検事調書で証拠が固まっているという自負があるからのように見うけられる。今のところ真実が確定的とはいえないが、もし亡き富士茂子さんが無実だったとするならば、彼女の四三歳から六九歳で病没するまでの悲痛な生涯を一体誰が償うことができるのか。死刑判決ではなかったが、無実の主張の途中で本人が死亡したため、死刑判決事件の場合と類似した、とり返し不能の思いが残るであろう。更に本件に巻きこまれ、被害をうけた近親者の人生を一体誰が償いうるのだろうか。これらの人達のことを考えると心が凍る。本件に限らず、誤判の責任は、個人では到底背負いきれない程重いものであることをわれわれは銘記しなければならない。

われわれ刑事法の研究に携わる者は、日頃、お題目のように「疑わしきは被告人の利益に」とか「百人の犯罪者を免れさせようとも一人の無辜《むこ》の人間を罰してはいけない」などというが、無意識のうちにいつも自ら裁く側、処遇する側から発言してきたのではなかったか。自らの三〇年来の研究をかえりみて痛烈な反省と根底からの見直しを迫られている思いがする。裁判官も検察官も個人的に知る限りの人は絶大な信頼を寄せるに足るすぐれた人物ばかりである。しかし、“Nobody is perfect”. この不完全な人間が人を裁くのである以上、とくに刑事裁判においては、関与者はすべて謙虚に神を畏れ、己れを戒める心をうしないたくないものである。

（時の法令一〇九八号）

3　ボワソナアドと性刑法

最近、ある宗教団体の機関紙に寄稿を依頼されて、近親相姦とくに父娘相姦について考えてみる機会があり、フト気がついて、旧刑法以来わが刑法に近親相姦の規定がない理由をたずねて、そのルーツがボワソナアドの提案と説得にあったことを知った。

この点は、これまで余り指摘されるところがなかったように思われる。

近親相姦の禁忌（incest taboo）は、周知のとおり、古代エジプトやペルーのインカ帝国など少数の例外を除けば、あらゆる民族に普遍的に見られるところであり、また、これを刑法で規定する立法例が一般である。ところがわが国の実定法には、近親婚の制限規定（民七三四。さらに同七三五、七三六）はあるが、近親相姦の規定はない。しかもこの点をとくに問題としたものは、私の知る限りでは極めて少ない。僅かに泉二新熊博士が「我旧刑法及ヒ現行法ハ此種ノ破倫行為ヲ不問ニ付シタリ其是非得失ニ至リテハ大ニ研究ヲ要ス可シ」とし、植松正博士が、今でも近親相姦・同性性欲等を処罰している立法例に対し、わが現刑法は「そういう点ではもう一歩前進して、不干渉主義を採っているが………（中略）風俗の自律作用にまかせる方が適当であるとの立法者の見解によるものであろう」とされる程度である。なお、不破武夫博士が嬰児殺に対する刑の量定の研究において近親姦生子殺の多いことに鑑み、「現行法上近親相姦の規定を欠き何人も怪まないのは、其の理由を解するに苦しむ。かねがね疑問を懐いていたが、本資料を扱って特に此の規定を欠くことの不当を痛感した」と切実に訴えておられるのが目につく程度であった。私は、「性」といったすぐれて個人のプライバシーに関する領域にまで国家刑罰権が介入することを不適当とした旧刑法以来の立法姿勢は支持されるべきものと考えて来た。優生保護法（平成八年改正で「母体保護法」）の制定により妊娠中絶が大幅に緩和されたことによって、近親姦生子殺が激減したことも一層この考えを正当化した。ところが最近になって状況にやや変化があらわれた。一つは母子相姦事例がダイヤル避妊相談室への相談の激増という形でマスコミで好んでとりあげられるようになったことであり、他方、父娘相姦が養護施設や少年院の被収容者のシリアスな問題として無視できないものとの認識が普及し、さらには父親殺し・嬰児殺しの原因として重大な問題を提起しているという状況があることである。近親相姦の禁忌はひとり西欧社会に見られるだけでなく、東洋でも、例えば唐律で、すでに十悪の中に「内乱」としてかぞえられ、父祖の妾を姦しても絞首刑という重罰に処せられた。わが国では最も古くは大祓の祝詞のあげる八つの国津罪の中に「己が母犯せる罪」、「母と子犯せる罪」、「子と母と犯せる罪」があり、唐律を継受した大宝・養老の日本律でも八虐の中の不孝《ふきょう》に「奸父祖妾」を規定し「凡そ父祖の妻を姦する者は徒三年。妾は一等を減ず」と規定していた（雑律二二）。その後徳川時代のいわゆる御定書百箇条でもその第四八に「養母養娘幷娵と密通いたし候もの、男女共獄門」、「姉妹伯母姪と密通いたし候もの、男女共遠国非人手下」とされている。この近親相姦処罰の伝統は、律令系の明治初年の仮刑律、同三年の新律綱領、同六年の改定律例に至るまでひきつがれ、たとえば改定律例二六一条は、「親属相姦」として「凡父祖ノ妾伯叔姑姉妹及ヒ子孫ノ婦ヲ姦スル者ハ各懲役三年強姦スル者ハ懲役終身若シ母ノ姉妹及ヒ兄弟ノ妻姪ノ妻ヲ姦スル者ハ懲役二年妾ヲ姦スル者ハ各一等ヲ減ス強姦スル者ハ並ニ懲役終身若シ兄弟姉妹ノ女及ヒ前夫ノ女同母異父姉妹ヲ姦スル者ハ各懲役一年強姦スル者ハ懲役終身」と厳罰に処すべきものとされていた。従って旧刑法の草案策定にあたっても当然「日本ノ従然刑法ニアル所ノ親属相姦ハ如何スベキヤ」という問題提起がなされている。これに対しボワソナアドは「仏国刑法ニハ強姦ノ外親属姦ノ律ナシ一体親属姦ト雖モ和姦ハ之ヲ罰スルニ及ハス」、またこれを親告罪とすれば訴える者はないであろうし、さりとて「訴ヲ待タスシテ罰スヘキ者ト為スハ官ニテ余リ人ノ家内ニ立入リ私事ヲ詐ク理ニ当ルニ付法律上ニ置クヘキ事ニアラス」（但し、傍点筆者）、「故ニ親属間相互ノ承諾上ニテ適意ニ為ス事ハ刑法上ニ罰スルヲ得ス畢竟『モラール』ニ関スル事ニ付宗旨ノ教ニ付シテ之ヲ訓戒スルヨリ外ナシ」と提案、説得した結果、「成程親属姦ハモラール上ノ教ニ付シ刑法ニ置カサル方宜シカラン」となったものであることが「日本刑法草案会議筆記」（早稲田本）に明確に記録されている。「仏国刑法二八強姦ノ外親属姦ナシ」という点については仏刑法三三一条および三三三条との関連で多少疑問がないではないが、三三三条とほぼ同旨の加重規定はボワソナアド案には規定されていた（旧刑法では脱落）から、ボワソナアドはほぼ当時のフランス刑法に従ったものといえようが、被害者が成人の場合は親告罪として個人の自由な意思を尊重する立場を貫くなど、ボワソナアドは、フランス刑法を前提としながらも、これと全く同じものではなく、より進歩的で自由な、いうなれば今日はやりの刑法の謙抑主義、非犯罪化の考え方の先駆ともいうべきすぐれてしなやかな見解の持主であったことがわかり、興味深いものがある。

近親相姦不処罰の立場は、現行刑法制定の過程でも全く論議されることなくそのまま踏襲されて今日に至っている。この姿勢は基本的に正しい。ただ私は、幼い一二、三歳ごろから父の狂った性欲の犠牲にされた悲惨な娘たちの事例に接し、何らかの対策を講じる必要がありはしないか、せめて性交同意年齢を女子の婚姻適齢（一六歳）まで引き上げるべきではないかと考えている。

（本文をやや簡略にした形で、時の法令一一〇一号）

4　法律学と学際・超学際研究

法律的な考え方、問題解決へのアプローチは、原則として、一般的ないし高邁な原理原則から出発するのではなく、きわめて厳密な法解釈をふまえた高度に技術的な性格をもつ推論でなければならない。その意味で、法律学はすぐれて特殊・専門的な学問体系といえる。そこで、法学者の中には、いわゆる学際研究が、その性質上、巨視的な視座に立つもので、それだけに厳密さを欠く嫌いのあることをおそれ、法学研究の邪道であるとしてこれを排斥する人が少なくないのも、一応根拠のあることである。しかし、現代社会においては、生活関係が複雑化し、法律問題の対象たる事実もまた固有の法律学だけでは対応しきれない分野にまたがる場合が激増した。そのために法律学についても学際研究の必要性が指摘され、今やそうした研究者の育成が俟たれているといってよい。

この学際研究の試みを私はすでに一〇年前（一九七一年一月）、西ベルリンの自由大学にハイニッツ教授を訪れた際出席を勧められた合同演習において見た。この演習は、刑法・刑事学担当の同教授のほか、医学部の教授二人、文学部の教授一人の計四人が共同担当するもので、医学部の建物の中で法・医・文三学部の学生が参加して行われるものであった。当日のテーマは「同性愛」で、鑑定を依頼されているという二人の当事者（一人はハンサムな青年、一人は三九歳の男の相手をさせられたという一三歳の少年）が順次呼ばれて入室し、教壇上の椅子にかけて当日担当の三人の教授の質問に答え、その退室後にそれぞれのケースについて自由討議と分析をするというものであった。さらに、私がその直前の約三か月間滞在したチュービンゲン大学の犯罪学研究所では、所長のゲッピンガー教授（医学博士・法学博士）の主張する統合科学的犯罪学研究の方法で、年間数千万円の研究費を得て、一〇年間にわたり二〇歳から三〇歳迄のロッテンブルク刑務所（チュービンゲン市近郊所在）の男子受刑者一三〇名と彼等と同一地域在住の同世代で逮捕・受刑歴のない同数の男子との比較調査研究を行っていたが、これも精神医学、刑事学、刑法学、社会学、心理学、ケースワーカーら、専門を異にする研究所員が参加しての文字どおりの「学際」研究であった。このような研究方法とシステムは、当時のわが国における法学研究のレベルから見て刮目に値したし、私にとっては何とも羨ましく思われた。帰国後、私どもの大学でも、複数の専任および非常勤講師が参加する「医事法」という合同演習の講座を開設し、私の退職後は専任教授が同名の講座を大学院に開設して現在に至っている。しかしこれは、残念ながら学際研究というにはほど遠い情況にある。

ところで、最近私は、日本医事新報誌上（昭五六・二・一四号）で、ハーバード大学の客員研究員木村利人氏の執筆された「バイオエシックスを考える――生命・医療・未来」を読み、そこに紹介されているバイオエシックスに関連するハーバード大学における研究と教育の実体の一部を知り、いささか興奮をさえ覚えた。木村教授によると、ハーバード・ロー・スクールでのゼミは「憲法上級コース――生物（バイオ）・医科学（メディカル）技術と生物科学幻想小説（バイオファンタジー）と法律」というテーマで、優れた憲法学者トライブ教授の指導の下に高度の法学討論を行うものであり、ハーバード・カレッジでの「医の倫理」コースでは、医学部・法学部・神学部から各一名の教授が常時出席して、たとえば「子供を産む権利」といったテーマについてそれぞれの専門分野から問題を出し、学生・教授が一緒になって討論するという方式がとられているという。同教授によれば、バイオエシックスは「今迄のような専門家の縄張りを前提とした『学際的』研究の枠を超え、大きく開かれた超学際の学問分野をきり開い」たものだという。わが国でも今日では日本医事法学会をはじめ、学際的研究をめざしている学会・研究会をいくつか数えることができるようになったが、バイオエシックスはより「雄大なスケールの学問体系」のようである。

　わが国のバイオエシックス研究は、ようやくその緒についたばかりであるが、最近とみにこの分野への関心も高まっており、急速な進展が期待される。ただ、学際・超学際研究に共通していえることだが、これを志す者は、各自の専門分野に関する最高レベルの知見と深い洞察力を蓄積したうえで、しかも広い視野に立ってこれに参加すべきであり、そうしてこそ、はじめて学際・超学際研究の充実と発展に寄与しうるのだということをゆめゆめ忘れてはならないであろう。

＊　なお、木村利人氏は、この稿執筆当時はジョージタウン大学ケネディ研究所バイオエシックスセンター客員教授で、現在は早稲田大学人間科学部教授でいらっしゃいます。(時の法令一一〇四号)

5　医療のパターナリズムと患者の自己決定権

最近、医事法や医療過誤事件において、医師の説明義務や患者の自己決定権が問題にされることが多くなった(その典型例として、エホバの証人の信者による輸血拒否の事例)。拙宅前の公園の桜がようやく綻びかけた某日、法医学者として著名で、かつ、かねて医学教育、とりわけ医事法教育にもなみなみならぬ関心をもっておられるT医歯大のO教授が、アメリカで二十余年にわたり開業医(内科)として活躍中の同大卒業生H博士を同道して来訪されて懇談した折も、それが話題になった。そのときは右二博士のほか、分子生物学のK教授、二人の青年医師(いずれも公務員、うち一人は女性)も加わって、計六人で、雨のため花見ができなくなった恨みも忘れて、談論風発、瞬く間に四時間余を過ごしてしまった。

いろいろな話題が出たが、何といってもH博士の話が新鮮で、私たちの関心を集めた。その中で、とくに同席の青年医師が一番関心を示したのは、患者—医師関係の日米比較であった。アメリカでは、わが国でもよく知られているイギリスのような登録医（G・P）制度、社会保障制度は確立されていないが、その反面、どの医師を主治医又はホームドクターとして選択するかは自由である。しかし、一旦それをきめると、医師が患者のとりあいをすることは厳に慎しまなければならないことになっているから、アメリカの医師は、他の医師が加療している患者の治療を容易にひきうけはしないという。したがって、担当医の判断ではなくて患者側の一方的な希望で医師をかえるには、現に治療を担当している医師と爾後治療をひきうけるべき医師の双方の同意を必要とするから、その手続は、必ずしも容易ではない。わが国のように、単にこの医師は気にいらないからなどの理由で他の医師、他の病院に行くなどということは、簡単にはできない。その代わり、医師としては、患者の転医の希望を知った後でも、他の新しい医師がその患者の治療を完全にひきうけてくれるまでは医療上の責任を果たさなければならない、ということであった。そこで同席の青年医師の曰く。「……してみると日本の患者は、逆に、最大の自己決定権をもっているともいえるのですね！」。

確かにわが国における国民皆保険制度の確立とルーズな医療体制が、安易な転医、重複加療を可能にしているのであって、そのこと自体あまり歓迎すべきことではない。しかし、これを患者の自由（＝自己決定権）の保障として評価できなくもないとする右の発言は、いささか意外性はあるが、穿った指摘といえなくもない。しかし、よく考えてみると、法的に患者の自己決定権を問題にするときは、より直接的な自己決定、すなわち正確な判断材料を得たうえで（ここで医師の説明義務が問われる）、患者がその健康や生死にかかわる治療法を選択する自由を意味する。医学知識の乏しい多くの患者は、全面的に医師に治療を委ねるのが一般であり、また患者には一般に正確な医学的判断力もないのだから、医師に広範な裁量権を認めるべきで、それが結局は患者の健康と幸せにつながるのだとする医療パターナリズムは、今後もなお堅持されるべきだというわが国の医療関係者に普遍的な考え方は、わが国の現状（社会環境や国民意識レベル）をふまえるとそれなりに合理性があるといってよい（金沢文雄「医師の説明義務」本誌四月一三日号二頁参照）。

ところが、西ドイツやアメリカではすでにかなり以前から、原則として患者の自己決定権が医学的必要性やレーゲ・アルティス（医療の技術基準）にあっているかどうかの判断に優先するものとされ、また、承諾のない治療行為を専断的治療として可罰的（自由に対する罪）とする立法もある（たとえば一九七四年のオーストリア刑法一一〇条）。その意味で、すでに世界的に医療パターナリズムは後退して、患者の自己決定権が最優先する時代が到来しているといえるのであり、しかもそれが保身医療といった消極的な発想からではなく、実は、個人の人権尊重という積極的な評価につながるものであることを認識すべきもののように思われる。しかしこの点について、わが国では、医と法の関係者のいずれにもまだまだパターナリスティックな考え方が強いように思われる。

（時の法令一一〇七号）

6 帰郷

五年前の大火で一躍全国的に有名になった東北の港町が私の郷里である。もっとも、郷里とはいっても、そこを出てからすでに四〇年以上も経ってしまった。

よくも悪くも港町としての町の気風や、当時の中央との文化較差、家族関係の煩わしさなどが、私をひたすら中央での勉学へと駆り立てた。しかし、上京して入った女子大の寮も、それほど住み心地がよかったわけではない。「病のごと　思郷のこころ湧く日なり　目にあをぞらの煙かなしも」（啄木）とホームシックにおそわれたりして、娘時代はよく帰省した。意外に早く訪れた父の死は、父親っ子だった私から、故郷を遠いものにした。それでも子への盲愛が生き甲斐みたいだった母の存命中は、その期待にこたえて隔年ぐらいの割合で帰郷したが、五年前その母も鬼籍に入ってからは、帰郷の口実もなくなったし、事実私のなかで故郷はすでに故郷ではなくなったといってよい。ここ数年は帰っていなかった。

肺がんで、六〇歳になるかならずで、母を追いかけるように死亡した次兄の三回忌がゴールデンウィークの最終日に行われることになった。葬儀にも一周忌にもどうしても都合がつかなくて参列できなかった私は、せめてもの供養のため、やはり在京中の姉を誘い、珍しく久しぶりに二人で帰省することにした。

上越国境で、私たちは、まだかなりの残雪を見て、この冬の異常な寒さと豪雪をあらためて肌で実感した。その雪が折しも暖かい小雨の中で蒸発を続け、地表が一面靄につつまれ、あたかも一幅の日本画を見る思いがして、一瞬、思わず息を呑んだ。幻想ではない日本画の世界がそこにあった。あまり自然に親しむことのない私にとって、はじめて目にした幽邃の境であった。

早朝に上野を発った私たちは、昼過ぎに故郷に着いた。故郷に近づき、日本海の広々とした眺めが左側の車窓から消えたころ、右の窓から「出羽の富士」とも呼ばれる美しい鳥海山の姿が見えてくる。この山を見ると帰郷の実感が湧いてくる。同時に、なぜか、ふだんは忘れている啄木の「ふるさとの山に向ひて　言うことなし　ふるさとの山はありがたきかな」という歌が自然に唇にのぼる。この度は、鳥海山にもことのほか残雪が多く、これが太陽の光をうけて実に美しく、透明に輝いて見えた。このごろは列車も窓は開かないが、窓外の空気はいかにも澄んで見える。久しぶりに仕事を離れたこころがなごむ。窓外の田園風景を見ているうちに、幼いころ、無医村の村々へ往診に行く父にせがんで、当時、地方ではまだまだ珍しかった自動車によく乗せてもらったこと、みごとに耕地整理の行われた庄内平野のただ中を走って夕焼け空が次第に光を消して、とっぷりと暮れるまでの美しい空の変化に見惚れたことなど、急に鮮やかに思いおこされた。それにしても、そのころにくらべると、車窓から見える農家は、みな見ちがえるように近代化し、立派になった。九割の中流家庭意識というのも、まんざら根拠がないわけではなさそうだ。

生家にはまる二日半滞在した。その間、両親と次姉の墓参りをし、次兄の法要に参列し、クラス会で法律の話をした。法律の先生といえば、法律をすべて知っていると考えるむきも多く、また、現に遺産相続のトラブルに困り果てている友人もいて、具体的な相談ももちかけられた。弁護士ではないので、法律相談にも限界があるが、いろいろな話を通じて、地方の人たちが、家裁の調停委員にいかに失望しているかがわかった。調停委員の何気ない言動が当事者に与える意外な効果を含めて、調停制度のもつ問題点の一断面をかい間見る思いで、反省もさせられた。

帰途、姉がキャンセルした私のとなりの席には、新潟県のS市から、いまはやりの表現をかりれば、「ナウい」いでたちのフレッシュでチャーミングなお嬢さんが乗りこんできた。「スタイリストの学校」という私のはじめて耳にする専修学校の「学生」とのこと。さすがにスタイルを気にして何度も洗面所へ立ったが、順調にいけば、おそらくタレントとして世に出るだけの資質の持ち主と思われた。
今度の帰郷が、私の日常生活からは得がたい体験と出会いを提供してくれたことに感謝したい。

＊　本文執筆当時「スタイリストの学校」について全く知見のなかったことがわかる。それを指摘してくれたのは井田良教授である。

（時の法令一一一〇号）

7　子どもの人権保障と刑罰法規

全社協養護施設協議会（以下全養協と略称）が、一九七九年の国際児童年に、全国社会福祉協議会と共催した「親権と子どもの人権」と題するシンポジウムの結果を踏まえて、子供（とくに少女）の性的被害に対応する法制上の措置（とくに児童福祉法三四条一項六号の改正）の検討を日本弁護士連合会に要請し、同会は「親権と子どもの人権」委員会を発足させ種々検討中であるという。私は、右のシンポジウムのコメンテーターの一人であったという因縁もあって、数日前、右の委員会で話をする機会を与えられ、この問題について改めて考えさせられた。

ところで、右の全養協の要請を促した最大の理由は、父娘相姦の犠牲となった痛ましい子どもたちの救済にある。

その近親相姦がわが国では不可罰とされていることは、本誌三月三日号の本欄でとりあげたが、世界の立法例では、今日でも近親相姦を規定するのがむしろ一般である。性的自己決定権の保障という見地から性刑法の領域で大改正を断行した西ドイツ刑法でも、一九七三年の第四次刑法改正法は従前の近親相姦（Blutschande）という表現を親族間の姦淫（Beischlaf zwischen Verwandten）に変え、従属関係者の姦淫の規定を被保護者の姦淫に改正したほか、若干の制限を加えたものの、基本的にはこの種行為の可罰性を残している。スウェーデンの刑法も同様で、一九六五年刑法は一九七三年の改正で範囲が限定された（半血の兄弟姉妹間の姦淫を不可罰とした）が、一九七五年一月一日現在、なお、この種行為の可罰性は維持されている。その他、アメリカ、フランス、イタリア、オーストリア刑法などもこの種行為を可罰的としている点で基本的に共通している。

ところで全養協のさしあたっての提案は、前述のように、主として児童福祉法三四条一項六号の改正に関係する。この規定は、他人を教唆して児童をして、自己を相手方として淫行をさせる場合を除き、自己が直接児童と淫行をした場合には適用されないというのが判例・通説である。また、売春防止法では買春は不可罰に止まるため、青少年に対するこの種の性的加害は不可罰にとどまる。その法制上のギャップ（？）を埋め合わせて青少年の健全な育成と保護を目的として、地方自治体の青少年条例の中に「青少年に対するみだらな性行為又はわいせつ行為」を禁止し、その違反に対して罰則を規定するものがふえている。しかしこれは、罪刑法定主義にいわゆる法律主義にてらして問題であるばかりでなく、罰則の有無、法定刑がまちまちな点で法の下の平等の保障にも反するなど憲法上の疑義がある。

親権と子どもの人権委員会の人たちと話しあった折、ある女性弁護士から、子どもの人権保護の目的でこの種規定を設けることによって、親子のいまわしい関係を公判廷で公にすることになって、却って親も子もともに不幸になるだけではないかという指摘があった。正論である。ただ、常識をこえた極端な事例を考えると、わが国の起訴便宜主義がその破局の防波堤たりうることも期待できるし、その種規定があれば、少なくとも一時的に不逞の親を子から隔離し（逮捕、引致、勾留により）、子に保護を与える機会を得るメリットが考えられなくもない。

改正刑法草案は、姦淫同意年齢を一歳引き上げたほか、「被保護者の姦淫」を規定し、一定の従属関係にある女性に対する姦淫を可罰的としている。この種の規定は最近の立法例に共通に見られるところであり、改正草案の従属関係の規定の仕方や対象年齢を一八歳未満としたこと並びに法定刑などの点でその適否が問題とはなろうが、問題の父娘相姦をもカバーできるものであり、基本的には一応支持できる規定方法のように思われる。しかし、この規定に対しても、「人を社会的に葬るための道具に用いられかねない」として、濫用の危険からその削除を求める有力説がある。

子どもの人権と親の人権がもろに対立関係に立つとき、われわれは、迷うことなく子どもの保護に手を貸すべきであろうが、刑罰法規はあくまで *ultima latio*（最後の手段）であるから、他の適切な措置（とくに親子法や家事審判法上）の可能性をもっと検討したうえで刑事立法の是非を決すべきであり、かつ、その決定にあたっては法曹以外の社会各層の意見をもっと積極的に吸い上げるべきではなかろうか。

＊ なお、本文との関係では、平成一一年に児童の権利擁護のため「児童買春、児童ポルノに係る行為等の処罰及び児童の保護等に関する法律」が成立している。（時の法令一一一三号）

8 女子の家事時間の国際比較

かつて世の男性の最高の幸せは、洋風の家に住み、中国料理を食べ、日本人の妻をもつことにあるというのが定評であった。つまり日本女性は、貞淑で、働き者で、よく夫に仕える理想の妻だというのである。現在でも日本女性が同じ評価を得られるかについては、疑問がないわけではない。

ところで、最近、ふとしたことから、畏友H教授の教示を得て、遅ればせながら、昨年五月刊行の総理府編『婦人の現状と施策（国内行動計画第二回報告書）』を読んだ。とりわけ私の注意をひいた女子の家事時間の国際比較の表は、日本、アメリカ、西独、フランス、ソ連など合計一一か国の女子の家事時間を「無職既婚女性子有」「同子無」「有職既婚女性子有」「同子無」の四グループにわけ、さらに全日・平日・日曜の各平均値を比較したもので、外国と日本の調査時期（前者は一九六四〜六六年、後者は一九七二年）にかなりの時間差がある（経済企画庁生活調査課調べ。前掲書には残念なことにこの点の明示はなかった）ので、単純に比較して論評することには誤謬を犯すおそれがないとはいえないが、少なくともこの表を見る限り、そこに極めて興味ある二つの特徴を指摘することができる。

その一は、平日の家事時間が、子持ちの場合は有職無職を問わず最短から数えて第二位（最短は有職でブルガリア、無職でアメリカ）、子なしの場合は有職無職を問わず日本の女子の家事時間が最も短いこと（最長がユーゴのある統計によるもので、子持ちの専業主婦の平日の九・九時間、次いでハンガリーの九・〇時間、最短は日本とアメリカの大都市における子無しの有職主婦で二・九時間である）、第二は、日本の女子の家事時間は、平日に比べて、日曜に相対的に長いことである。有職の主婦の場合は、平日にできない分も日曜にまとめて消化しなければならないであろうから、家事時間が長びくのも理解できる。ところが、最短のアメリカでは平日の二分の一以下（三または二・五時間)、一般に家事時間の長いソ連および東欧諸国では平日より二〜三・七時間減(平日の八〇〜五五%)、西側で比較的長いフランスでも平日の約六〇%にとどまる(四・七時間)。子無し専業主婦でさえ、日本では平日(五・三時間)よりも日曜の方が〇・四時間長くなっている。この点につき、未婚のH教授は、日本では電化等によって家事時間の短縮化が進み、奥さん方は普段、月曜から土曜までは、暇な時間が余ってしょうがない。しかし、女房不要論が出ては困るので、日曜になると何か仕事をこしらえて仕事があるようなふり、デモンストレーションをやるのだと分析される。この分析はいささか意表をつく、いかにも近代女性らしい新鮮な発想で、深く感銘を受けた。

日本の主婦の家事省力化、悪くいえば「手抜き」が進んでいるとする点は事実であり、私が短期間西ドイツに滞在した折、かい間見たドイツの一般の家庭の主婦の有職・無職を問わない勤勉で見事すぎるほどの家事処理に舌を巻いたことを思い起こしても、家事時間の国際比較で、西ドイツが西側では一番長い時間をかけているという統計数値は、おおむね実体を示しているといってよいように思われる。ただ、H教授の分析とはやや異なって、私には、女子の家事時間スタイルにおける日本の特徴は、基本的には、日曜を安息日として、労働をセーブする宗教的・社会的生活習慣がないこと、次いで、日本の夫は、日曜にも家事を分担し、妻の家事時間をへらすより、その存在自体が家事時間をふやす原因でしかなかったことに起因するように思われる。その証拠に、前掲書の掲げる「男子有職者の家事時間（国際比較）」図によると、フランスの約一・五時間を最高に、西ドイツ、ソ連の約一・四時間、アメリカの一・二時間に対し、日本は最低の〇・五時間にすぎない。このように家事労働の意思も能力もあまりない日本の男性が在宅すれば、それだけで女性の家事時間もふえることになろう。「日曜は朝から晩まで食事の仕度に追われどおし」と歎く主婦は多い。つまり、日本の女子の家事時間が平日より日曜に多くなるのは、主婦のデモンストレーションというよりは、むしろ、家庭内における女性の役割分担の固定化と日本の男性の家事に対する非協力の姿勢によるのではないか、というのが子持ちの有職主婦としての私の体験的分析である。

もっとも、最近の大都市におけるファミリーレストランの日曜の混雑ぶりを見ると、日本の女子の家事離れと夫の家族サービスが一層進み、長いとされた日曜の家事時間も、現在ではかなり短縮されているのではないかと思われるのだが。

（時の法令一一一六号）

9　ドキュメンタリー「がん宣告」

わが国でも最近、医療法の領域で、医師の説明義務が問題とされるようになったことについては、本欄でもすでにふれたところであるが、アメリカでは、いわゆるインフォームド・コンセント（informed consent 十分な説明を受けた上での承諾）の原則の中でこれが扱われている。それによれば「患者の疾病に関するあらゆる事実を完全かつ率直に説明」したうえで患者の同意を得なければ、治療行為は正当化されないというのである。この原則は、英米法の二つの基本原理、すなわち信任関係の概念と患者の自己決定権から出たものとされる。後者については特に説明の必要はないであろう。前者については、判例において「医師は特殊の知識と技術を持ち、一方の患者は、『自己の身体の状態について無知かつ無力』なのであるから、両者の関係は信任関係である」とされ、または信任を受けた人は、相手の利益のために誠意をもってつくさなければならないのであるから、「医師は、患者の状態と医師が推す治療法について関連のある事実をすべて患者に告知しなければならない」とされている。しかもアメリカでは、一九七二年頃からは医師の説明義務を「専門的判断」によって限界づける（一九六〇年のネイサンソン対クライン事件）ことをやめ、一段と患者への判断材料提供の義務が重視されるようになったという。このため、「がん」についても一般に患者に告知されているようである。

これに対し、西ドイツでは患者の自己決定権を一〇〇パーセント尊重するのが判例として確立されている中で、「がん」についてだけは、必ずしも本人に告知しなければならないものではないとされているようである。ひるがえって、わが国では「がん」については、最後まで本人には知らせないというのが医療慣行になっているといってよい。その理由として、行い澄ました高僧でさえ、その病が「がん」であることを告知されて、ショックを受け、予想外に早く死亡したという逸話が、きまって引合いに出される。しかし、私は、人によっては、むしろ積極的に「がん」も「死期」も告知すべきであり、死に至る最終ケアは、まさにそこから出発すると年来考えてきた。その原点には、皮膚がんに侵され、十数回の手術をうけながら、最後まで国際的な活躍を続けられた故岸本英夫教授の勇姿がモデルとしてあった。

ところで、八月初旬、テレビで、ある印刷工場勤務のC氏の「がん宣告」から死亡までのドキュメンタリー映画を見た。まだ四三歳の壮年で死亡したC氏は、昭和五一年にすでに手遅れの胃がんの手術を受け、五五年に二度目の手術を受けたのちに、本人の強い希望と主治医の判断で「がん宣告」がなされ、同時にこの医師の紹介で記録映画をとることになったという。記録とはいえ、公開が予定された映画の製作であるから、主治医と患者との対話にも作為的なものがなかったとはいえないが、いよいよ末期となり、もはや治療上打つべき手は全くなく、最後の日の近い到来を告知する医師と、辛うじてこれを受けとめようとするC氏の対話は、胸につきささるものがあった。本人が真実の告知を望んでいたにせよ、いざそれを口にするのを聞くと、それがいかに残酷なものか。C氏は「がん宣告」を受けてから死亡までのほぼ一年間、会社の同僚にも、趣味、生きがいとしてえらんだ版画の製作のために通った工房の仲間にもそのことを告げず、最初にして最後の個展を開き、三六枚の版画を遺して死亡した。大変な意思力であり、見事な人生であったと思う。ふだん偉そうなことを言っていても、私などは意気地がないから、現実に「がん宣告」を受けたら、きっと自分はすでにがんを病み、余命いくばくもないことを公言し、他人の励ましと慰めにすがりつきたくなるにちがいない。周囲の者に全くそれと気どられずに人生の幕をひき終わる自信は、私にはまだない。

ドキュメンタリー「がん宣告」は、また、医師と患者だけの最高にプライベートな問題に他者が関与することへの疑問を私にあらためて考えさせるものがあった。（時の法令一一一九号）

＊　現在はこうは考えない。ガン告知は必須と考えている。
医療情況はその後急速に変化し、現在では「がん告知」は当然かつ必要事項とされている。私自身、平成一二年四月、胃ガンの宣告をうけ、内視鏡による二五回のポリープ摘出、放射線治療を受け、副作用に苦しみつつも現在健在で終末期を有意義に送るべく努力している。

＊　ガン告知については、私の実父（産婦人科医）および家族は昭和二七年七月、食道癌の告知を受け、手術を受けている。

10 「没価値の時代」と刑法改正

九月一日の午前八時すぎ、所用があって、途中、国電信濃町駅に降り立った私は、駅周辺が騒然としているのに驚いた。よく見ると、マスコミ関係のカメラマンと記者らしい人たちが右往左往している。駅構内に入って来るタクシーも例になく少なく、なかなか順番が来そうにないので、心せくまま、外のタクシーのりばで待つことにした私は、やがて、この日、かねて慶応大学病院（信濃町駅前）に入院中の石原裕次郎氏が退院することになったと新聞が報道していたことを思い出した。「それにしても……」と思った私は、たまたま傍に立っていた週刊誌の記者らしい人に声をかけてみた。

「一体、何があったのですか」と私。

「裕ちゃんが退院したんで……」と記者氏。

「まあ、こんな早い時間に退院ですか？」

「えー、もう先程退院しました。何かと大変なので、一般の外来患者が来る前に、ということだったようです。今、車は成城のお宅に向かいつつあります。」

「?………」

石原裕次郎氏の入退院に、マスコミが何でこんなに大騒ぎするのか、私には理解できないものがあるが、それにもまして、このいいおとなの記者氏が「裕ちゃん」と呼ぶのに驚いた。四〇代も半ばをすぎた大の男を「ちゃん」づけすることの異様さ。

異様・異常といえば、最近のテレビタレントや歌手の人気についてもいえる。整形のせいか、そっくりのアイドル歌手が続出し、音程も定まらない下手くそ歌手がベストテンの第一位になったりする。意図的に作られるファンの人気だけでなく、音楽専門家による各種の賞まで、歌の上手下手ではなく、人気を基準としたとしか考えられないような結果の発表をする。しかも、歌謡界に限らない。文学にしろ、美術にしろ、真の作品価値に応じた評価が行われているとは思われないふしがある。

昨今では、人気作家の本は、作品の実質とは無関係に売れ、人気作家は、長者番付の上位にランクされている。ところが、かつては、文豪といえども経済的にそれほど余裕があったわけではなかった。夏目漱石は、終生借家住まいで、電話もなく、家に風呂ができたのも晩年で、はじめて風呂をわかしたとき、家中誰一人として湯をかきまわして温度を確かめてから入ることを知らなかったため、一番湯に入った漱石が「ウヘー、冷たい!」といって素っ裸で飛び出して来たとか（松岡筆子〔漱石の長女〕「お札と縁遠かった漱石」文芸春秋九月号随想欄）。戦前は一般に、作家も、画家や彫刻家も、経済的に恵まれなかった。芸術では食えない時代であった。それにひきかえ、昨今では、芸術で食える。そのこと自体は文化水準の高さと豊かさの証左でもあり、結構なことなのだが、作品の実質価値とは無関係に評価（人気）が定まることに問題があるように思われる。いつの時代にも人気などというものは根なし草みたいで同じではないかと言ってしまえばそれまでだが、最近は極端にすぎる。このような状況を朝日新聞の論説委員の百目鬼恭三郎氏は「没価値の時代」と名づけている（朝日新聞九月六日付第一面）。

話は一転して、やや飛躍するが、最近問題になっている刑法改正に関し、従来、「現在は『価値多様化の時代』であるから、全面改正の時期ではない」という主張がしばしばなされて来た。私もかつてそう考えたことがあったが、その後、「価値多様化」が認められない（極端になると「許されない」）時代は、全体主義、絶対・専制主義につながることに思い至って、現在発表されている改正刑法草案の是非は別として、「価値多様化の時代」だから刑法の全面改正の時期ではない、とする考えは捨てた。民主主義は、当然ながら多様な価値観の併存を前提とすると考えられるからである。

しかし、今や、右のような価値多様化の時代というよりは百目鬼氏のいうように「もの自体の価値を判断できず、他の要素によって選択するという没価値の時代」だとすれば、そのような時代に、もっとも基本的な法の一である刑法の全面改正をすることは、やはり危険だといわねばならない。むしろ段階的改正を進める方が、より現実的といえるのではなかろうか。

（時の法令一一二三号）

11　私の出会ったバイオエシックスの旗手たち

わが国でも最近急に世の関心を集めだしたバイオエシックス（生命倫理）に関する教育と研究の状況の一端を知るため、私は、去る九月中旬、思い立って、ハーバード大学のロースクールとジョージタウン大学のケネディ研究所バイオエシックスセンターを訪ねた。

さいわい、ハーバード大学ではクラーク（法学部教授。医事法・会社法担当）、ストーン（精神医学者で法学部および医学部教授。法と精神医学担当）両教授、ジョージタウン大学では、バイオエシックスセンターの木村利人客員教授をはじめ、ウォルタース所長、ビューチャム助教授（哲学）らと面談する機会を得た（なお、バイオエシックスや木村教授については、四月三日号の本欄参照）。

クラーク教授の研究室を訪ねた際、長年にわたってバイオエシックスの研究・教育に携わって来られたストーン教授も同席されたのは、クラーク教授の格別の配慮によるものであったが、そのストーン教授は、今年の冬学期は、ケース・メソッドの方法で、具体例をあげて、とくに死に行く者のケアの問題を取り扱うとのことであった。そこで、当然とりあげられると考えられるカレン事件とサイケヴィッチ事件をもち出して、これらの判決の評価について意見を求めてみた。

ひとしきりカレン事件について話しあっているうちに、クラーク教授が、あの事件の背景にクインラン家の信仰（カソリック）問題があったとされているが、それは、単に信仰上の生死観の問題にとどまらない。つまり、産児制限をしないために家族数が多いカソリックの信者にとって、その大家族の生計を維持するためには、カレンのように、植物人間となり莫大な医療費を必要とする家族の存在は、たえがたい負担になる。この経済的理由がレスピレーター取外しの要請の現実的かつ重要な根拠だった、というのである。クラーク教授の本来の専門は会社法であり、教授の講義要綱によると、「法と医学」講座でも、医療経済の視点にウエイトが置かれているので、これは、いかにも教授らしい指摘であるといえよう。私も、カレン事件については、当初から、アメリカの医療事情を考えて、費用の問題が大変だったのではないかと考えてはいたが、それがカソリックの家族構成と直結させて論評されたのは、少し意外でもあり、とくに印象に残った。

精神医学者と法律専門家とでは方法論も見解も相異なるところがあり、その都度両教授の議論は白熱した。バイオエシックスに対する法曹の役割についてどう思うかという私の質問に対しても、両教授の見解はかなり対立し、その討論に私も参加して時の経つのも忘れ、話題はつきなかった。が、すでに約束の時間を大幅に超過し、空港への時間も迫ったので話を打ち切らざるを得なかった。

ウォルタース所長、ビューチャム助教授と面談できたのは、もっぱら木村教授のご配慮の賜物で、望外の喜びであった。

ウォルタース所長には、とくに、アメリカの大学でバイオエシックスに関する数百もの講座が開設され、研究が急速に進展した理由を尋ねてみた。その理由は、同所長によれば、第一に抽象的には、バイオエシックスでとりあげるテーマは、どの学部の学生にも共通して関心がもてるものであること、第二に、具体的に、学生は、家族や身近な者の、生とか死を実見することによって一層、問題を身近なものとして受けとめることができるようになること、第三に、医療や科学技術の急速な進歩が、従来予測できなかったような新たな問題を提起し、必然的にそれに対する対応が要請されることの三点にある、という。一々もっともなことで、全く同じことが日本でもいえるはずなのに、私の知る限り、わが国にはこの種の講座はまだ一つもないのはなぜか、考えさせられた。

ビューチャム助教授との面談は、残念ながら時間の関係で、話題を氏の専門のインフォームド・コンセント（十分な説明を受けた上での承諾）の法理に限定し、わが国における、アメリカとは異なった、ややパターナリスティックな考え方について説明しただけで終わった。

以上の面談は、長くて一時間半という短時間のものではあったが、総じて、今回お会いしたバイオエシックスの旗手たちは、共通して、謙虚で誠実なお人柄で、しかも新しい学問領域のパイオニアとして、なみなみならぬ研究意欲の持主であることが極めて印象的であった。

(時の法令一一二五号)

12 二つの学際研究会の歩み

本欄執筆の最終回にあたり、学界回顧が恒例になっている一二月でもあるので、現在私が世話人となっている二つの研究会、すなわち「医療をめぐる法律問題研究会」(一九七九年六月発足)と「女性犯罪研究会」(一九八〇年一二月発足)の今年一年間の歩みを簡単に回顧してみることにする。

前者は、医事紛争の多発を契機として、より広範に医と法とのかかわりをめぐる研究をめざして発足したもので、会員は、主として私の所属大学の出身者であるが、医・法・文学部の専任者有志のほか、他大学の医学部教授、開業医、裁判官、弁護士、保険会社員など、専門は多岐にわたる。

後者は、女性犯罪の研究を年来手がけてきた研究者集団で、むしろ学外メンバーが多数で、その出身も専攻もまちまちであるが（刑事法学、社会学、心理学、哲学、精神医学等）、二人の例外を除き、ほとんど女性メンバーで占められている。

二つの研究会はその発足の時期を異にし、研究対象を全く異にするが、学際研究である点で共通するものがある。もっとも、専攻を異にするため、お互いの方法論にも相違があり、原則として月一回の例会では、時として議論がかみあわないもどかしさを感じることがないではないが、むしろ相互に啓発されるところがあることを多としている。

前者では、この一年間に、会員の研究報告として、例えば「医師の説明義務をめぐる諸問題」、「人工授精児をめぐる医学的・法学的諸問題」など有益な報告が続いたほか、唄孝一、斉藤誠二両教授、飯田英男検事など外来講師による研究会も活発に行われた。さらにこの研究活動と並行して会員の分担執筆による「医事法」の概説書と会員以外の専門家も参加してもらっての「医事法ポケット辞典」を企画、出版の作業を進めている。いずれも明年中には刊行の予定で、その完成がまたれる。

後者では、既刊もしくは既発表の著書、論文又は新たな研究の報告が続いたあと、来年八月末に東京で開催予定の国際被害者学会で「日本における女性による殺人の実態、とくにその被害者特性（仮題）」について報告するべく、まずその準備として東京高裁管内の地方裁判所における最近五年間の事例を収集・分析するワークショップを続行中である。専攻を異にし、所属機関を異にする女性研究者たちが、おそらく初めて、一つのプロジェクトチームをつくり得たことは、私たちの大きなよろこびであり、そこにこの研究会の意義があると私は考えている。

ところで、このような学際研究は、私の一〇年来の宿願であったことをこの際明らかにしておきたい。

一九七〇年から七一年にかけての海外研究の機会に、私は、統合科学的研究を標榜するチュービンゲン大学の犯罪学研究所（所長はゲッピンガー博士）で、法律学、社会学、心理学、精神医学、ケース・ワーカー等専門を異にする所員の学際研究や調査法にふれ、刑事法の助手が、社会学、心理学専攻の同研究所員たちにその方法論の不備を徹底的に批判され、これに懸命に応酬するのを見て感動さえ覚えた。また、ベルリン自由大学では、刑事法のハイニッツ教授の勧めで法・医・文三学部の四人の教授（刑事法、法医学、精神医学、社会学）が共同担当する合同ゼミナールにも出席して、しみじみ学際研究の必要性を感じ、帰国後何とかこれを実現したいと念願しながら、非力のため、なかなか賛同を得られず、いたずらに月日を重ねた。右の二つの研究会の発足により、私は、ようやくその端緒をつかんだ思いである。世界を見回せば、学際研究からすでに超学際研究の段階に進んだといえる（本欄四月三日号参照）が、私は、さしあたり、この二つの研究会をより充実したものとし、さらなる発展を期し、社会に役立つものにしたいものと願っている。

最後に、この一年間、本欄の執筆を担当された他の先生方にくらべ我ながら情けないほど、ひときわ見劣りのする内容の拙文にお付合いくださった読者ならびに編集部の各位に厚くお礼を申し上げて筆を擱く。

（時の法令一一二八号）

13　国際障害者年とある視点

最近、上智大学教授渡部昇一氏がある週刊誌のコラム欄に「神聖な義務」と題して、劣悪な遺伝子があると自覚した人は、克己と犠牲の精神で自発的にそれを残さぬようにすべきであるのに、生活保護家庭である作家の大西巨人氏は、すでに第一子が血友病（遺伝性）であると知りつつあえて第二子を持ち、この第二子（やはり血友病）の治療のため、一ヵ月で一、五〇〇万円もの医療扶助を受けた、と名指しで非難したことをめぐって、当の大西氏の反論をはじめとして活発な論評がおこった。これは究極のところ、生命は生命なるが故に等しく尊重されるべきか、それとも今や生命の「質」を問題とすることが許されるかの生命観につながる。良質の生命こそが尊重されるべきだという相対的ないし優生学的生命観は、へたをすると「生きるに値しない生命の抹殺」を命じたナチス・ドイツの「安楽死計画」(いわゆる Aktion Tiergarten 4)にも直結しかねない。したがって、渡部氏に対する批判が「まるでヒトラー礼賛」から「知的で不誠実」・「痴的論証の方法」に至るまで大半は攻撃的(かつ少しく感情的)で、冷静にやや理解を示したものが僅か一、二に止まったのも理由なしとしない。渡部氏の随筆自体は、冷静に読むと、全体としてはそれなりの合理的な考え方も窺われ、それ程責められるべきものともいえないように思われるが、遺伝子の問題は氏の考えるほど単純とも思われず、とりわけ既に障害のある子をもつ親の心の痛みを全く配慮することなく、名指しで非難するようなことは、およそ「人」として、とりわけ大学教授たる者として、口にすべきことではなかった、というのが私の個人的な感想である。

ところで、これに類する論争は、子が精神的または身体的に重度の障害をもって生まれる蓋然性が大であることを妊娠中絶の適応として認める(いわゆる胎児(側)適応または胎児条項)かどうかについても生じうる。周知のとおり第二次大戦後、世界的に中絶の自由化が進められて来たが、とりわけ一九七〇年代の立法例に特徴的ないわゆる期間(限)モデル(Fristenmodell)では、一定の期間(概ね妊娠初期の三ヵ月)内は妊婦の希望次第《オン・リクエスト》で中絶が許され(適応の存否を問わない)、しかも中絶は、現在、その方法、安全性からこの期間内に実施されるのが殆ど(わが国でも約九五%)であるから、余り問題にならないが、わが国の優生保護法(一九四八年。その後、一九九六年の改正で母体保護法）やイギリスのAbortion Act 1967など、適応列挙規定方式（いわゆるIndikationenmodell）では問題になる。適応を列挙している優生保護法一四条一項には、社会－経済的適応（厳密には医学的、社会－経済的適応。これを規定する立法例は当時としては稀）も規定されている（同項四号（現在の母体保護法一四条一項一号に相当する））のに、多くの立法例では余り異論なく認められている胎児（側）適応は反対に未だ規定されていない（中絶に関する世界の立法例については、cf.,“A decade of in abortion law : 1967-77”People, vol.5, no.2, 1978, appendix.）。優生保護法の適用を受ける年間約六〇万件もの中絶（昭和五五年）の大半が右の一四条一項四号によるというのは、既に経済大国となり、国民の大半が中流意識をもつわが国の現状下では、対外的に説明困難でもある。そこで、その現実を踏まえて、厚生省はかつて（昭和四七年第六八国会から四九年第七二国会まで）、右四号から「経済的理由」を削除・修正して新五号とし、新たに四号として胎児条項を追加する法改正を試みたが、ウーマン・リブ運動家（四号の修正に対する）と重症心身障害者を守る会を中心とする人達（新四号に対する）の反対にあい、結局廃案となった。後者の反対理由は、要約すると、胎児（側）適応を認めることは、ひいては障害者の生存を否定することにつながる、というもので、このやや感情的な反対理由は、他の立法例との比較で私には多少意外に感じられた。

今日の医学的知見によれば、羊水穿刺その他の方法で胎児の遺伝子の相当数のチェックが可能であるという。胎児が悪い遺伝子を保有していることが判明した段階で妊婦が中絶を希望した場合には、他に適応がない場合にもこれを許容してよいのではなかろうか（しかし、遺伝子操作を人間が手中にすることにつながるこの問題には基本的に検討の余地が残ろう）。いずれにせよ、妊婦がなお中絶を希望しないのにこれを強制するような法的規制は絶対に為すべきでないことはいうまでもない。前述のように、期間モデルを採用すればこの種の問題は殆ど顕在化しないで済むであろうが、一定の期間とはいえ無条件に中絶を許すことには、胎児保護の観点からなお（違憲）問題が生じうることを西ドイツの堕胎罪規定改正の経緯が示唆している（中谷・ジュリスト六七八号三〇頁以下参照）。

一九一八年、国際障害者年を迎えて、われわれは、あらためて人命尊重と福祉の充実およびその限界について、人間に対する深く温かい洞察を前提として、長期的な展望と広い視野で、冷静に、人類の未来を誤らせない態度決定を迫られているのではなかろうか。先般来の渡部氏対大西氏の論争は、生命観の対立をドラスティックに際立たせ、われわれに態度決定の時機の到来を警告したものといえるのではないだろうか。

（判例タイムズ四二六号）

14　「何人も有罪の推定を受くることなし。」

"Nemo praesumitur malus"

これは、in dubio pro reo（疑わしきは被告人の利益に）と共に刑事訴訟における大原則の一つであり、コモン・ロウ以来確立された（もっとも、アメリカにおいてさえ、判例上これが明確にされたのは近々一九七五年以降という説もある）法諺である（ただ、わが国では何人も有罪と認定されるまでは無罪と推定されるという俗諺の方が人口に膾炙《かいしゃ》している）。

ところで、この被疑者・被告人の人権保障の理想的ルールを表明したこの法諺が英米においてどれだけ遵守されているのか。その実態については必ずしも詳かにしないが、少なくともわが国で実質的に守られているかについては、疑いがある。

弾劾訴訟とはいっても、職権主義が支配した旧刑訴時代は、この法諺とは逆に被告人は「無罪が確定されるまでは有罪と推定される」扱いであった。昭和二三年に改正された新刑事訴訟法は（施行は二四年一月一日）、新たに英米の刑事訴訟法を継受して、当事者主義を強調し、被告人の法的地位は飛躍的に高められた。冒頭の法諺は、今や司法において定着したものと見てよい。しかし、社会一般、とくに、皮肉にも世の木鐸として人権擁護の旗手たるべきマスコミの取り扱いに関しては、甚だ疑問に思われてならない。

その最も顕著な現象が、強制捜査さえ始まれば（つまり被疑者となった途端に）、一切の敬称は剝奪され、呼び捨てにされることである。強いて好意的に考えれば、医療過誤訴訟事件の無罪率（約二五％）を別として、わが国の無罪率は〇・二、四％と極端に低いこととも関連はあろう。無罪率が高い場合には、被告人となったからといって、頭から有罪ときめてかかるわけにはいかないが、無罪率が極端に低ければ、公訴が提起されたら、まず有罪となるものと考えてもやむを得ない理由はある。また無罪率については、起訴便宜主義（刑訴二四八条）をとるわが国と、現在でも少なくとも重罪については起訴法定主義をとる諸外国とでは単純比較はできず、無罪率の低さを誇るのは、怪しからんと一がいにはいえない理由もある。それにしても、この法諺の精神はもっと尊重されるべきである。被疑者として名指しで報道されただけで、社会的に回復しがたい有形無形の損害を被ることを考えると、起訴されない場合も十分ありうる被疑者の段階ではもとより、確かに極めて低い可能性にすぎないが、被告人となった後と雖も、無罪となることはあるのであるから、やはり、これを有罪確定者のように扱うのは許し難く、これを許容する社会風土を遺憾に思う。

（法学セミナー昭和五七年一〇月号）

15 「子は常に嫡出子と推定せらる。蓋し親子関係は証明し得ざればなり。」

"Semper praesumitur pro legitimatione puerorum, et filiato non potest probari."

(The presumption is always in favor of legitimacy, for filiation cannot be proved.)

最近、ある雑誌社から法諺に関する執筆依頼を受けて、法諺集のページを繰っているうちに、この言葉に出会った。実のところ、この法語がいつ、どのようなきっかけで確立されたのか、今のところ私には皆目不明であるから、本来これを語る資格など私にはない。それにもかかわらず、この法諺は著しく私の関心を惹いた。というのも、最近の医・科学、技術の進歩が、この法諺の妥当性範囲に影響を与えているように思われるからである。勿論「子」といっても、ここに婚外子を含まないことは内容的に明らかであるが、その限りで、前段が妥当なことについては、今日でも殆ど異論はないであろう。大陸法系では一九世紀以来これを法典化してもいる（例えば、仏民三一二条一項、同三一四条一項、西独民一五九一条一項、同一五九二条、わが民法七七二条など）。しかし、「推定」の効果は、いうまでもなく、反証によって否認できる（"Stabit praesumptio donec probetur in contrarium." 推定は、反対の証明あるまでその効果を持続する）。したがって、いずれの立法例も嫡出子推定規定と併せて推定排除および否認に関する規定をおいているのである（仏民三一二条二項、西独民一五九四条一項、民七七四条ほか）。しかし、かつての「子の真実の父は、ただ神と母のみが知る」といわれた時代とは異なって、今日では、（胎児）発生学や親子鑑定法の驚異的な進歩によって、フランス民法三一二条二項にいわゆる「夫が父であり得ないことを示すに適した事柄を証明する場合」については、その証明可能性が著しく増大したことを考慮しなければならない。たとえば、ほぼ同期に夫以外の男性（血液型は二人ともＡＢＯ型でＡ型、Rh型でRhプラスで同型であった）と性的交渉のあった妻の産んだ子につき、二十数種の検査法を用いて嫡出子否認の訴が認められた実例もある。このようにコキュの無念さが晴らされる可能性がふえた一方、責任逃れがしにくい時代になったともいえる。冒頭法諺の後段は、その限りで修正を受けることになろう。その他、わが国でもすでに五千人とも一万人ともいわれる人工授精児の出現、そして今や、さらに体外受精児出現の現実的な可能性は、嫡出子推定の法理（本法諺にいう「常に」の点が問題）に微妙な影響を及ぼすものといえる。科学の進歩・発達は、否応なく、既存の、確立されていると思われている法概念や法諺の修正を促すことがあること、法の実効性と科学水準との対応につき反省と再検討の要があることを示す一例といえるような気がする。

＊　筆者は本稿執筆時を隔てて平成一〇年（一九九八年）一〇月から平成一二年（二〇〇〇年）一

二月まで厚生省（現厚労省）母子保健課の依頼を受けて「生殖補助医療技術専門委員会委員長」となり、その報告書をジュリスト一二〇四号（二〇〇一年）に各委員の個別的見解を付して公表しているので、これを参照されたい。

なお、この間、比較法的に諸外国の法と制度を研究したのは筆者自身で、とりわけ英国の一九四〇年代に始まるウォーノック委員会の研究経過（一九四八年のいわゆるウォーノックレポート）の内容とその委員会の構成と研究範囲、データの集積・分析から経済的支援に至るまで公的機関の支援制度、この機関の年次報告書の内容（代理母もある範囲で許容し、代理母の出産した子を裁判で嫡出子として認定するという離れ業）に「どぎも」を抜かれたものである。わが委員会ではそれほど広範囲な例外許容の決定は得られなかった。その後、この委員会は「部会」に昇格され、男性の委員長の下、女性委員も五名増員で計八名となり、審議継続中で、会議の経過はインターネットで知ることができる。

（二〇〇四年四月八日記）

Ⅱ　医事法への接近

1　医療をめぐる法律問題研究会趣意書

最近、医療過誤訴訟は増加の一途を辿っているだけでなく、未熟児網膜症、スモン病ケースなど社会問題化しているものもあります。また近年の医学および医療機器の発達は死の判定の基準に影響を与えたり、従来助からなかった疾病をも治癒可能とした代り、植物状態人間化といった困難な後遺症の問題を生じさせもしました。さらに、体外受精や遺伝子組みかえ、羊水穿刺による胎児の心身障害の診断など法律上の論議を要する新しい技術が開発され、個々の患者に応用されているのが現実であります。しかも、医学、医療技術の進歩は今後も逐次新たな問題を提供することになるものと思われます。

もはや卑近な問題と化したともいえる医事紛争の解決のためにはもとより、多種多様な問題の生起に対応するためにも、医療と法とのかかわりは無視できない状況に至ったものといえましょう。しかし、それにも拘らず、従来、医療担当者は一般に法についてまで関心を払う余裕がなく、法曹はまた医療の現実についていまだ明確な判断基準を確立していないように思われます。そのために、もし医療過誤による被害患者が救済されないままに置かれるとしたら、その不当なことは申すまでもありませんが、他面、医療側と法曹側の相互理解が不十分なために、医療担当者に過重な責任が認められることがあると、医療は保身医療に堕して、かえって患者の不利になりかねません。最近は医事法学の発達により漸くこの分野に関する研究も進められてきていますが、何といっても現在までのところ、医事紛争に関しては一部の例外を除き、医療側も法曹側も漠然とした認識はもちながら、深く整理検討する努力については必ずしも十分でないように思われます。

そこで本研究会は、右の現状を踏まえ、医事紛争をめぐって今日すでに提起されている問題点、および医学・医療技術の開発に伴って将来生起するであろう法的問題点に関する総合的な研究を進め、あわせて医療と法学を架橋する役割を果たそうとするものであります。

＊　右の趣意書に基いて、昭和五四年六月「医療をめぐる法律問題研究会」が発足し、本塾法学部専任者、医学部教授ほか、医師、裁判官、弁護士、保険会社社員の有志が集って学際研究を行っています。

＊　なお、現在は医事法講座を担当している加藤久雄教授によって研究会は運営されていますが、教授は犯罪学・刑事政策の研究者であるため、その実質的な継続性についてはややニュアンスを異にしているところがあります。

2　医療過誤をめぐる法律問題の現状と展望

一　医療過誤（事故）事件訴訟の激増とその要因

1　医療過誤に関する訴訟がふえたために意識的にその統計が集められるようになったのは昭和四四年頃からである。それによると、昭和四五年一二月三一日現在の医療過誤事件係属数は三〇八件であったのが、昭和五三年一二月三一日現在では一千件を越え、昭和四五年という医事紛争がすでにかなり多発するようになってからの数を基礎としてさえ、九年間で三倍以上にもなっているという激増ぶりである。医療という特殊専門的な領域における紛争にも拘らず、裁判所側にはこれを取り扱う専門の部もなく、事件の性質上解決が困難なため裁判が長期化し（その審理期間は第一審通常事件の約二倍強）、新受件数（九年間で約二倍）に対する既済率が低いために係属（未済）事件数がふえる一方なのである。

このような医事紛争の増加に伴って、重大で解決困難な、しかも従来あまり論じられなかった新たな法律問題が次々に提起されるに至った。この事態に対し、やはり昭和四四年には、医師と法曹・法学者をメンバーとする日本医事法学会が創立され、また漸次医療過誤に関する研究論文や著書・判例集も数を増すなど、各界の対応もとみに整えられ、問題意識も次第に鮮明になりつつある。

しかし、何と言っても、従来、医師は、自ら医事紛争に巻き込まれるまでは一般に法に無関心であったし、法曹はまた、医療が特殊専門的分野であるだけに、その実態、水準については明確な判断基準をもたないのが通例であった。医事法学はまだ緒についてから日も浅く、医学的技術・思考と法的思惟の間のギャップも埋めつくされてはいない。本稿は医療過誤をめぐる今日の諸問題の一端を紹介するとともに若干の展望を試みるものである。

＊医師も人間の子だから医療過誤が発生するのは当然である。ただ、重大な注意義務違反があるときは問題である。

2　右のような医事紛争の激増には、それなりの原因があると考えられている。それを指摘する多くの見解を概括すると大体次のとおりである。

(1)　医療の実情とそれ自体にある要因　わが国では、昭和三六年以降は国民皆保険制度の確立によって、医療機関の利用が被保険者の当然の権利として飛躍的に増大した。しかしこれは①一方では、医師と患者との信頼関係の稀薄化につながり、患者の思い通りの結果が得られないと直ちに紛争に発展する土壌ともなり、他面、三分間診療（いわゆる「三時間、三分」）という状況をもたらし、医師は問診、診察、保健指導などに充分な時間をさくことができないようになったこと。②保険診療収入としては、単純な診察だけでは低い点数しか与えられず、採算がとれないから、医師としてはおのずからできるだけ数でこなすようになったこと。

(2)　薬剤や医療器機の日進月歩の開発は、従来予測できなかったような未知の危険を孕み、これが患者の生命・身体の侵害の結果を発生させたときは、医師の個人的な過失をこえた被害者救済責任が問題となることもあり、スモン、サリドマイド、未熟児網膜症事件などに見られるように、社会問題化し、新しい集団訴訟の形態の争訟が続発することになった。

(3)　医療の高度の専門化がかえって全身的な健康状態の把握を困難にし、また高度の専門化は必然的にチーム医療方式をとらせることになるが、その責任分担が明確でなければ、いたるところにブラック・ホールをつくることになった。

(4)　以上の医療サイドの要因に対し、患者サイドの要因としては、民主社会における一般人の権利意識の向上が指摘される。これが近時の医師と患者の間の信頼関係の減少と相俟って、被害者の「泣き寝入り」を減らし、紛争を増大させたと考えられる。

二　現在の諸問題から

1　民事責任と刑事責任

(1)　医療事故といっても、診断、手術ミスなど純粋に医療過程から生ずるものと、病院管理上の不手際から生ずるもの、予見不能な偶然の事故に至るまで種々である。その大多数は、被害者である患者側から医療側に対する慰謝料、損害賠償の請求という形で民事上の責任を問われるのであるが、現代法は、民事責任と刑事責任とをはっきり区別しているので、時としては多額の損害賠償の支払を命ぜられた上に刑事責任（多くは業務上過失致死傷罪として五年以下の懲役もしくは禁錮、または二十万円以下の罰金）を問われることもある。

(2)　民事責任—立証問題、不法行為責任と債務不履行責任　　民事訴訟においては、裁判所は、原告と被告の主張を前提として勝敗を決する（当事者主義）のであり、その際、生じた損害を誰に塡補させるのが社会的公正の理念に合致するかという利益衡量を指導理念とする。最高裁判所は医療事故訴訟における因果関係の立証は、「通常人が疑を差しはさまない程度に真実性の確信を持ち得るものであることを必要とし、かつ、それで足りる」いわゆる蓋然性説をとって、原告の立証責任を緩和している。また最近は、かつてのように医療事故を不法行為としてだけでなく、債務不履行として理論構成することによって、立証責任を債務者（医療）側に転換することができるから、それだけ被害者側の負担が減らされることになる。昭和四六年以降はそれ以前とくらべて著しく債務不履行の主張が多くなっていることが注目される。

(3)　刑事過失の認定　　刑事責任は民事責任とは別に、行為者に対する社会的非難の可能性の有無、大小を基準として判断される。もし刑事事件として有罪判決を受けると、言い渡された刑が仮に軽い罰金程度にとどまる場合でも、犯罪者としての烙印を押され、また刑事事件において過失が認められたことが民事上賠償額の算定にあたって事実上影響を与える場合もあり、更に、処罰を受けたことがひいては医師免許の剝奪、営業停止といった行政処分につながるだけに、原告たる検察官の強力な証拠収集能力と相俟って、民事の場合と比べ、因果関係、過失の認定は厳密に、いわゆる合理的疑いを容れない程度に証明されなければならないとされる。ただし、過失概念そのものが最近争われていることに注意しなければならない。

2　過失認定の基準と医療の水準

治療行為、とりわけ患者の身体に対する医的侵襲は、客観的には傷害罪にあたるといえるが、わが国の学説は一致してそれが主観的に治療を目的とし、客観的にレーゲ・アルティス（*lege artis.* 医療行為としての技術的基準）にあっているときは、たとえそれが失敗に終ったとしても傷害罪にはならないとしている。その詳細な理論構成は学説の分れるところであるが、その不処罰の根底には、治療行為を「許された危険」ないし「社会的相当行為」とする考えがある。問題なのは、何がレーゲ・アルティスにあった医療といえるか、つまり、医学ないし医療の水準とは何か、である。この点については司法実務においても、法律学説においても医学研究の最高水準と社会一般的な医療水準とを明確に区別していたかどうかに疑問がある。今日のようにマスコミが最新の医学情報（これらの情報は、さらに検証され、淘汰されてはじめて学説といわれるものになる）をいち早く報道する時代には、最新・最高の治療が医学水準であり、それがまだ現実の医療の共有財となっていない段階でも、それを要求するのが患者であるとすれば、医療の現場にある者は不能を強いられることになり、医事紛争や保身医療（後述参照）を招来する要因ともなる。

3　患者の承諾と医師の説明義務の問題

ドイツの判例は戦前のライヒ裁判所以来今日まで一貫して医的侵襲は傷害罪の構成要件に該当するが、患者の承諾によって違法性が阻却されるのだとする。学説は、判例とはかなり立場を異にするが、それでも医師の治療には原則として患者の承諾を必要とするという命題自体には異論がない。現実的な同意がなかったときは、いわゆる「専断的治療行為 eignmächtige Heilbehandlung」（オーストリア刑法一一〇条参照）が問題となるが、この種の規定のないドイツでは傷害罪が成立すると判例はいう。そのような状況の下では、患者の承諾は論理必然的に医師の患者に対する病状、治療法、その危険性等に関する正確な説明を前提とすると解され、それが不十分な場合が問題とされる。医師の説明義務と患者の承諾の問題については、従ってドイツでは戦前から論じられてきた。これに対してわが国では、古来「医は仁術」と考えられ、医師に対する絶大な信頼が寄せられてきたことと患者自身の人権意識の薄弱なことなどから、患者の承諾（自己決定権）と医師の説明義務については、最近まで殆ど論じられることがなかった。この点に関する裁判例も戦前は僅かに一例を数えるのみであった。ところが戦後とくに昭和四六年以降、まず、承諾なしになされた乳腺摘出手術を違法として合計四五〇万円の損害賠償を認めた裁判例（昭四六年）をはじめとして説明・承諾なしに違法に行われた精神病質治療のためのロボトミー手術の結果、人格低下の後遺症を蒙った原告本人に対する三、八〇〇万円を上まわる額のほか、妻と二人の子供に対しても合計三四五万円という高額の損害賠償を認めた札幌ロボトミー事件（昭五三年）、さらには六歳の子供の下腿部皮植手術で、患者がクロマイショック死亡した事件において、手術の非緊急性と説明および承諾の欠如（このケースでは母親の承諾はあったが、それだけでは不十分とされた）を理由に合計一、八〇〇万円余の債務不履行および不法行為責任を認めた事例（昭五四年）など、注目すべき裁判例が相次いでいる。また、患者の承諾の問題に関しては、わが国では「エホバの証人」の宗派の信者の輸血拒否に対する対応も医療サイドの現実の問題となっており、これに対する法的対応――たとえばアメリカのように裁判所による輸血許可命令のような形での司法的介入を認めることの可否――も検討されなければならないであろう。患者の自己決定権――それは「死ぬ権利」にまでつながる――の尊重といっても専門知識をもたない者の判断を百パーセント尊重することが直ちに患者の利益になるともいえない面もあり、医師の説明義務の範囲も具体的に明確化される必要があろう。わが国では直接これらの点に関する刑事裁判例はまだ見当らないが、今や、民事上も刑事上も現実に即した法理論的検討が必要である。

4　医事紛争増加の功罪と対策

医事紛争の増加は、一方で被害患者の救済に役立つが、他方、多額の金銭的な負担を負わざるを得なくなった医療は、次第に保身医療になりつつあることが指摘されている。つまり紛争に巻き込まれることをおそれ、危険な治療はできるだけ避けるとか、ある種の患者の診療を体よく拒否する（消極的保身医療）とか、反対に治療に落ち度があったという非難をかわすために、ありとあらゆる処置・検査まで実施する（積極的保身医療）。アメリカでは紛争の多発と賠償額の高額化のため、医師賠償責任保険の保険料がわが国とはケタ違いに高額化し、多いものは年間数万ドルに上り、それが医師の生活を圧迫し、医療費値上げの要因となっているという。そうでなくとも積極的保身医療が一般化すれば、それだけで患者は不要な検査を強いられた挙句、国民は必要以上の医療費の支払いを義務づけられるというダブル・パンチをくうことになる。消極的保身医療も、容易にかつ適時に治療を受ける機会を失わせるおそれを伴う点で好ましいとはいえない。従ってこのような保身医療へかり立てる医療の現状を改善する総合的な検討がなされなければならない。その一端として、医事紛争において当事者双方が納得するように、医療側の責任の有無・帰属を明確化するための方法と制度が確立されることが望ましいが、医学の専門技術的領域における事実認定の困難さを思うとき、とりわけ鑑定制度の抜本的改革が必要に思われる。

三　若干の展望

医療をとりまく科学技術の進歩は、まことにめざましいものがある。従来社会問題化して争われてきた諸問題・諸事件がすべて解決され得たとしても、今後の新しい研究はさらに別の未知の病気を副産物として招来するかも知れない。病気ではなくても医学の進歩が新たに法の対応を迫るものも多い。私は専門外なので確定的にはいえないが、例えば試験管ベビーがわが国でも不妊症対策として現実に行われるとすれば、人工授精児の場合に類した法律問題のほか、たとえば胎芽を卵子提供の母以外の女性（いわゆるホスト・マザー）の子宮に移植して育成分娩することになれば、まず母性決定の問題が法律問題となるであろう。その他、いくつかの関連問題が出て来そうである。かつて本塾医学部と法学部の共同研究により、わが国では一応解決済みと解されている人工授精児の法律問題もＡＩＤの場合、嫡出子推定規定の援用による法的解決で全く問題がなくなったわけではなく、人工授精児の成人、父親の相続などを契機に、なお詰めなければならない問題が残されているようである。その他、クローン人間の誕生の可能性など生命科学の進歩を考えると、医療をめぐる法律問題はますます複雑な様相を呈することになりそうである。

人間社会の進歩に対応し、かつその方向を誤ることのないようにするためにも、法律学が単に現行法の条文解釈に終わることなく、学際的な研究を深め、法律学を「人間の学」として正しく位置づけるため、地味で長期的な研究を続けることが望まれる。

（三田評論七九六号・昭和五四年一〇月）

3　科学の進歩と法規制の限界

法が現実の社会において有効に機能するためには、ある程度科学・技術水準に対応するものでなければならない（具体的妥当性の要請）。しかし、現代の科学・技術の進歩は、原子爆弾、宇宙開発技術からクローン・マウス、処女生殖マウスに至るまで、しばしば予測をこえるものがあり、反面、法は、朝令暮改式の法改正を好まない（法的安定性の要請）などの事情もあって、科学の進歩に対する法の対応の要否・限界が問題になる。

話はかなり旧聞になるが、西ドイツのいわゆる代案グループが刑法改正に関する政府案に反対して発表した「代案」のうち、西ドイツ刑法旧二一八条（堕胎罪）に関する改正案（この部分一九七〇年発表）は、問題が生命観にかかわるところから、多数決によることを避け、いわゆる期間規定モデル（多数案。これが一九七〇年代の世界の立法傾向でもあった）と、いわゆる適応規定モデル（少数案）の二案を提案している。ただ、両案とも、受胎後四週間以内の中絶を無条件自由化している点で一致していることが注目される。Ｊ・バウマン教授によれば、薬剤の将来の発達も同時に顧慮されるようにとこの猶予期間をとり、はじめてモーニング・アフター・ピルの使用を可能にしたのだという。ところが、最近、わが国では、ある製薬会社が妊娠中期に作用する「プロスタグランディン」といういわば「中絶坐薬」の市販許可の申請をしたことが報道され、話題となった。この種の薬剤の販売の是非は別論として、この事実は、少なくとも、科学の進歩は予測をこえるものがあり、そのときどきのレベルに対応する（と思われる）法をつくってみても、一〇年も経たないうちに時代おくれになることがあることを意味する。その他、妊娠中絶との関連では、胎児の生命の保護と妊婦の産むか産まないかの自己決定権の保障との関連が問題となるだけでなく、未熟児哺育法の発達は、許容される中絶の期間を短縮し（二八週までから二四週まで）、今後さらに短縮される可能性がある。生命の終期についても、臓器移植法やレスピレーターの発達が、あらためて死の概念や死の判定基準の見直しを迫り、脳死説の採用の可否が論ぜられ、安楽死の要件や「死の概念」を立法化することの是非が現に世界的に問題になっている。これらは、まさに最近開拓された学問領域であるバイオエシックスにつながる。この領域に法が介入することの要否、限界、ガイドラインの設定等については、法サイドだけでなく、医学、宗教、哲学、社会学などの知見を加え、さらに社会的なコンセンサスの確立が望まれなければならないであろう。法律学も、厳密な法解釈論の展開とあわせて、右のような関連領域との共同研究をも積極的に進めて、生きた社会に役立つ研究を展開したいものである。そして、その育成につながる複数学部の合同講座なども、欧米の例をひきあいに出すまでもなく、塾内でもっと積極的に認められてよいのではなかろうか。

（三田評論八二一号・昭和五七年一月）

＊　その後の驚くべき法改正について、ここでは、若干注意を喚起するにとどめざるをえない。

4　優生保護法の改正をめぐって

優生保護法改正の動き

昭和五八年三月二四日の夕刊は、いっせいに優生保護法の改正案の今国会提出は事実上見送られる見通しになったことを報じている。

優生保護法改正問題は昨年の三月一五日、通常国会（第九六国会）の参議院予算委員会において、総括質問に立った自民党の村上正邦議員が、生命尊重の立場から、優生保護法第一四条第一項第四号の「妊娠の継続又は分娩が具体的又は経済的理由により母体の健康を著しく害するおそれがあるもの」という中絶適応から「経済的理由」を削除すべきことを政府に迫り、当時の鈴木首相、森下厚生大臣が前向きに検討することを約束したのがきっかけで賛否両論をまきおこした。

自民党でも改正推進派と反対派の両論が対立し、その調整がつかないため、「改正案提出にはまず、自民党内の合意作りが先決だ」とする林厚生大臣の意向が満たされないまま、今国会提出は実現されないものと見られるに至ったのである。こうして優生保護法改正の実現は、当面見送られたものの、今回展開された改正への動きが、これで終息するとは到底思われない。反面、今回の改正案の内容はともあれ、優生保護法は、制定以来すでに三五年も経過し、医学水準や遺伝生物学の知見にてらして、今回改正の対象とされた一四条一項四号だけでなく、全体を検討して早晩改正されるべきものであるから、この際、堕胎規制に関する世界の立法動向を踏まえて、今回の改正案の是非について考えてみることも意義のあることと思われる。

戦前の堕胎罪立法

堕胎罪は、戦前の諸立法では、一九二〇年代のソ連（妊婦の希望に基づく一定の医師による場合は不処罰）や、一九三八年のスウェーデン（一定の適応に該当する場合は不処罰）など、ごく一部の国を除き、堕胎はいかなる場合にも非合法とするか、せいぜい母体の生命を救うための緊急避難として許される（厳格な医学的適応）以外は、厳罰をもって臨まれて来た。それは、歴史的に見ると、キリスト教の生命観に由来するのであって、堕胎罪処罰は、実に教会（カノン）法にはじまるといわれる。わが国では、堕胎は、平安時代にはすでに行われていたと思われるが、道徳的にはともかく、これを犯罪視し、処罰することはなかった。これを処罰の対象とするようになったのは、キリスト教的モラルを前提とするフランス刑法を継受した旧刑法（明治一三年制定、同一五年施行）三三〇条以下以来のことである。

その後、明治の相次ぐ日清・日露の戦争以降第二次世界大戦まで、わが国の近代化は、まさに富国強兵策によって推進されたところから、いわゆる「人的資源」の源泉ともいうべき胎児の生命を絶つことは、国民の道義に反するものとして厳禁され、加えて、民法上婚姻によって行為無能力者となる女性に人権意識も社会的地位も望むべくもなく、よくいえば「家」のカサの中で保護され、悪くいえば男性の手前勝手な責任のがれと押しつけに忍従して来た女性は、妊娠・出産についても、自らコントロールする何らの手段も与えられないまま、望まない子でもやむをえず出産と養育を忍受することによって、堕胎罪の諸規定は、さして遵法精神に富んでいるとは考えられないわが国民によって堅持されることになった。

中絶自由化の波

ところが、昭和二〇年の敗戦は、わが国民にとって、最初の敗戦体験として主観的に大きな衝撃を与えたのみならず、客観的に厳しい現実に直面して、殆ど審議を重ねることもなく、昭和二三年（一九四八）、優生保護法による人工妊娠中絶の合法化が実現した。広範な堕胎自由化立法としては、第二次大戦後の世界の先駆的なものであった。

しかしこれは、正に（人口）政策であって、胎児の生命の保護とか妊婦の「産むか産まないか」の自己決定権に対する深い洞察・配慮があったわけではなかった。その後一九五〇年代半ば以後、ソ連（一九五五年）を始めとする社会主義国家における中絶自由化、一九六〇年代にはイギリス、アメリカ（ただし一部の州）等欧米諸国における中絶自由化が進められ、いわゆる中絶自由化の波は、大袈裟にいえば、ダム決壊の様相で各国に押し寄せたといってよい。

現在、妊娠中絶規制については、完全禁止から完全自由化まで左の①〜⑤の段階で認められ、そのいずれにランクするかについては、諸国の立法がなお揺れ動いている（たとえば、一旦妊婦の希望次第という形で自由化したのち、再び規制を強化した立法例として、ルーマニア、ブルガリア、ハンガリー、さらには西ドイツなど）。

① いかなる場合にも非合法とするもの　（9％）
② 母体の生命を保護するためにのみ合法とするもの（厳格な医学的適応）　（19％）
③ ②に加えて母体の健康保護、優生学的・胎児適応、暴力による妊娠の場合を合法とするもの（医学的、優生学的、犯罪学的―倫理的適応）　（10％弱）
④ ②、③に加えて、または単独に社会的、社会―医学的、社会―経済的適応を認めるもの　（24％）
⑤ 特別な適応を設けず、妊婦の希望次第とするもの（①通常妊娠の初期約三ヵ月まで②妊娠四ヵ月以降は医学的適応が必要）　（38％）

＊　⑤の立法例　オーストリア、中国、キューバ、デンマーク、フランス、東独、イタリア、ノルウェー、シンガポール、スウェーデン、アメリカ合衆国、ソ連、ユーゴスラビア、ベトナムなど。パーセンテージは世界の人口割合を示す。もっとも法の規制と実行との間にはギャップがある場合が多いことに注意する必要がある。たとえば、規制は厳格でも実際には中絶容易な国としてオランダ、韓国、台湾など。逆に法は緩かでも実際には中絶が必ずしも容易でない国としてフランス、イタリア、オーストラリア、アメリカ合衆国、西ドイツなど。

中絶規制は、胎児の生命の保護と産む側の女性の権利の保護という、時として相反する法益の調整ないし妥協点を選択・模索する形で行われる。

右の①ないし⑤の段階のうち①は胎児の生命を最優先させるものであり、⑤は産む側の女性の権利を最大に保障しようとするものである。日本は④のグループに属する。

たしかに、優生保護法制定当時わが国は貧困のどん底に喘いでいたから、優生保護法制定の翌昭和二四年に「経済的理由」が追加されたのも理解できるが、世界のそれまでの立法としては、この適応はまさに例外的であり、ショッキングな規定（悪法）と受けとめられてもやむをえなかった（一九六六年出版の西ドイツの犯罪学小辞典一巻九頁参照）。しかし、前出の表は、現在（一九八〇年半ば）では、適応の存否を問わず、妊婦の希望次第（オン・リクエスト）で中絶を許容する立法が、世界人口の三八％に適用されているほか、わが国以外にも社会医学的ないし、社会経済的適応を認めている国のあることを示している。

ところで今回の優生保護法改正案は、仄聞するところによると、一四条一項四号の「経済的理由」を削除するというもののようである。この提案は今にはじまったことではなく、昭和四七年五月の第六八国会に上程された改正案にはじまる。さらに同じ案が第六九国会、第七〇国会と継続審議となったのち、第七〇国会の解散により廃案となったが、昭和四八年五月第七一国会に再提出され、それが更に第七二国会に継続審議され、衆議院で修正可決したが、参議院では全く審議されないまま昭和四九年五月廃案となった。しかしその改正案は、今回のように単に一四条一項四号から「経済的理由」を削除するだけのものではなく、同号の「母体の健康」を「母体の精神又は身体の健康」に改め、さらに新たに「その胎児が重度の精神又は身体の障害の原因となる疾病又は欠陥を有しているおそれが著しいと認められるもの」という中絶適応（いわゆる胎児条項）を追加（もっともこの追加は、衆議院の審議過程で修正、削除された）しようとするものであった。この改正の理由は、当時の新聞報道によれば、生命尊重論（胎児も人間であり、それを中絶するのは殺人行為であり、中絶野放しが性道徳の乱れ、青少年の非行、子殺しなど人命軽視の原因である）と人口増強論（わが国の人口の先細りを防ぐために、出生力の回復が必要）によって与えられているという（昭四八・五・一九付朝日新聞）。これは今回の改正推進派の論理と全く同じである。

賛否両論、共に極論

しかし、その後の世界の人工妊娠中絶立法は希望次第方式、または適応拡大化への傾向を顕著にしており、あえて「経済的理由」を削除すべき必然性は減ったといってよい。もっとも、私たち（女性犯罪研究会）の調査結果によると、新生児（出産後二四時間以内）殺事例中、中絶を考えた者（七〇％）のうち六六％が中絶費用がなかった（経済的理由）ことをあげている（法総研の嬰児殺研究でも四〇％強であった）。つまり、これらの場合についてみると、本当に経済的理由をあげなければならないときは、むしろ優生保護法一四条一項四号は関係がないことになる。その意味では「経済的理由」はあまり意味がないといえなくもない。世界の立法例で「経済的理由」をストレートに表現している例は、私の知る限り稀有である。オン・リクエストを認めているといわれるフランスの妊娠中絶法においては、中絶できるのは「困窮状態にある妊娠」に限定されている（公共保健法一六二条ノ一）ので、「経済的理由」だけを認めた数少ない例といえなくもない。一般には、経済状態を含めて「妊婦の現在および将来の生活関係」という表現を用いている西ドイツ刑法二一八条a一項二号をはじめ、妊婦の年齢とか、家族関係等をも含めての包括的な社会的――医学的適応を規定するものが多い。それらを考慮すると、「経済的理由」という文言のみを削除するよりは、より包括的な適応をもって代替する方がよほど望ましいように思われる。その意味で昭和二四年の法改正の際の谷口議員による原案ないし母体の精神的健康を理由とする適応を認めようとした第六八国会〜第七二国会の改正案の方がまだましであったと思われる。

いずれにせよ、今回の優生保護法改正の動きに関連して展開された賛否両論については、まず賛成論には右にのべたような点から疑問がある。他方、反対論に見られる「産む、産まないは女性の権利」から、さらにエスカレートして、女には「堕胎する権利」があるというのも妥当とは思われない。

胎児も母体とは独立の「個体」であることは生物学的にも明確にされている以上、これを母親の一存で殺害してしまうことは自己決定権の範囲を超えるものと言わねばならない。ただ、一定の範囲でやむを得ず堕胎した時は、国家刑罰権の介入を差しひかえるという形で、法的に許されるべきもの（刑法の謙抑性）と解するのが妥当であると私は考える。

（世界日報昭和五八年三月二七日。ただし、編集者が付した見出しおよび小見出しの一部を修正、紙幅の関係上割愛した部分を含めて一部加筆した。）

＊　付記　その後、中絶は妊娠八ヵ月まで可能と明記され、二〇年間の中絶数は公認の数だけで一億をこえる数を数え、ドイツの犯罪学辞典には「日本では何と妊娠八ヵ月まで中絶可能」と伝えて感嘆符（！）がつけられたのを読んだ。

なお、優生保護法一四条一項四号は、母体保護法一四条一項一号として存続している。

Ⅲ　中国への旅

第十一次日本婦人法律家訪中代表団

訪中記録　まえがき

私たち第十一次（婦人だけに限ると第四次）日本婦人法律家訪中代表団十一人（うち一人は日中友好協会理事で本団の秘書長）は、中日友好協会の招待を受け、日中友好協会、日中友好法律家の会の協力を得て、一九八二年七月一六日から同月二八日までの前後十三日間にわたって、中国の北京・大同・上海・蘇州の各都市、諸機関、諸施設、人民公社（生産大隊）等を訪問した。

一九八二年は、日中国交回復十周年の記念すべき年であり、私たちの訪中に先だち、五月には、鈴木善幸首相が訪中し、その答礼として超柴躍首相一行が訪日され、さらには法務省、日弁連、日中友好法律家の会の招待による中国司法部訪日代表団（団長は中国司法部第一副部長鄒瑜氏）の訪日があり、九月には日中友好法律家の会の招待で中国法律家訪日代表団十人を迎え、さらに十月には中国の招待による第十二次日本法律家訪中代表団の訪中など、日中法律家の友好の経過の中でも特筆すべき年であった。中国ではさらに、私たちが訪ねた七月中は、一九五三年、六四年につぐ第三回目の国勢調査を実施中であったし、立法としては、三月八日、第五期全人代事務委員会第二二回会議で民事訴訟法全二〇五条が採択・施行され、秋にはじまった第五期全人代第五会議では懸案の新憲法全一三八条が採択され、十二月四日公布・施行されるなど、画期的な年であった。他面、七月は、一部記者の誤報に端を発したともいわれる「教科書問題」が起き、あらためて日中関係の悲しい、痛恨の歴史的事実を想起せざるを得なかった年でもあった。このような記念すべき年に訪中の機会を得たことを私たち一同は心から感謝している。

正直のところ、団員の中で、訪中以前に、現代中国の社会組織、法および法制度に通暁していた人が何人いたか、定かではない。少なくとも私自身についていえば（この年の二月に配偶者が死去した直後に依頼を受けたのであるが、教え子の浜四津敏子さんも関心があると聞いて団長を引き受けたのである）、多少勉強すればするほど、極めて特異なものに思われ、理解に困難を感じていた。しかし、「百聞は一見に如かず」の諺のとおり、中国に行ってはじめて真の理解（その賛否は別として）ができたと思われる法制度も少なくなかった。社会主義国家としての現在の中国は、もとより古い中国の体制の否定の上に築かれたものであるが、私は、たとえば刑法の規定やその解釈においては古い律令制の法思想につながるものが多分にあることに皮肉を感じた面もあった。

ところでこれまで、婦人法律家訪中代表団は、第一次より第三次まで、スタイルはさまざまであるが、その記録を残してこられた。とりわけ第三次の場合は、判例タイムズ四四九号誌上に公表されたもので、これまでの婦人法律家訪中記録の中でも、総括的でかつ正確なドキュメントとして高く評価できるものであった。その記録は、「……中国では、いま激動の時代をくぐり抜け、〝法再醒期〟にあるといわれ、二一世紀に向けて、立法作業を含む現代化の壮大なドラマが進行している。本特集は、いわばこの時代のドキュメントであり、今後とも可塑性に富む中国社会の、生きた法現象の動態の記録として意義をもつものと信ずる。」と謳いあげておられる。私たちの場合は、一部を除き、訪問先を先輩訪中団、とりわけ一九八一年の第三次の方々とほぼ同じいわばおきまりコースをあとから辿っただけであるから、各テーマ毎の担当者必死の努力にもかかわらず、先輩の御労作の記録に新たに追加すべき事実も知見もあまり明確にすることができなかった嫌いがあることは否めない。最優秀の通訳の力を借りてさえ、僅かに知り得た統計上の数値の確認しようのない不確かさ、矛盾（この点については前掲判タ四四九号四九頁、渡辺検事の発言でも指摘されている）をはじめとして、たった一、二週間の、しかもあれだけ巨大な国の一部の旅行だけで、一体私たちは「中国」を語るだけの判断資料を僅かなりとも得たといえるかについて、胸をはって肯定するだけの自信は、少なくとも私にはない。私たちがかい間見た中国の現状は、たしかに現代化へ驀進中の意気込みだけは、随時、随所においてまごう方なく感じられたし、日本の歴史にあてはめて見れば、戦後の日本というよりは、明治維新の頃の青年の気概に共通するものがあるのではないかとさえ思われたが、それをしも「二一世紀に向けての現代化の壮大なドラマの進行」と予言できるのか、わたくしにはなお判然としないものがある。短期間の内の重ねての憲法改正に象徴されるように、それはむしろ、壮大かつ勇敢な試行錯誤ないし模索の過程と解すべきではないか、というのが私の率直な疑問であり、正直な感想でもあった。しかし、或いは、従来の「法的安定性」よりも「具体的妥当性」ないし「当面の政策上の至上命令」を求めて法改正をくり返す中国の勇気をむしろたたえるべきであろうか。

要するに、本記録は、団員諸氏の懸命の努力にもかかわらず、結局すぐれた先輩の方々の記録のせいぜい「落穂拾い」程度の存在意義しか待ちえないかも知れない。それにもかかわらず、おこがましくもここに私版の記録を残すこととした理由は、中国現代化の逐年の過程を些かなりとも伝えるため、というよりは、むしろもっぱら、この訪中旅行が関係各位の絶大な配慮と御支援により、また、団員の皆さんの稀に見る相互協力により、日中友好の輪も些かなりとも拡げることができ、かつ、およそ期待し得る最高の感動と感謝を共有することができた団員のよろこびを記録に留めたいからにほかならない。

もしこのささやかな記録を通じて、中国の法制度の現状の一端について些かの知見と中国の伝統文化の素晴しさ、さらには私たち団員ひとりひとりの素直な感動と感謝の気持を汲みとっていただければ、望外のよろこびである。

最後に、今回の私たちの旅行に終始協力またはサービスを惜しまれなかった中国司法部および各人民法院各位、中日友好協会、中国対外友好協会上海市分会、同蘇州分会、大同市長をはじめ同市関係各位、大同市郊外北村生産大隊および同村居民各位並びに日中友好協会・日中友好法律家の会その他多くの方々、とりわけ、文字通り終始行を共にして下さった優秀な通訳の賈蕙宣、張利利さんの労に対し、心からお礼を申し上げたい。とくに私たちの中国滞在中すでに表面化していた教科書問題には全く触れず、ひたすら暖かく細やかな配慮をもって迎え、送って下さった見事な中国側のホスピタリティに対し、わが団を代表して重ねて深甚な謝意を表したい。

中国古代文化遺産——雲崗大同の仏たち

今回の訪中旅行十三日間の全行程を通じて、終始私に強烈な印象を与え続けたものは、驚異的なハイ・レベルの中国古代文化の遺物および伝統芸術と、必ずしも高い水準とは考えられない現実の民衆の生活との奇妙にアンバランスな同居であった。十一億にもなんなんとする人民を飢えさせることなく、生活を保障すること自体、素晴しいことであり、その意味で中国の施策に誤りがあるわけではない。しかし、萬里の長城、明の十三陵、故宮、紫禁城など北京にある遺跡だけでも、その気宇の壮大さ、美しさ、巧緻さ、すべての点で当時の世界文化の中で傑出していたであろうことは疑いがない。現在中国が世界文化の中でどれだけ支配的なものを持っているか、私には定かではない。ただ、首府北京で見かけたおびただしい自転車の波と鈴なりのトレーラーバス、道路交通法規も施行されたといいながら、誰に聞いても内容は不明で、法規を手に入れることもできなかった。事前に要望書を出しておかなかったから、という答えであった。あれこれの体験を通じても、現代中国の文化水準は少なくとも現時点で世界の文化水準をぬきん出ているとは思われない。しかも現代中国は、過去の中国のあり方を総て切り捨て、これを超剋するのに懸命であり、そのことが私には残念に思われた。もっとも、文化大革命当時にくらべれば、遺跡・

遺物の管理もずっと良好になったようであるから、国家体制が安定し、余裕ができれば、やがて国家的規模でもっともっとこれらが重要視されるようになるにちがいない。

私たちは、古い中国の文化遺産については、これまで多くを学んできた。たとえば、美術史では、ガンダーラ↓敦煌↓白鳳・天平とつながる仏教美術の伝来を学んだ。私たちの同世代の者が青年時代に愛読した和辻哲郎博士の「古寺巡礼」その他によってかきたてられた仏教美術への憧れは、敦煌や雲崗の仏像、石窟への憧憬につながる。出発前から、私は、先輩訪中団の未訪問の大同―雲崗への訪問をとくに希望しておいた。北京から大同への旅は、猛暑中での往復とも夜行列車の利用という強行軍を余儀なくして、肉体的にはかなりきつい旅となった。しかし早朝到着の出迎えをはじめとする大同の関係各位の行き届いた配慮、一五〇〇年も前の雲崗の石窟の思わず息を呑む気宇壮大な全景、そして色彩も美しい数々の石仏、リリーフ。私の四十年来のあこがれの第二十窟の主仏はもとより、数多くの脇侍、供養天、そしてのびやかな姿態の飛天、異国情緒あふれる各種の楽器にいたるまで、ただただ感嘆するばかりであった。しかも、これらすべて無名の名匠たちの手になることの不思議さを痛感せずにはいられなかった。大同では、このほか、華厳寺、とりわけ遼代唯一の遺物とされる下寺の三十一体の塑像たち、中でも郭沫若氏が絶賛したという脇侍像のふくよかな微笑をたたえた楚々としたたずまいの美事さ、清代の伽藍修復の時に描かれたといわれる上寺の極彩色の壁画の素晴しさ、私はこれらの文化遺産に出逢い、しみじみと中国文化の高さ素晴しさに驚嘆すると共に、生きてこれらの芸術に直接接し得たことの幸せを噛みしめずにはいられなかった。そして、すでに参観時間が過ぎているにもかかわらず、特別に錠を開けてすべてを参観、かつ撮影を許可して下さった華厳寺の何孝斌氏の厚意に深く感謝しなければならない。ただ、これらの寺院には住職はおらず、信仰の対象とはなっていない。すべては国家によって管理されている。芸術や文化遺産に対する正当な評価、畏敬の念の有無は定かには捉え得なかった。ただ一つ明言できることは、ヨーロッパなどにおける文化財への対応とかなりかけはなれて、あまり十分とはいえない感があったことである。文化遺産に対する評価も、中国では時として揺れ動くようで、それら文化財の保存や保護についてもう少し詳しく知りたいように思われた。

少年非行の現状

中国では、他の社会主義国家（たとえばソ連）におけると同じように、遂に統計のようなものを入手することはできなかった。ただどの施設でも、批林・批孔の文化大革命時代には、暴力的な少年非行もあったが、最近は犯罪減少傾向にあるとの説明であった。たしかに昨年訪中の土井博子裁判官の報告と今回の数とを対照してみると、北京市の少年管教所の収容人員は、一九八一年七月二二四日現在八三九名（うち男子七九九名、女子四〇名）に対し、一九八二年七月一七日現在では四八九名（うち男子四七五名、女子一四名）であるというのであるから、大幅に減少している。これだけで犯罪（少年非行）の減少傾向を決定的にいうことができないのはいうまでもないが、行く先々で、少年たちの言動を通して、少年の健全育成の効果は顕著にあがりつつある印象をうけた。交通手段として自転車が主役を演じている中国では、わが国で少年非行の重大なパターンとして問題となっている暴走族などは、もとより生まれるはずもない。どこでも、いつでも四つの近代化のために国を挙げて邁進している中で、少年たちは、一見極めて健全に育成されているとの実感がもてた（もっとも実情は、少年の非行も多くなり結構問題だという話を何度か聞いた。

しかし何れも論拠となる客観的なデータが示されることはなかった）。中国にいる間、私は、これはとても素晴らしいことだ、中国の将来は、これら健全な少年たちによって担われるから、その前途は洋々として素晴らしい、今後の大躍進が期待されるだろうと思った。しかし、反面、その様子に、私は戦時中の私たち少年時代の体験をオーバーラップして思い出さざるを得なかった。日本の戦時中の「欲しがりません勝つまでは」「撃ちてしやまん」式の少年の育成は、その表面上の健全さとは裏はらに、本当に健全といえるかどうかは疑問であろう。最近（一九八二年九月七、八日）水戸で開催された「少年非行を考える」というテーマでのインターナショナル・セミナーでも少年非行の国際比較において、ユーゴスラビアのザブレク大学のセバロヴィッチ教授の報告では、ユーゴでは少年非行は余り問題にはならないとのことであった。総じて共産主義国家では少年非行の数が少ないのが特徴的である。厳しい統制の下では非行も行われ難いのであろうか。今日、自由社会では、どの国でも少年非行が増加しつづけ、社会問題化していることは顕著な事実ではある。しかし前記セミナーでロンドン大学のフリーマン教授が明確にも指摘したように、厳しい行動規制の下での少年非行の数の少なさと自由社会での少年非行の増大現象とを比較して、何れが少年にとっても、また、社会にとっても、真に幸せなのか、疑問に感ぜざるを得ない。

ところで最近公刊された昭和五七年版犯罪白書によれば、昭和五五年中に少年院（わが国には昭和五七年四月一日現在で全国に五九庁がある）に新たに収容された少年は、前年より二八四名（六・〇％）増加して五、〇〇四名である（うち女子五三六名）。少年院への収容要件も日中間に格差があるから、単純な比較はできないが、中国の今年の国勢調査の結果中間発表されたところによると、中国の総人口は概ね一〇億八〇〇〇万ということで、わが国の約一〇倍である。従って、人口比でいけば約五万人の少年管教所被収容者が相当ということになろう。もっとも平均年齢が二〇歳なにがしという若者層の多い中国とわが国ではその単純な比較もできない。しかも、私たちが知りえたのは北京市の施設のみで、そこの被収容者が一三歳から一五歳まで（＝一六歳未満）で四八九名（うち女子は一四名）ということであった。これだけから推論することは到底不可能である。ただ、わが国の教護院に相当する「工読学校」（岩井氏の稿参照）は、上海市だけでも二〇校を数えるよし、私たちが見たのはそのうちのたった一つ閘北区工読学校であったが、この一校だけで二一〇名余もいたから、上海だけで数千人を数えることになろう。わが国の教護院数は全国に五八ヵ所（うち国立は二施設のみ）あり、その収容定員は五、二八七名、昭和五四年の在籍人員は僅かに三、〇五一人にすぎないから、中国における工読学校の生徒数はわが国の教護院入院生を凌駕する数と見てよいであろう。非行の芽をできるだけ早いうちに摘みとり、将来有為の社会人となるよう教育局の所管の特殊学校で改造教育しようという中国と、よほどのことがない限り施設送りはしないわが国（わが国の教護院は厚生省の所管）との差があるにせよ、少年の非行が必ずしも少ないとはいえない一つのデータとはいえそうである。学校とはいえ、閘北区工読学校での少年たちの古ダンボール箱補修作業、少女たちのボロ布のおむつ再生工程を見て、その作業内容と素材の貧しさが私の胸にはこたえた。

日本婦人法律家訪中団としては第四回目の今回の訪中であり、すでに先輩訪中団の訪中の記録を参考にしての訪中であったはずであるが、私の事前勉強の不足、準備不足のため、あなた委せのお膳立てコースにただ乗っかっただけの旅行、表面的な観察と情報入手に終り、核心をつくデータを得ることができず、従って中国の真の姿にふれ得なかった後悔が多く残った。とくにこのような記録をまとめる段階でそれが痛切に悔まれるのである。今私たちは、またいつの日か中国を訪れ、今回残された宿題を解きうるだけの的確なデータを得ると同時に、より自由で個人的な友好の輪を広げ、かつ深めることを願い、また中国のより多くの美しい自然にふれたいものと話し合っている。

Ⅳ　出会い・その他

1　三大綱領を座右の銘として——人間愛に満ちた聡明な女性に

本日御卒業の皆様、おめでとうございます。卒業生の皆様が本日のおよろこびを得られましたについては、皆様ご自身のご努力はもとより、御父兄をはじめ、家族の皆様、御指導の諸先生方の御慈愛と御協力、御指導があったればこそで、それら皆様方のおよろこびもさぞかしとお察し申し上げます。

さて、長い人生の過程において、私共は、入学、卒業、就職、結婚（これは時としては全く経験しなかったり）、時としてはそれに加えて離婚など、いくつかの転機を迎えます。しかし、それらの中で、ただ一つ、ゴールラインが同時にスタートラインをかねているところに「卒業」というものの特長があり、二重のよろこびがあると申せましょう。かく申す私は、男子学生の学徒動員にあわせて卒業がくり上げられた戦時下の昭和一七年九月に本学の国文科を卒業いたしましたが、この時クラスメートで、戦時中に夭逝された親友が

学校の門より続く白き道予測をいれぬきびしさにあり

と詠まれたのが、いまだに鮮かに思いおこされます。まさにこの歌に象徴されるように不安に

みちた卒業でございました。皆様の場合も後に述べますように全く不安感がないわけではないでしょうが、私どもの場合に比べれば平和で、豊かな社会に巣立って行かれるわけで、そのお幸せを考えないではいられません。

私の得た本学の遺産

ところで私は現在刑法学を専攻しておりますが、そもそも法律学に目を向けさせて貰ったのも、本学卒業後、桜楓会で編集の仕事を手伝わせていただき、終戦直後の憲法をはじめ、基本的な法律大改正の頃、すぐれた法学者の講演を相次いでこの講堂で聞き、かつその記事を書かせていただいたのがきっかけでございました。今日三〇年ぶりにこの講堂で法律家のはしくれとして皆様にお祝辞を述べさせていただくことは、私にとって大変名誉であるだけでなく、右の意味でまことに感無量と申すべく、道学長先生より今日のことで御依頼をうけた時、僭越をも省みず、敢えておひきうけした理由もそこにあります。

もう少し私的な話をお許しいただくならば、私はそんなわけで戦後慶應義塾大学で法律学を学びましたが、戦時中、私が学んだ頃の本学の、いうなれば精神主義に対して、現実的な実学主義の福沢先生の建てた大学で、しかもパンのための学問と呼ばれた法律学を勉強したのですから、戸惑うことも多うございました。本学在学中は、必ずしも合理的とはいえない発想や行動様式に抵抗を感じたりした私でしたが、慶應ではあまりにも現実＝打算的な教授や学生の言動や、深遠な思想も高邁な精神もあまりうかがわれない法解釈学に失望と挫折感を抱き、あらためて女子大的な考え方や伝統のよさを再認識したりしました。結局、現実に安易に満足しなかったことがある意味で私を一つの道へと駆り立ててくれたように思い、今にしてみればこの二つのいわば異質な大学に学ぶことができたことを感謝せずにはおられません。皆様の中で在学中本学の教育に抵抗を感じられた方もあろうかと思いますが、卒業後いつの日にか私のように、何らかの形で本学から得られた遺産のようなものをいつの間にか自ら身につけていることに気づかれることと信じます。

三つのアドヴァイス

どうもお祝辞を申し上げるのに私事を多く申し上げたようでございます。私は今日御卒業の皆様に、先輩として餞けの言葉をおくることができる程多くの業績もなく、他に誇りうるものをもっている人間ではありません。ただ四苦八苦しながら子供を育て、三〇年近く常に初学者の如く学の未熟さを恥じ、真理をおそれて研究を続けて来た者として、あらゆる可能性をひめて未来への期待にあふれる皆様方へ、とくに以下の三つのお願いないしアドヴァイスに集約して、祝辞にかえさせていただきたいと思います。

第一は自我を確立し、個性的に生きてほしいということ。第二は右の自我の成熟を得るためにいわゆる「ヤマアラシのジレンマ」から人間関係における距離のとり方を自ら工夫してほしいということ。第三に、戦後与えられた女性の自由と権利の拡大・伸長は、同時に女性の社会的責任の加重・増幅を意味するものであるという現実を直視し、再確認して、自らの行動を規制してほしいということでございます。

次に今申し上げました三点を、少しばかり敷衍たしましょう。

一 自我の確立

第一点について。流行の表現をかりれば、現代はモラトリアム人間の時代だといわれます。たしかに皆さんは満二〇歳（民法第三条は「満二十年ヲ以テ成年トス」と規定しています）を超え、法的にはすでに数年前に成年になられているはずで、喫煙・飲酒の面ではそれを強調しておられる方もありましょう。しかし一般的に大学生として、完全な成人としての責任は免除され、いわばモラトリアム＝猶予期間にあったわけです。現代はこのモラトリアムの時代が延長されているのが世界的傾向ですが、大学の卒業は、一応このモラトリアム時代という「甘え」への訣別であり、これからは一個の独立した自我（アイデンティティ）を確立しなければならないということです。

私は今日ここに三〇年ぶりに成瀬先生の残された三大綱領の額を眺め、しみじみと成瀬先生は実に鋭く女性を観察した偉大な女子教育者であられたという実感をもちました。

この三大綱領をわたくし流に現代にあわせて解釈するならば、第一に「信念徹底」は思想的バックボーンの確立、主義信条の貫徹に、第二に「自発創生」は自主性とクリエイティブな能力の開発を意味し、第三に「共同奉仕」は、自己中心的な生き方ではなく、現代の福祉社会において今日すでに、そして将来ますます要請されるボランティア活動のすすめに通じるものということができるのではないでしょうか。

これらの中には、まさに女性の本質的弱点を踏まえたうえでの教育の指針とされたものもあり、この現代にも充分通じる三大綱領を座右の銘として、甘えを払拭して精神的な意味でしっかりと腰をすえ、自他にたじろがず生涯を通じて努力していただきたいのです。そうしてこそ本学卒業生としての生き甲斐と誇りとを感じることができるでありましょう。とくに卒業後は、皆様のお一人お一人が日本女子大学の卒業生、桜楓会員の代表として、社会的に評価されるという自覚をおもちになってほしいのです。

二　人間関係における距離のとり方

第二点について。昔は人間関係における距離のとり方は、それぞれの局面できまっていました。たとえば「三歩下がって師の影を踏まず」とか「長幼序あり」とか「男女七歳にして席を同じうすべからず」……とか。しかし、最近では、男性と女性、先生と生徒、親と子その他すべての人間関係において、お互いの距離のとり方が多様化し、無秩序化し、そのため、たとえば親しみはじめると相手との一体感を極限なく求めて自己を見失い、反対に相手にのみこまれることなく自分を守ろうとして、ひたすら人とのかかわりをおそれて、自閉症的になったり、それが家庭崩壊につながったりします。この点について、いわゆる「ヤマアラシのジレンマ」は一つの対応の基準を与えてくれます。

「ヤマアラシのジレンマ」については、最近いろいろな機会にとりあげられましたので、御存知の方も多いと思いますが、まだ御存知ない方のために簡単に説明しますと、

「ある冬の朝、寒さにこごえたヤマアラシのカップルが、お互いに暖めあおうと近づいたが、彼らは近づけば近づくほど自分たちの棘でお互いを傷つけてしまう。そこでヤマアラシは、近づいたり離れたりを繰り返したあげく適当に暖かく、しかもあまりお互いを傷つけないですむ、ちょうどよい距離を見つけ出した」

というショーペンハウエルの寓話をもとにして、フロイトら精神分析学者によって考え出された理論です。つまりフロイトはこのヤマアラシの比喩によって、距離がなくなればなくなるほど愛と憎しみといった相反する気持の葛藤＝アンビバレンスがつのる心理に注目したのです。お互いが親しくなり、近づきあえばあうほど、利害関係も密接になり、二人のエゴイズムつまりヤマアラシの棘が相手を傷つけ、憎み合う感情も強まるのです。

したがって、このような葛藤から脱却するためには、「適当に暖かく、しかもあまりお互いを傷つけあわないですむ」適切な距離のとり方が必要で、それには人間関係を冷静にさめた眼でとらえ、愛する人、甘えの対象、教え導く人に対して、同時にある種の隔たりをおく術を身につける必要がありましょう。女性が肉身や愛人に対する犯罪を犯しやすいのも、この適切な対人的距離のとり方において失敗し、容易に相手のエゴイズムのくいものにされた結果にほかならない場合が多いのです。

私はかつて、数年間にわたって崩壊の過程にある家族（その一人は本学の社会福祉学科に学び卒業していったお嬢さんでしたが、祖母と父に対する憎悪にこりかたまっておりました）と接触して、しみじみこのヤマアラシのジレンマのことを思いおこし、これをひき合いに出して家族関係の調整を試みたことがあります。要は冷静に、客観的＝合理的に自分なりの適切な距離のとり方を着実に身につけることにとって自己を確立していただきたいのです。それが、あるいは不幸にして陥ることのある精神的葛藤の危機から、貴女方を救ってくれることがあると信じます。

三　女性の法的地位の高揚と社会的責任

終りに第三点について。戦後の法改正により、法の下の平等、男女の本質的平等の原則が確立され、女性の権利、法的地位は飛躍的に高められました。しかし同時に、女性の法的責任もまた飛躍的に加重・増幅されました。この点の指摘は今まで少なすぎた嫌いがあります。昔は結婚した女性は法律上行為無能力者となり下がりましたが、反面、法的・経済的に独立の責任を問われることはありませんでした。いうなれば生涯モラトリアムの過程におかれたもののようでした。

ところが、とくに核家族化が進んだ現在では、共働き世帯での母親は、ある女性裁判官が適切にも評したように「代役のいない主役」を演じなければならないのです。その場合、女性は子育てにも仕事にも百パーセントの責任を問われ、経済的責任も負わねばなりません。今や女性は自由・平等の代償として重大な責任を負わされているにもかかわらず、あまりそれを意識することがないため、無責任とか母性喪失とかの汚名をきせられているのです。そしてその精神的葛藤、責任の重さにたえかねて、女性は子殺し・子捨てといった極端な行動に走りかねないのです。

本学は女子の大学ですから、学生時代にはあまり意識しないですんだと思いますが、何といっても日本社会は今のところ残念ながらやはりまだ男性社会というべきでありましょう。卒業後社会に出られる方は、あらためてそのことを思い知らされるでしょう。皆様方はわが国の現代社会機構の中での女性の立場をよく御理解のうえ、女性らしくというよりは、まず何よりも人間らしく、かつ聡明な自己の判断力によって自ら判断する人間となり、決して衆愚とならず、貴女だけの生き方の道を開き、生涯をかけてそれぞれの立場で個性的な役割を果たし、しかも他方、必要があれば力を結集して権力や悪と闘い、クラスアクションも辞さない勇気を持っていただきたいと思います。

戦争という異常事態に対する不安感で一杯だった私達の卒業とちがって、皆様にはそのような不安感こそありませんが、今申し上げた意味ではよりきびしい社会的責任を課せられていると申せましょう。そのうえ全地球的規模で考えても、資源不足や公害のような生活環境の悪化、物質文明の発展と反比例する精神の荒廃に対する不安感は、私たちの場合とは比較にならない程大きなものがありましょう。この精神の荒廃や受験制度のひずみを原因とする少年少女の非行問題も由々しい社会問題となっております。そしてさしあたり最後の社会的病弊の治癒については、まさに皆様の結束した出番がまたれているのです。

「誰か賢婦に逢ひしや」と女性の知性に失望し、それ故にこれを求めて本学を創設された成瀬先生の、現代にも充分通用しむしろ活用されるべき「信念徹底」「自発創生」「共同奉仕」の三大綱領を、皆様は卒業後も事あるごとに思いおこされて、社会人・職業人としても、家庭人としても、研究者としても、心豊かで人間愛に満ち、聡明で細かな配慮のゆき届いた女性として次代を担っていただきたいのです。今日最も無責任なのは大卒女子であるという声さえ聞かれます。とくに就職される皆様は、職業人としての自覚をもち、同一賃金同一労働の原則通り、女性なるが故の「甘え」を断ち切って、職責を果たし、日本女子大卒の名誉と誇りを堅持していただきたいと切望してやみません。

最後に若い皆様方の輝かしい将来の大成と御多幸を祈り、かつ、本学の一層の充実と発展を祈念して、拙い祝辞にかえさせていただきます。

（昭和五三年三月、母校　日本女子大学の卒業式における祝辞　女子大通信三五一号・昭和五三年四月）

2　菅支那先生追悼の記

昨年二月一四日の社会福祉学科研究室主催の「菅支那先生をしのぶ会」について、本日は、菅先生八三年の御主涯を通じて最もご縁の深かった桜楓会において先生の追悼会が行われるにあたり、直接指導をいただいたクラスの一つである国文科四〇回東組の一同を代表してご挨拶申し上げる機会を与えていただぎましたことを大変光栄に存じます。ただ、私は、地方からぽっと出の田舎者で、在学中は、先生ととくに親しく接したとはいえない、「その他大勢」の一員にすぎませんでした。従って、今日ここで菅先生を語るにふさわしいのは、私などではなく、より適切な方が沢山おられるのです。その意味で、またより多くの方にそれぞれ異なった角度から菅先生を語っていただくのが菅先生の鎮魂のためにふさわしいという二重の意味で、今日のご挨拶のお役を固辞致しました。しかし、国文四〇回の皆様の中でも、とくに今日先生を語っていただくに最もふさわしい方々は、先生を敬愛するの余り、却って公的な場所でのご挨拶はし難いとか、どうしても今日はご出席できないなどの理由で固辞されましたため、結局、又しても私が拙いご挨拶を申し上げなければならないことになりました。まことに僭越なことで、菅先生に対し、また、今日ここにお集りの皆様に対し申し訳なく存じております。ただ、こんな私でも、先生を敬愛するこころの切なる点においては級友の人後に落ちないつもりでございます。とりわけ同じく大学人として、晩年の先生とは割合接触する機会もありましたので、今日は、おそらく公的に先生を語る最後の機会として、お座なりではなく、思い切って率直にお話し申し上げたいと思ってここに参りました。

菅先生と私たち国文四〇回東組一同とが、単にリーダーと教え子という関係以上の深い人間的なつながりを持ち続け得ましたのは、昨年の「しのぶ会」の席上、級友の柴沼ヒロノさんが話された通り、先生が私たちのリーダーとしてクラス担任の途中で当時の家政学部第三類（現社会福祉学科）の科長に英進される旨の人事予定が漏れたとき、クラス全員が先生の留任を切望し、クラスの代表が当時の井上秀校長先生宅まで押しかけて談判をし、遂に私たちの卒業まで先生の三類への転配を延期していただいたことが主たる原因でありますが、併せて大東亜戦争勃発前後の異常な時代に大学生活を共有したという体験によるものと考えます。とにかく私たちは、全員菅先生が大好きでした。菅先生の学者としての業績が、どれだけ学会で評価されているのか、専門外の私には全くわかりません。ただ、私の知る限りでは、現在の大学の人事基準からいえば、先生のように寡作の研究者では教授たるに十分かどうか疑問が全くないとはいえないようにも思われます。私どもが先生から教わった哲学の講義は、菅先生には全く申し訳ありませんが、正直のところ決して名講義とはいえませんでした。私自身は、不明にして、残念ながらこの講義によって哲学的な深い知見も、哲学するこころも把握することはできませんでしたが、多くの哲学者の生涯の一端にふれることができ、ソクラテス、スピノザといった哲人も急に身近な存在感をもつように思われたことを記憶しております。しかしすぐれた級友の一人（入江氏）は卒業後早稲田大学の哲学科に進み、菅先生の播かれた学問的な種を立派に実らせました。ドイツのある大学の学生歌の中に「教えとは希望を人に語るもの、学ぶとはまことを心に刻むもの」という歌詞があるそうですが、菅先生こそまさにここに歌われた教育を実践された方であったと思います。

先程ふれました「しのぶ会」では、多数の方が菅先生の「童女」性を指摘されました。よくいえば純粋で童女のよう、悪くいえば自己本位で非常識、社会性なしということになります。

しかし、先生はその八三年の生涯を通じて終始一貫して純粋に理想を求め、真実を追求し、熱っぽくまことを語って来られたと思います。私たち四〇回生は、そうしたひたむきな生き方の故に菅先生を敬愛しつづけて参りました。昭和一四年から一七年の九月ないし一八年の三月までの私たちの女子大生活を通じて、当時極端な軍国主義の昂揚の時代でありながら、私たちは先生によって思想・表現の自由を充分に保障されました。当時としては本当に得難い教育を受けたと思い、感謝しないではおられません。地方の品行方正学業優等生の私などは、とかく時代の教育の型にはめられがちでしたから、信仰の自由を理由に靖国神社に拝礼することを断乎拒否した友人とこれを当然として受け入れられた菅先生の態度に魂をゆさぶられる思いをしたものでした。菅先生の民主主義的・自由主義的教育は、時代背景を考えると本当に高く評価されるべきものでした。菅先生はただ、あまりにも純粋にすぎ、その純粋さや真実が時として人を傷つけることもあることにはあまりお気づきではなかったようでした。その教えをうけた私は、のちに著名な法律家の「嘘の効用」という著書に出会い、真実至上主義のほかに人間の行為を合法化する法的論理や社会性に次第になれて参りましたが、菅先生はきっと「嘘」はやはり「嘘」で罪悪だとされるのではないでしょうか。菅先生は、いつも何かに心を集中しておられるため、かなり親しい方に出逢われて、ご挨拶を受けたのに気がつかず、見むきもしないこともままあり、そのために多くの方に誤解されたりもしました。菅先生は常に本質的なものを求め、世俗的なことにとらわれるのが大嫌いでした。しかし、世の中の大半の人は勿論私も含めて、悲しいことに俗人なのです。先生の理想と世俗的な合理性との間のギャップは、埋めようとしても埋められないままに終りました。菅先生は、皆様ご承知のように世俗的な方ではありませんでしたが、また純粋に学究の人でもなかったように思われます。むしろ先生は実践の人でありました。このことは数々の社会的活動や肩書によっても明らかと思われます。それ故にこそこのギャップは、先生のアキレス腱ともなりました。しかも、御母君の井上先生やとりわけ最愛のそして最高の理解者であられた菅円吉先生が亡くなられたあとの晩年の先生はそのギャップを一層大きくしたのかも知れません。先生の個性が最後まで失われなかったことは、それ自体先生が稀に見るお幸せな星の下に生まれたことを意味しますが、少なくとも晩年の菅先生にはご自分の理想や計画がひとに理解して貰えないことに対する苛立ちや充たされない歎きがおありになったのではないかと私は想像して、胸が痛むのでございます。その意味で、晩年の先生を単に日常生活のお世話だけでなく、すべてご養女の方におまかせしっぱなしで、精神的に先生を慰め、支え、雑事を手伝い、ときにはアドヴァイスすることもあってよかった教え子たちが、これを怠ってしまったことに対し、今にしてしみじみと先生に対し、そして先生と関わりをもたれた関係各位に対し、お詫びしなければならない責任を感じるのでございます。

ところで、青木学長は先程先生との出会いに感謝されましたが、私の場合も先生との出会いは、まさに私の生涯に決定的な何かを与えてくれました。たとえば卒業後桜楓会の家庭週報編集部で仕事をするようすすめて下さったのも菅先生でした。そして、そこでの数年間の、人との出会いと経験が私を法律家へと進ませる契機となったのでした。つまり先生との出会いがなければ、現在の法律家のはしくれとしての私もなかったのでございます。具体的な事情は各人各様であっても、先生との出会いによって生涯に決定的な何かを与えて貰った点において、私のクラスメート全員は共通の体験をしたと信じております。このようなタイプの教育者は、今では稀有となりました。昇進に論文の内容以上に点数が問題となる現在では、大学に真の教育者を求めることは非常に難かしくなっているからでございます。私たちは、仕事を持つ者も、家庭にある者も菅先生が各人の心に播いて下さった種をそれぞれ大切に育て、私たち自身もはや残り少なくなってしまった人生のたそがれどきを充実させ、先生の見果てぬ夢を継承し、これを現在または遠い将来に実現させるべく頑張ろうと誓い合っております。在天の菅先生は世俗的な拘束から解放され、最も良き理解者であった円吉先生と再び相まみえて、先生の真の魂は、今こそ満ちたりておられることと信じます。先生の死はある意味で古きよき時代の日本女子大学校の教育の終焉を意味します。また、先生と現世では再び相まみえることが不可能になってしまったことを悲しむ者ではありますが、その反面、先生の魂の世俗からの解放と真の充実のよろこびを私たちは心から祝い、在天の御霊の一層安からんことをお祈り致します。

（昭和五八年二月七日桜楓会での菅支那先生追悼会で）

3　相続法の改正と婦人の法的地位

一　はじめに

今回、相続法の改正（昭和五五年法律第五一号昭和五六年一月一日施行）について話してほしいとの依頼を受けたが、私の専門は刑法で、主として刑法理論学を研究しており、およそ相続法とは関係がなく、皆さまに伝えるものはないので固辞致しました。家庭裁判所調停委員として相続・遺産分割の問題を扱っている経験から話してほしいとのことだったが、調停は純粋に法律的観点から理論構成するのではなく、そのことをふまえた上でどう解決するのが紛争の処理として最もよいかという観点からアプローチするのであり、相続法改正問題を論ずるのとはやや異なる。刑法を専門とする者が民法を論ずることは、甚だ暴挙で学者的良識・良心を考えると許されることではないが、ご依頼を断り難く、本日この席に臨んだ次第である。報告は散慢となり、明確でなかったりするかもしれないがご了承頂きたい。

戦後民法の改正もあり、また婦人の権利主張も強くなり、離婚に際し女性の側から財産分与・

慰謝料請求などが為されるようになったが、無い袖は振れないということで請求に応じない、或いは応じる意思がない男性も多く、いくら権利があっても画にかいた餅同様になってしまう例も少なくない。これに対処するために、婚姻中に得たものは夫婦の共有であると考えるか、家庭生活を維持する上に婦人が寄与した分を少なくとも遺産相続に当っては特別に配慮してほしいという希望が出されるようになった。一方、子どもの側においても、家業にずっと携わり、または両親を扶養した子と、大学入学、または就職の時から家を離れ、家計の維持、親の扶養、看護、財産蓄積などに全く寄与しなかった子とが、同一の均分相続では不都合である。特別に寄与した子はその他の子とは別に考えるべきだという特別寄与分の主張が行われるようになり、昭和四〇年代に入ると次第に寄与分を認めた遺産分割を家裁でも行うようになった。こうした実態と女性側からの主張・希望が相まって今回の相続法の改正の動因になったものと考える。女性の希望は形の上では寄与分制度の導入ということで実ったが、果してそれは本当に女性が当初予期したものと同じかどうかが問題だと思う。その点も含め今回の法改正の要点をみていきたい。

二　相続法改正の要点

「相続に関する民法改正要綱試案」（昭五四・七・一七民事局参事官室作成）によると、

1　配偶者の相続分の引上げ

2　非嫡出子の相続分は嫡出子と同等とする
3　兄弟姉妹の代襲相続は兄弟姉妹の子に限る
4　遺産分割の基準の明確化
5　寄与分制度の導入
6　遺留分の引上げ
7　配偶者の代襲相続権は現行法通り
8　夫婦財産制は現行法通り

となっているが、以上のうち第二項目だけが今回見送られた。その理由は、この点に関する総理府の世論調査で、現行法（非嫡出子の相続分は嫡出子の相続分の二分の一とする）支持四八％、同等とする一六％、一概に言えない二〇％、わからない一六％という結果が出たことによる。現行法維持派が改正派の三倍もあり、平等にすることは少なくとも時期尚早ということで見送られたのである。右の要綱試案発表の直後、私が、東京女子大・日本女子大の学生に同じ質問をした折、やはり、現在の一夫一婦制のもとでは現行法通りでなければ問題が起るという意見が結構多かった。若い女性がこうした意見を持つことは意外だったが、世論調査からみてそれが常識かもしれない。しかし、私はこの点はもっと考え直さなければならないと思っている。以下、法改正の要点をみていきたい。

図１　法定相続の順位

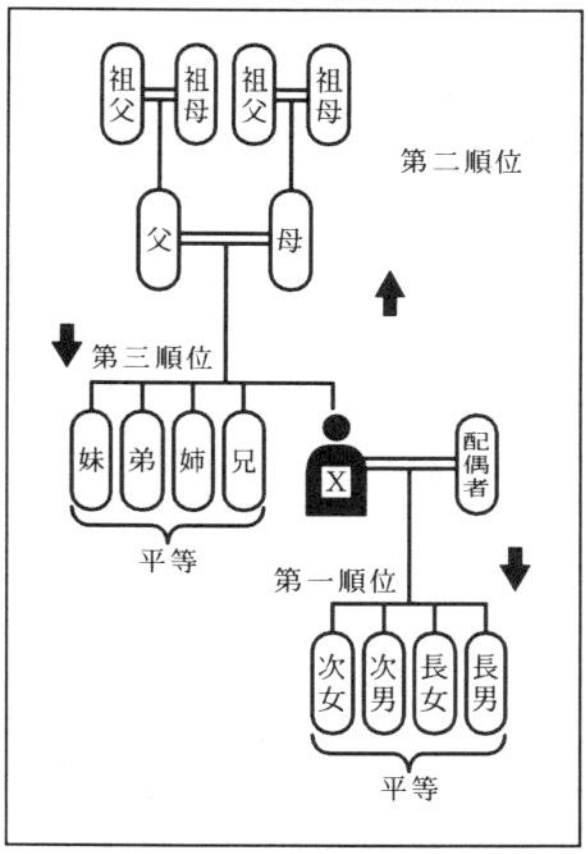

図２　配偶者と血族の法定相続分

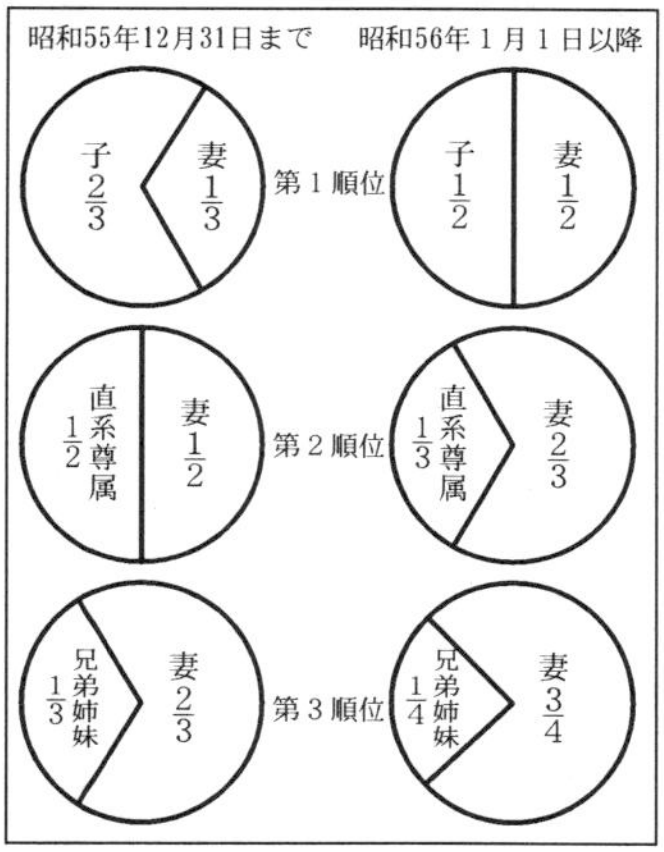

「ホーム百科辞典暮しの法律」（人見康子執筆）による

(1)　配偶者の相続分の引上げ（民法九〇〇条参照）

図２の通りそれぞれ配偶者の相続分が引上げられている。このことは大変よいことだが、婚姻年数による相続ではないので、その点に関して問題が出てくる。即ち、極端な場合、結婚後数日しか経たずに配偶者（夫）が死亡したときでも、妻である以上、原則として二分の一の相続権があることになる。そこで後から来た者が遺産の二分の一を持っていくのでは、と年を取ってからの親の再婚に子が反対する。又、籍を入れることに反対する傾向が今以上に強く出てくることが容易に予測されるのである。このことは、再婚する女性の立場からすれば入籍もされない、相続も出来ないということになる。生前贈与或いは遺言で処置してくれればいいが、

意外と無精な者が多く、遺言状など書かない場合が多い。この問題の一つの解決法としては、後妻に対しては遺留分（改正後は四分の一、後記(5)の表参照）のみを確保し、子に四分の三を与えるとか、父親が再婚する前に子に生前贈与をしておくなどの形で摩擦を防ぐことが考えられるであろう。

(2)　兄弟姉妹の代襲相続

現行法では甥姪の子・孫まで認められていた代襲相続を甥姪までに限定（代襲相続とは本来相続すべき者が死亡している時、それに代って相続する者をいう）。

(3)　遺産分割基準の明確化（九〇六条参照）

現行法では遺産分割の基準については職業のみが明示されているが、改正法では「年齢、職業、心身の状態及び生活の状況」とより細かく規定した。従来も「一切の事情を考慮」すべきものとされているから、本質的な改正ではないが、右の改正によって分割の基準が明細化されたことによって年少者、心身障害者、現在居住している住居の確保などが特に考慮されることになるものと思われるから改正は妥当といえよう。

(4)　寄与分制度の導入（九〇四条の二参照）

新しく設けられた条項である。寄与分とは「財産の維持又は増加につき特別の寄与」があった「相続人」にのみ認められる。ここで問題となるのは、相続人にのみ認められるという点で、嫁が舅姑に尽しても（相続人である夫の履行補助者として考慮されることがあることを別として）寄与分は認められないことである。

「特別の寄与」とは他の相続人に比べ量的質的に明確に区別出来るだけの寄与がなければならないということである。子どもの場合は、家に残り家業を手伝ったというだけでも比較的容易に認められる。ところが問題は配偶者（妻）の場合で、配偶者の特別寄与分は、その法定相続分（改正後は二分の一）との比較で決まってくる。本来、配偶者は夫婦として協力扶助の義務があるので、例えば、家事労働による内助の功などは、配偶者としての通常の寄与であって、二分の一まで引き上げられた法定相続分の中に含まれるものと考えられるから、（特別）寄与とは認められない。配偶者の法定相続分（二分の一）では処理しきれない特別の寄与のある場合にのみ、配偶者の寄与分は認められる。同程度の労働であっても子どもの場合は寄与と認められ、配偶者の場合は認められないということである。

もう一つ注目しなければならないのは、第三項の寄与分の限度の規定である。「寄与分は相続財産から遺贈の額を差引いた額を超えることが出来ない」という規定である。これは、一方で寄与分より遺贈を優先させたものであるが、他方、相続財産から遺贈分を差引いた全部を誰か一人の寄与分として認めることも可能となるわけである。では遺留分はどうなるかというと、遺留分は寄与分には関係しない。即ち、寄与分を認めると場合によっては遺留分減殺の請求は出来なくなることがある。遺贈については遺留分という歯止めがあるが、寄与分にはこれがない。従って、妻の相続分が増えたようであっても、この寄与分認定の操作によっては、極端な場合、一子相続制への逆戻り、即ち遺産に相当するものを長男だけに与え、妻（や他の子供）の分は何もなくなるということさえも、その是非は別として、理論的には考え得る。少なくとも遺産の分割と独立に寄与分の認定をすること（家事審判法上は一応可能とされる）は妥当ではないから、家庭裁

表　5

相続人	遺留分		各人別の遺留分割合	
	改正	現行	改正	現行
直系卑属(子) と 配偶者	$\frac{1}{2}$	$\frac{1}{2}$	$\frac{1}{2}\times\frac{1}{2}=\frac{1}{4}$ $\frac{1}{2}\times\frac{1}{2}=\frac{1}{4}$	$\frac{1}{2}\times\frac{2}{3}=\frac{1}{3}$ $\frac{1}{2}\times\frac{1}{3}=\frac{1}{6}$
直系卑属のみ	$\frac{1}{2}$	$\frac{1}{2}$	$\frac{1}{2}$	$\frac{1}{2}$
直系尊属(親・祖父母) と 配偶者	$\frac{1}{2}$	$\frac{1}{3}$	$\frac{1}{2}\times\frac{1}{3}=\frac{1}{6}$ $\frac{1}{2}\times\frac{2}{3}=\frac{1}{3}$	$\frac{1}{3}\times\frac{1}{2}=\frac{1}{6}$ $\frac{1}{3}\times\frac{1}{2}=\frac{1}{6}$
直系尊属のみ	$\frac{1}{3}$	$\frac{1}{3}$	$\frac{1}{3}$	$\frac{1}{3}$
兄弟姉妹 と 配偶者	0 $\frac{1}{2}$	0 $\frac{1}{3}$	0 $\frac{1}{2}$	0 $\frac{1}{3}$
配偶者のみ	$\frac{1}{2}$	$\frac{1}{3}$	$\frac{1}{2}$	$\frac{1}{3}$

判所による解釈・運用によって適正な解決が得られるものと期待されるところである。この点から、特別寄与分の制度の新設は、女性に非常に有利になったと単純に考える向きもあるが、手ばなしで喜ぶことは出来ない。両刃の剣のようなもので、有利にも非常に不利にも働く規定であることに注意していただきたい。権利は人に頼らず自分で守らなければならないのであって、権利があるあると有頂天になっても、権利実現の方法を知らなければ、権利はないに等しく、全く無意味になることを銘記すべきである。自分の権利は少なくとも不当に侵害されないように法の基本的仕組みを知る必要がある。

(5)　遺留分の引上げ（一〇二八条参照）

遺留分は表5のような形で主として配偶者について引上げられた。

三　相続税法の改正

従来は、配偶者の相続税は全相続税の課税価格の合計額の三分の一まで、或いは、当該金額が四千万円に満たない場合には四千万円までが無税であった。改正法でこれが二分の一まで（当該金額が四千万円に満たない場合は四千万円まで）無税となった。例えば、一億の相続財産があった場合、配偶者については、現行法では四千万円まで、改正法では五千万円まで、無税となる（相続税の課税価格の合計額が六十億の場合は従来二十億までであったが、改正後は三十億まで無税となる)。

四　具体的事例

表1～表4参照(紙面省略)。注意しなければならないのは、特別受益者がいた場合、その「みなし相続財産(これが法定相続分計算の基礎となる)」は、現実にある遺産に特別受益分が加算されたものであるということ、超過受益分(特別受益の額が一応の相続分を超過した場合、例えば一千万円の相続分に対して過去はおいてすでに一千二百万円の不動産を得ていた場合は、二百万円)は返済の必要はないということである(これに対して特別寄与分が認められたときは、その寄与分(額)を現実にある遺産から差し引いたものが「みなし相続財産」として法定相続分計算の基礎となる)。

五　残された問題点

(1)　夫婦財産制

夫婦財産制については、現行法通り(夫婦別産制)とされたが、この適用を受けたくなければ、婚姻届を出す前に、夫婦共有制等特別な夫婦財産契約を締結して法務局(登記所)に登記すればよい(もっともこの登記をした例は稀有である)。しかし改正法において配偶者の相続分を二分の一に引上げたことにより共有制を認めたのとほぼ同じ結果になったともいえる。これは離婚に際しての財産分与にも一つの基準となるであろう。以上が共有制をとらなかった実質的な理由といえよう。そのほかさらに共有制にすると債権など他人との法律関係が複雑になり、立法技術的に多くの難点があること、別産制は何といっても簡明であることなどが指摘されて現行法通りとなったものである。

(2)　非嫡出子の相続分

前述の通り、子どもに責任はないのだから同等化の方向へと考え直していくべきだと思う。それがどうしても不都合な場合は、遺言、生前贈与などで手当すればよいであろう。

(3)　配偶者の代襲相続権

夫が早く死亡した場合、夫に代って最後まで舅姑の世話をした嫁の代襲相続は、今回の法改正でも認められなかった。しかし、これは不合理ではなかろうか。今後の検討がまたれる。

六　おわりに

家族制度中心で戸主権が絶対であった戦前にくらべ、今日、女性の法的地位が引上げられていることは事実だが、実質的平等が達成されているかという点に目を向けなければ、女性の権利・社会的地位は確立しない。例えば、離婚に際し親権者となる母親の数はぐっと増え、一子の場合約七〇％に達している。これに対し養護施設にいる子の場合は、反対に約六三％の多数の親権者が父親である（中谷「子殺しの法的側面」一三三頁、注(68)参照）。このことは、母親は母子家庭になっても施設にいれず頑張っているが、父親は経済的能力はあっても日常的生活能力がないため施設に頼らざるを得ないことを明示しているものと解されて興味深いものがある。スウェーデンなどでは非嫡出子でも必らず父親を探し出し扶養料を払わせている。また、ソ連では各人が身分証明書をもっており、離婚の際にはこれに扶養義務の有無等も記入され、責任を逃がれられないようになっている。日本では、無責任な父親が扶養しないものを、母子家庭への国の保護・児童手当という形で我々一般国民が尻ぬぐいしている。

これらすべての事を踏まえて、皆さま方が今後も社会福祉の面で、一層社会に貢献し、或いは生きがいのある生活を開発していただきたく思う。そして桜楓会を中心にしてその輪をひろげて頂ければ、女性の社会的法的地位の向上にも役立つものと確信する。とくに本「みどり会」の今後の積極的なご活動とご発展を期待して本日の結びとしたい。ご静聴有難うございました。

参考文献（一九八〇年までの主要なもののみ）
加藤一郎「相続法の改正（上）（下）」ジュリスト七二一号、七二三号（一九八〇）
橘　勝治「相続に関する民法等の一部改正について」商事法務　八七四号（一九八〇）
座談会「相続に関する民法改正要綱試案」ジュリスト　六九九号（一九七九）

加藤一郎ほか「各国の相続人と相続分」ジュリスト　六三〇号（一九七七）
特集「相続人・相続分／夫婦財産制／寄与分」ジュリスト五九五号（一九七五）
（第八回みどり会会員のつどいにおける講演原稿　昭和五五年一〇月二五日）

4　子殺し・親殺しの背景

わが国では、昭和四七、八年頃からマスコミで、子殺しが急激にふえたかのようにとりあげられて来ました。しかし子殺しは、終戦直後の混乱期に多発した例外を別とすれば、ほぼ恒常的な数を保っていて、最近になって急増したものでないことは、統計によって確証されています。親殺しが減少傾向にあることも、統計上明らかなのです。このような統計数値は、親が子を、子が親を殺すなどというような悲劇は、いつの世にもそう簡単に起こるものではなく、不幸にもいくつかの要因が偶然に重なった例外的な結果にすぎないことを示す証拠ともいえましょう。

とはいえ現在の日本には、子殺し・親殺しを醸成する土壌もないわけではありません。高度経済成長のもたらした物質的豊かさの陰に、「没価値」とか「価値多様化」、「自由」などの名をかりた精神文化の混乱と荒廃、学歴社会の弊害、教育制度のひずみなど、いたるところに子殺し・親殺しの要因がクレバスのように底知れぬ不気味な口を開けているといえます。統計上の数の増減とは別に、現に、開成高校生殺し、インテリの家庭の子が祖母を殺しての自殺、大学受験浪人の金属バットによる両親殺しなど、世の親たちにとって余りにもショッキングな事件が続出しました。誰しもこんな悲劇はもう沢山だとお考えでしょう。子殺し・親殺しの複雑な背景をさぐり出し、分析することによって、おとなも子どもも、学校の先生も、このような破局への道を阻止する何らかのヒントを得られるのではないか、というのが本書の出発点であり、執筆者一同の期待でもあります。

子殺し・親殺しの背景をできるだけ多面的に、かつ的確に捉えるために、本書は、心理学、社会学、精神医学、家庭教育学、法学という専門を異にする六人が一章ずつ分担執筆いたしました。各章には執筆者の持ち味が生かされていますが、反面、場合により、同じ問題が重複してとりあげられている点もないではありません。しかし、専攻を異にするそれぞれの立場からのアプローチで、かえって、子殺し・親殺しの複雑で捉えがたい背景の解明に迫るという望外の効果を得たのではないかと、いささか自負するところがあります。

子殺し・親殺しは、今や「他人ごとではない」とうけとめられているふしがありますが、本書では各章にささやかながらその予防対策を提示しています。

（「子殺し・親殺しの背景」（有斐閣新書）昭和五六年）

5　私における外的・内的な支え

「研究と主婦業とをまがりなりにも両立してきた私を支えてきたものは何か」という問を出されると、まず、私は、研究者としては世に問うべきこれといった業績のないことを恥じ、母として妻としては家族に寄与することの余りにも少なかったことを顧み、ひたすら忸怩とするばかりである。

私にとって仕事と家庭とはつり合いのとれない重さをもつ存在として、いつも仕事に優先順位が与えられてきた。しかし、所詮法律学の研究などというものは、自然科学の場合と異なり、人類の進歩や幸福に果してどれだけ寄与しうるものなのか、常に不可視的なもどかしさで答えをまさぐるほかすべのないものにすぎない。反面、つねに後順位におかれる家事処理はお手伝いと呼ばれる人の協力と、家族の忍耐と犠牲のうえでまがりなりに糊塗されてきた。二人の息子達は、そろって乳児期には、私の講義のある前夜、学会発表の前夜というような、子供への配慮が全く失われ、いわば精神の極限状態に近い時にかぎって、まるで本能的な直感によるように夜泣きをして私をてこずらせたほかは、物心がついてからというもの心身両面でおそらく母親をディスターブすることの最小の存在であったと思われる。しかし、それでも必要最小限の家事労働を主婦たる私に代って分担してくれた何人かのお手伝いがなければ、仕事を放棄するか、主婦の座から下りるかの何れかに追いこまれた筈で、その意味でこの人手不足の時代に終始特別に配慮して下さった知人、某地方女子高の先生、実家の母の援助、そしてよく主婦の職業への理解を示して協力してくれた代々のお手伝い、ディスターブしないという形で忍耐と犠牲を払い、かつはげましてくれた家族など、多くの善意に支えられて今日に至ったことを感謝しなければならない。当初刑法学者たる意図は毛頭なかった怠惰な私をはげまして研究者たるべき道を拓き、今日まで二十数年にわたり御指導と励ましを与えて下さった恩師宮崎澄夫名誉教授は公的な面で私を支えて下さったのに対し、前記の人々は私的な面で私を支えてくれたといってよいであろう。

従来は職業上の責任を果し同時に家庭生活を守るためには、個人レベルで問題を解決しなければならなかった。しかし、婦人労働に対する広汎な社会経済的需要と女子高等教育に対する社会経済的投資の増大と受益者の社会への還元の要請、同時に女性自身の就職希望の増加等から考えて職業と家庭の両立のための障害除去は社会レベルではかられるべき時代になったというのが私の実感である。しかし最近女子大時代のクラス会で旧友の一人が人間の能力には限界があるのに、結婚もしたい、子供も産み、育てたい、しかも仕事を続けたいなんて欲ばりすぎる……と云うのを聞いてショックを受けると同時に深く反省させられた。

男性には仕事か結婚か、という二者択一の形での問は出されないのに、女性についてだけそれが出されるのは、両性の本質的な役割の相違もあろうが、日本の社会意識、社会的施設の貧困、社会体制に由来することが多いのではないだろうか。女性が男性に愛される対象であることから、職場での対等な競争相手になったときから、男性側の露骨な反撃が始まる。仕事の上で対等の競争をするためには、何よりも女性自身の能力の開発と職業意識、責任感の養成という女性側への要請が考えられるが、同時にそれを可能にするだけの社会的条件を整えることが人類、社会のバランスのとれた発展のための急務であろうと考える（日本の女性の社会的地位・意識の当時のあり様は今日とは全く事情が異なることに感慨を禁じえない〔04・2・11追記〕）。

最後に、私自身に加えられた毀誉褒貶に対しては、自分の真価以上の評価も以下の評価も私にはかかわりのないことと割りきることにしているが、その際私を支えてきた内的なものは、少女時代に愛読したヘルマン・ヘッセ流の孤独の魂と女子大の卒業論文にとり上げ、かい間みた漱石の「即天去私」「柳緑花紅」の境地と、慶應に学んでから知りえた福沢先生の「独立自尊」の精神であったように思う。

（三田ジャーナル昭和四八年六月一〇日号）

あとがき

私のゼミ（刑法研究会）のＯＢが、本来、昨年に予定されていたＯＢ会（それは、私の還暦のお祝いをかねたものとして計画されたものという。私の配偶者の死去により、一時とりやめになった）を、一年おくれでやろうと準備を進めておられることを知り、古い、なつかしい卒業生の皆様に、最近の私の考え方の一端をご披露するために、折にふれて書きつらねた随想ふうのものを若干とりまとめてコピーしたものを参会の皆様にさし上げてささやかな謝意の表明にしたいとひそかに考えておりました。ところが、その計画を例によって不用意に大学院生にもらしたのがＯＢ会の幹事に伝わり、この随想集の出版というはこびになりました。これは、私にとって、思いもかけない光栄であると同時に、内容・形式とも未熟なものばかりであるだけに、はれがまし過ぎてひたすら忸怩たるものがあります。ただ、この中で「思いつくままに」のうち一二篇は、昭和五六年一月から一二月までの一年間『時の法令』誌上に連載したものですが、比較的幅広い読者層を考えて、（亡夫と息子）にも読んでもらって感想を寄せてもらい、コテコテに悪評を受けて、一部書き直したりもしたものであり、とくに前半は亡夫にも読んでもらったので（亡夫は同年七月に発病）、私にとって思い出の多いものになりました。「誤判の重み」については、富士茂子さんが和歌山刑務所に服役中教育課長として実際に処遇をされた元東京婦人補導院長の田代秀先生からも意見が寄せられました。また、この中のあるもの（「没価値の時代」と刑法改正）については、同期に同欄の執筆者であられた広島大学の金沢文雄教授によってとりあげられ、さらに議論が発展するという副産物もあり、苦労はしましたが感銘深いものとなりました。

ところで、ここに収録の二七篇のうち、前記一二篇以外は、発表の時期もテーマもまちまちであり、せめて関連あるテーマごとにまとめてみたいとも思いましたが、時間的余裕のないまま、ほとんどアット・ランダムに並べた結果になりました。とりわけⅣに収録の「相続法の改正と婦人の法的地位」は、母校日本女子大学の社会福祉学科卒業生の会「みどり会」に乞われるまま、昭和五五年の会員のつどいで講演したもので、ここにおさめるには異質のものではありますが、ＯＢの皆様卒業後の法改正のうちもっとも身近なもので参考になるかも知れないからという進言もあって、あえて恥かしげもなくいれた次第で、やはり異和感を感じます。ただ当初の意図が右に述べたとおりですので、御寛恕を得たいと存じます（高等女学校時代に夢見る稚拙な作文に対して必ず客観的視点を与えて下さった東京女学師出身の恩師、この恩師とは後年、二十年後、新潟県の中学の校長になられてから、新潟県長岡まで私を迎えに来られて一茶の五合庵までの道を同道して回顧の機会を与えて下さったが、その後、半年を経て癌で逝去されたのである〔04・2・11追記〕）。

私は、小学校からやや遅い大学修了のときまで、すべての教育過程で、今日の私の人間形成（よかれあしかれ）に欠くことのできない良い恩師に恵まれました（「菅先生追悼の記」参照）。よき師との出会いが私に限りなく、かつ、かけがえのない多くのものを与えてくれたことを、晩年の今、しみじみと感謝せずにはおられません。次第に距離感をまし、疎外感を深めつつある現在の師弟関係のなかで、ゼミの皆様と私との出会いが、ささやかながら何らかの形で意味あるものとなり得れば、これ以上の幸せはありません。私は両親から「あたたかい心」と割合頑健な身体を恵まれ、限りない、かつ無条件の愛を受けたことを今ようやく心から感謝するようになりました。また、学識も乏しく、人間としてもわがままで未熟で何のとり柄もない身にもかかわらず、ゼミのOB、現役の皆様、そして友人たちから、これまで過分の御配慮をいただきました。とりわけ亡夫の死に際し、皆様から寄せられた御配慮と励ましを私は終生忘れることができません。しみじみと「教師冥利につきる」ものがありました。それらの御厚意におこたえするためにも、もう残り少なくなった人生のステージを、私なりに充実させ、できるだけ多くの人に、そして社会のために、少しでも献身できますよう、努力するつもりでおります。

最後にこの本の企画から完成まで献身的に進めて下さった野阪滋男（昭三七年卒）、橋本雄太郎（昭五〇年卒）両氏と、編集・校正等一切の出版業務を多忙な職務の時間をさいてお引き受け下さったOBで慶應通信編集部の野村正信氏（昭五二年卒）がおられなければ、到底この本の出版はあり得なかったことを明記し、紙面をかりて、ここに深く謝意を表します。

昭和五八年五月一〇日

中谷瑾子

「中谷瑾子法学博士誕生」（写真：上・中。慶應義塾大学にて。長男とともに同時に博士号を授与さる。2001年2月10日）
「いただきます」（写真：下。中谷瑾子講師による山形名物「むきそば」のつくり方伝授講習会。全員免許皆伝となる）

第二部　生命、医と法学――希望を語り、まことを刻む

＊　この第二部には、大東文化大学での最終講義をはじめ、残されていた講演記録の中から、表題の「生命、医、法学」に関わるものを選んで収録した。ただ、乞われるがままに講演を行い、乞われるがまま本書に収録することとなったため、元来まとめることを考えて整理しなかったこともあって、講演等で使用した資料で収録できなかったものがあること、表発日時や場所で曖昧な点があること等につき、ご海容をお願いしたく、機会を得て正確を期したいと思う。

1　法曹の責任と生きがい
――らい予防法見直し検討会の報告を契機として

一　医事法との関わり

今日は、医事法の最終講義ということで、学生の皆さんの他に慶応時代の卒業生の方達にも来て頂きましたし、伊東乾先生にわざわざご出席頂きまして、たいへん光栄に存じます。何をお話したらいいのかということで考えまして、医事法ですから医事法に関連のあるテーマでというふうに思いました。私は、昭和六二年に慶応義塾大学を選択定年ということで退職致しましたときに、「刑法Ⅰ」の最終講義というのをやったわけです。そのときに、又もう一度なんらかの形で最終講義をするということは考えてもおりませんでしたので、こういう機会を得ましたことは、私にとってはたいへん光栄だと考えております。その慶応のときの最終講義のテーマは何であったか、その概要がはなはだはっきり致しませんで、記憶が非常に薄れておりましたところ、昨日、吉田さんという、私の卒業生で秘書の方が探して下さいまして、「中谷瑾子　刑法Ⅰ　最終講義録」というのが出来ておりまして、それを出しておいて下さったものですからたいへん助かったわけでございます。そのとき、何を話したかと申しますと、慶応の場合は「刑法ⅠⅡⅢ」とありまして、Ⅰが「刑事法の概説」を一年でやります、刑法と刑事訴訟法をみんなひっくるめた基本的な講座でございまして、これが必修になっているわけです。Ⅱが「刑法各論」、Ⅲが「刑法総論」という形になっているわけで、こちらの（大東文化大学）講座名とはちょっと違うのですけれども、そういうふうになっております。その最終講義でどういうテーマだったかと申しますと、「科学技術の進歩と刑事規制のゆくえ」というテーマで話をしております。柱を三本くらい立てまして、一つは「科学技術の進歩」というものが私どもの生活周辺に非常に大きな危険をもたらすようになった。そういう危険の増大に対応するための刑法理論が戦後の昭和三〇年代以降に表れてきたような気がします。その点をまずちょっと見まして、それから第二に「技術の進歩に伴う新たな犯罪現象と、それへの対応」ということがやはり考えられますので、その点にもちょっと触れまして、そして最後に「医学医療の進歩と刑事規制のゆくえ」。特に刑法における生命の保護の在り方について、生命の初めと終りという二局面に分けてまいりたいと考えておりますということで、この第三の柱の生命の保護の在り方、医学医療の進歩と刑事規制のゆくえ、特に生命の保護の在り方について、生命の初めと終りの二局面に分けてみていますが、そのときに触れた論点が、まさに今、現在日本で一番問題にされているテーマです。そういう意味で、私はほぼ一〇年前にそのテーマについてきちんとした考えをもち対応しなければならないということを提案したということを再確認したというようなことでございまして、これは見つけて下さった吉田さんに心からお礼申し上げます。

このときは、私の同僚で、私が敬愛しております国際法の中村洸教授に、紹介して頂きました。たいへん大きな教室で一杯の学生だったように記憶しております。私はこちらにまいりますときに、大学院のドクター・コースの新設ということのための要員としてお話を頂きました。慶応義塾大学を選択定年で辞めるときは、新しく杏林大学の社会科学部の設立要員ということでいくように言われまして、行ったわけですが、社会科学部というところで法律の専門ではありませんでした。医学部の医事法制という講座をもっておりましたけれども、私としてはどうもつまらなかった。そこで、こちらは法学部ですから、法学部に所属できればその方が有り難いということで、こちらに参ったようなわけでございますが、そのときの条件の一つに「医事法」という講座を開設させてほしいとお願いしてあったわけでございます。

「医事法」というような講座をどうして設けるようになったかと言いますと、私は一九七〇年から七一年にかけましてドイツを中心としてヨーロッパにまいりました。当時は、各国における刑事立法、刑法改正作業が方々で進んでおりました。その刑事立法の経過と、いろいろな施設の訪問ということで一年ほど行っておりました。そのときに、テュービンゲン大学に犯罪学研究所というのがありまして、そこの所長のハンス・ゲッピンガーという方、この方は第一次大戦で脚を怪我されまして、その後切断されて隻脚の先生だったんですが、そこの研究所に三ヵ月ほどお世話になりました。そこでいわゆるハウス・ゼミナールというのがありまして、ハウス・ゼミナールというのは研究所の人達、いろいろな分野の方がおられまして、犯罪学、刑法学、ソーシャル・ワーカー、心理学、精神医学、いろいろな方達がおられましてハウス・ゼミナールに皆が集まってセミナーを行なうわけです。その中で、昨年日本にも来られまして、いまミュンヘン大学の教授になっておられますシッヒという人がいますが、この人が当時はまだ若い新進の学者で、交通事故・違反に関する暗数の研究の発表をされました。なかなかこの方はシャープな方で、立派な学者ですけれども、その報告をしたあと皆からこてんこてんにやられるわけです。「法律家としては、その程度でしかたがないのかもしれないけれども、およそ暗数の検査、或いはその分析というものはそんなことでは駄目だ」ということで、こてんこてんにやられるのを見まして、なるほどこういう研究はいいなというふうに思いました。

その後、一九七一年一月に、私はベルリンにまいりまして、そのときにやはりベルリン大学の刑事法の大家の先生にお目にかかりました。そのときに、「今晩は共同ゼミナールがあるから来ないか」と言われまして、誘われてまいりましたのが、法学部の犯罪学の教授と文学部の心理学の教授と医学部の精神医学と法医学の教授が共同のゼミナールで、そのときのテーマはホモセクシュアルテート。つまりホモセックス、同性愛についてのセミナーで、二人の人が出てきまして、一人は工科大学の学生だったという方で、イタリーかなにかの学生旅行に行ったときに、そういうホモの相手をさせられるようになって、それからそういうふうになったという青年でした。もう一人は三一歳の男性に用を足されているという一三歳か一四歳の少年でした。大学生だった方の話はどうにか聞き取れるんですけれども、一三～一四歳の少年はベルリン訛りがひどくて判らなかったんですが、教授が説明して下さってどうにか判るということでした。要するに学際的な研究とは何か、そういう広がりをもった研究方法というものを、私は初めて体験したわけでございます。

それまでは、やはりわたくしはどちらかと申しますと、刑法規範学と申しますか、解釈論そういうものを、出来ないながらも一生懸命やる。その他は、犯罪といっても女性犯罪か何かについての調査をやるという、その程度のことしかやっておりませんでしたけれども、そういう学際的な研究がどんなに大切かということを教えてもらいました。

そこで日本に帰りましてから、慶応は幸いにして法学部だけではなく、文学部もあるし経済学部もあるし医学部もあるということで、ここで一つ何かやりたいというふうに考えました。たまたま、法学部に民法の田中実という先生がおられました。非常に才気煥発な先生ですけれども、その方と、卒業生で医療過誤訴訟については定評のある弁護士がおられましたのでその方、そして慶応の医学部を出たお医者さんで三井記念病院にお勤めの大先輩ですけれども、法学部の通信教育を出られまして法学士でもある方、この方が非常に熱心でした。そういうことで集まりまして、「医療をめぐる法律問題研究会」というのを始めました。「医療をめぐる法律問題研究会」は、わたくしが慶応を去りました後、現在の慶応の犯罪学・刑事政策の教授の加藤久雄教授にバトンタッチをさせて頂きまして、今日まで続いているわけです。

そういうことをやって、いろいろな研究を続けておりました。そのうちに次第にアメリカではバイオエシックスというような考え方が広まりまして、法学部と医学部にバイオエシックスに関する講座というのが数百の大学でつくられました。そういうことが伝えられてまいりまして、私もその「医療をめぐる法律問題研究会」、この中には裁判官もおられるし大学の医学部の先生だけではなくて、卒業した方々の大学にいっておられる医学部の教授、或いは弁護士さん、そういう方達もおられますものですから、やっているうちにこういう方達のお知恵を借りて「医事法」という講座をつくってみようというふうに考えました。そして、その医事法という講座をつくったのが、確か一九八三年だったと思います。そのときも、医事法というのは非常に範囲が広いわけで、皆さん方がこの講義でお聞きになりましたようにたいへん範囲が広くて、一人や二人ではとうていカバーしきれませんので、初めからいろいろな方のご援助を仰ごうと考えました。

ご承知の通り、大学の非常勤講師の手当てというのは一ヵ月四回来られてせいぜい三万円くらいです。三万円は良い方で、二万五〇〇〇円とかそのぐらい、その当時はもっと安かったと思います、一回にしますと六〇〇〇円か七〇〇〇円くらいです。そういうお礼で大家の先生に来て頂くわけにはいかない、そこでいま現に法学部の教授の方がおられますから、裏話をすると、いま初めてしますので後で物議をかもすかもしれませんけれども、法学部ではなくて塾長と学務理事に談判致しまして、こういう講座をつくるから是非援助してほしい。ついては、一回いくらという計算で非常勤講師の方に謝礼を差し上げたいのだけれども、なんとか出来ないかと談判を致しました、それは見事に実現したわけです。現在もそうやっていらっしゃるかどうかは判りませんが、私は今日でも年に一回か二回かは、その講座に出させて頂いております。私は謝礼をお断りしてますから、どういう形で他の先生に謝礼を出していらっしゃるかは判りませんけれども、私のときは全部そういう形でやりました。こちらにまいりましたときも、是非そういう講座をまた開きたい、ついては医事法という新しいそれまでは無かった講座だものですから、その講座を開設することを許可してほしい、もしそれを認めて頂けるならば伺いましょうという条件にしたわけです。その場合に、講師手当てなどは全然知りませんでしたから、談判するだけの勇気がありませんでした。だから、しょうがないので、私はその頃になりますと年金を頂くようになりましたから、年金の一部をそれに当てればいいということで、自己調達ということで五年間やってまいりました。

そのようなことをして、今年は行天良雄さんという医事評論家の方にも来て頂いて、たいへん感銘深いお話を伺いました。それから、後で出てまいります「らい予防法」との関連で申しますと、大谷藤郎さんという藤楓協会理事長、元厚生省の医務局長、この方も慶応のときからお願いして来て頂いている先生です。それから、慶応の精神神経科の名教授とうたわれています保崎秀夫教授、この先生も最初から慶応でもこちらでもご協力頂いております。こちらにまいりましてからは、更に宗教学の藤井正雄先生とか、或いは厚生省のエイズ結核感染症課の方達にも来て頂きましたし、或いは臓器移植対策室の室長補佐の医療技官の方にも来て頂くというような、いろいろな観点から医事法というものを考えてまいりました。そういう展開のなかで、初めから私は、とてもこれは素晴らしい講座なんです、と胸をはって言っていました。はじめのうちは、それがどんなに素晴らしいかということがよく判って頂けなかったようで閑古鳥が鳴くようなこともありましたが、今年は最後だということもあって多かったですね。だいたい常時七〇人くらいが出席するという、そういう講座になりました。

ところで、医事法で主に問題にしますのが生と死です。誰でも生があり、死があるわけです。あなた方若くて、死などということは全然いまのところ考えないと思いますが、どんな人でも老いるということは避けられません、また死ぬということも避けられないわけです。生まれた以上は、老いて且つ死ぬわけです。老いないで死ぬ人もいますけれども、死は少なくとも誰にも避けられない。そうしますと、死とは何だろうか、これを医学的な観点から、或いは法的な観点から、更には宗教的な観点から見るという、医事法の主な問題というのは、そういうところにあるわけですから、人生を真面目に生きようとする人は必ずそういう問題に直面して真面目に考えていかなければならない。そのときのいろいろな研究をしてくれるのが医事法の講座であるのだから、多くの人が出席して一緒に考えてくれればいいなということを、いつも私は考えておりました。

二　らい予防法との関わり

今日のテーマは、「法曹の責任と生きがい——らい予防法見直し検討会報告書を契機として」ということになっております。なぜ「法曹の責任」というのが「『らい予防法』の見直し検討会の報告書」と繋がるのか、不思議にお思いになる方があるかもしれません。この「らい予防法」見直し検討会の委員であったわけで、法律家としては名古屋大学の森島教授と私が二人だけ入っておりました。

私が「らい予防法」と触れ合いましたのは、前に皆さんにお配りした「らい予防法と法曹の責任」というジュリストの随想がありますけれども、あそこに書いた通りでございます。一昨年の六月に、多摩全生園という国立療養所があります、多摩全生園のことをご存じの方、ちょっと手を挙げて頂けますか。学生ではいらっしゃいませんか。そこに、高松宮記念ハンセン病史料館という、そういう史料館ができました。このハンセン病史料館というのが出来まして、たいへんきれいな建物ですけれども、この史料館を造るについては大谷先生がたいへん努力をされたということなんですが、藤楓協会というのがありまして、藤楓協会は昭和二七年、一九五二年貞明皇后のご意志をつがれた高松宮宣仁親王殿下を総裁に頂いて設立され、昭和六二年、一九八七年殿下が薨去された後は、現総裁高松宮喜久子妃殿下の下に各界のご支援を頂きながら、我が国の救らい事業に努力してまいりましたが、平成四年、一九九二年には創立四〇周年を迎え、故高松宮宣仁親王殿下を追慕し、また過去一〇〇年に亘るハンセン病事業の変遷と、その対策事業の歴史を明らかにして後世に史するため、ここに記念史料館を建設し関係資料を収集展示して、一般に閲覧に供することに致しました。

ということで、こういう史料館をつくって、その一周年記念事業として「らい予防法をめぐって」というシンポジウムが計画されました。そのシンポジウムに話をしてほしいと、大谷先生の方からお話を頂きました。いつも大谷先生にはご無理をお願いしていますから、大谷先生のお願いだからどうしてもそれは出なければいけない。それでは「らい予防法をめぐって」というのだから、私は「らい予防法」というのを知らないので、是非その「らい予防法」について勉強しましょうということを申しましたら、特に「らい予防法」について勉強する必要はないから、人権一般について話をして下さればいいのだということでした。私は、その頃、精神科の指定医の研修会というのが毎年二回あるのですが、その研修会は私的な機関の日本精神病医協会で主催する研修会と、それから自治体の方で計画するそういう研修会がありますが、そのいずれにも出て「法と人権」という話をずっとしておりましたので、それでは人権ということでお話致しましょうというふうにお引き受け致しました。

それにしても「らい予防法をめぐって」というのですから、「らい予防法」を知らなくてはどうしようもない。「らい予防法」というのは、大きな六法にも載っていないのです。私はそれまで「らい予防法」というものを知りませんでした。そこで、まず「らい予防法」を見ることから始めました。厚生省で出している六法の中には、「らい予防法」が入っております。その一番最初は、明治四〇年「らい予防に関する件」で、これが法律第一一号というのであります。そこまで遡って調べて、それから「らい予防法」、これが何回か改正されまして、最終的には昭和二八年の法律というのが、その後ちょっと簡単な改正はありますけれども、現行の「らい予防法」であるということで、読みましてびっくり仰天したわけです。と申しますのは、この法律は、「らい」の患者が診断を受けますと、とにかく国立療養所への入所を勧奨されます。勧められても、入らなければ強制的に入所させられます。昔は、「らい」の患者が入所するときは、その列車というのは「只今伝染病患者搬送中」というのを横に書きまして、皆真っ白いマスクをして真っ白い防護服を着た人達が運んだというようなこと。患者の住んでいたところを全部消毒をします、患者が歩いているとその後ろから消毒薬を撒きながら、警察官が動員されて入所させられました。

それを見ますと、退所の規定がないんです。要するに、この国立療養所は入所したら、死ぬまで出られないということです。これにはまずびっくり致しました、こんな法律がいまだにあるのかと思ってびっくり仰天致しました。

従業禁止の規定その他がありますが、ほんとうに酷いのは外出制限、外出を禁止されるわけです。家族が死亡したとか近親者が死亡したとかで、そういうことで所長と園長の許可がなければ外出は出来ない、もし、外出致しますと拘留または罰金という罰則がある。所内での秩序維持のための規定がありまして、その秩序維持に反した場合には、三〇日以下の謹慎というのがあります。その謹慎といっても、初めのうちは専門の刑務所ではなくて各施設。施設というのは、国立の施設が一三あります、私立の施設が二施設、計一五あるわけですが、とにかく施設の中に監房みたいなのがありまして、一番ひどいのは草津にありました国立療養所楽泉園というところにありました重監房、それがいちばんひどいのですけれども、とにかくそういう所に入れられてしまうわけです。前にテレビでも放映されましたのでご覧になった方もあるかと思いますが、熊本の菊池にあります恵楓園の監房跡というのが出てまいりましたが、それは木造でそれほどたいへんなものではなかったようです。草津なんかですと、ほんとうに光もささない、そういうような所で、食べ物が梅干しと御飯くらい、どんな寒いときでも毛布一枚というようなことです。草津事件というのがありましたが、それは全生園で洗濯を作業にやっている人がいまして、目が見えない人がやるのですが、大きな四つの桶のようなものに洗濯物を入れて、上から棒で突っつくような形でお洗濯をするんですが、水がとびはねるわけです。冬になりますと、裸足では寒くていられない。靴を与えられても、その靴が破けて水がしみて、とてもじゃないけどやっていられないから、新しい長靴を整備してほしいという要求を出しました。何遍頼んでもきいてくれないものですから、終いに三日程ストライキをやったわけです。そうしましたら、その中心になった人はその多摩全生園から、草津の楽泉園の重監房に移されました、そこで四三日目に餓死しています。そういうことで、草津事件といいまして、その他にも沢山のことがありまして、流石にこれは人権問題だということで問題になったというような、そういうこともありました。

三　らい予防法の問題点と改正の困難さ

とにかく、「らい予防法」というものが昭和二八年に出来ています。二八年と申しますと、私は昭和二五年の九月に慶応義塾大学の旧制の法学部法律学科というのを卒業致しました、二五年に卒業して、二八年は昨日やはり慶応で最終講義をされた宮澤浩一教授が学部を卒業した年なんですね。法律が出来たときで、患者の人達が反対をしていて新聞にも載ったはずですから、関心があれば気がつくわけですが、まったく記憶にないんです。私が、いまの学制で申しますと高校生、昔は高等女学校といいました、その頃に「らい」の関係の歌集を読んだり、或いは小川正子という女医さんが、長島愛生園という岡山からちょっと離れた島があるんですが、そこのお医者さんになって患者の診察をし、患者を施設に入所させるのに努力をした、そのいろいろな思い出話やエピソードを書いた「小島の春」という本があり、これはその当時ベスト・セラーでした。それを見まして、私も医者になって、こういう所で患者さんのために尽くしたいという希望をもってました。ですから「らい」というものに対する関心がまったく無いわけではないんです。ところが、昭和二八年の法律が出来るときの大騒ぎというのは、まったく記憶にない。知らなかったわけです、知らなかったから許されるものかというと、そうでもないというふうに考えます。

私は、一九九四年のシンポジウムに際して、この法律を見て愕然と致しまして、法律家としてそういう法律があること自体が許し難いというふうに思いました。しかし、そのシンポジウムでは、法の改正・廃止・改廃というのは非常に困難であると、例えば刑法の改正を見ますと、昭和三〇年代から改正刑法というものの作業が進みまして、改正刑法草案が出来て、それから既に二〇年以上そのまま。去年、口語化されましたけど、内容は殆ど変わりません。尊属殺の規定だけは廃止されましたけれど、基本的には殆ど変わっていません。そのくらい、法というものは一旦できますと改廃は困難である、だからもし「らい予防法」を廃止する、或いは改正しようとするためには皆が一丸となって努力をしていかなければ駄目でしょう、そのためには頑張ってほしいという話を致しました。そのときの段階では、患者さんの中でも、いまは割合に療養についてはは行き届いたお世話をしてもらっています。給付金といいまして、障害年金よりは少しいいお手当ても頂いております。患者さん達としては、割合いい状況にあるわけです。だから、もし法律を廃止したとして自分達がそのまま放り出されたら、帰るに帰る場所がない、昔の人達は死んだことにして入所した人もいる。そうしないと、あそこの人が「らい」の患者になったということが判りますと、家族が皆村八分になるわけです。社会的にやっていけないわけです、妹が結婚できなくなったとか、捨てられたり出られたり、そういうようなことが続出したものですから、入所するときにはみんな名前を捨てます、仮名の人が非常に多いんです、現在でも仮名の人が、八割ぐらいいます、二割だけが本名を名乗っております、そういう状況なんです、だから、帰るに帰れないわけです。

沖縄はちょっと事情が違うんです。沖縄は割合に発症率が多いせいか割合に社会的に受け入れられていまして、家族との関係が繋がっていますが、沖縄以外の土地ではまずそれがありません。従って、家族との交流がないから、死んでも遺骨を納めるお墓もない、だからそこに入った人は死ぬまでそこにいて、お墓もなくて、慰霊塔といいますか、そこによくあんな小さい壺に入るなと思うほど小さな壺に入って、何千体もの位牌堂、慰霊塔なるものが何処の施設にもあるわけです。

そういう状況ですから、「らい予防法」が廃止されたから、おまえさん達はもう出ていってもいいよと言われても行き場がないわけです。ですから名を捨てて実を取るといいますか、「らい予防法」は廃止しなくてもいい、今のままでもいいという人が相当数おられました。私が、名を捨てて実をとるという考えは判るけれども、そう考えざるを得ないようにしたこと、それが行政と社会の責任、社会の罪だというふうに私は思いました。だから皆さん方は、名を捨てて実をとるのではなくて、名も実もとるように頑張らなくてはいけないのだというようにお話を致しましたが、この運動が直ちに現実のものになるとは、私はその時点では考えませんでした。しかし、考えてみますと大谷さんという非常に立派な方、厚生省の大先輩で厚生省としてもいろいろと縁がある方が一生懸命になって、しかも時は連合政権ですよね、もし自民党内閣だったらこの案が出来たかなということは、私もちらっと考えますけれども、とにかく皆の希望も社会のいろいろな「らい」について、この頃は「らい」という代わりに、病名は「らい」、レプロシー或いはレプラといっていますが、ハンセン病といいますでしょう。なぜハンセン病というかといいますと、一八七三年に日本で明治四〇年の「らい予防に関する件」というものが規定されるより三四年も前に、ノルウェーのハンセンという学者が「らい菌」というものを発見しました。「らい菌」は結核菌に非常によく似て、感染する病気なんですね。結核菌の一〇分の一くらいといいますから、非常に感染力が弱い。感染力は弱いんですけれども、一旦感染して潜伏期が一〇年とか一五年と結構長い、そして発病するのは普通の人とはちょっと違った抗体の持ち主だけが発病するんです。昔は親子で発病するという例もありました、ご夫婦で発病するということは滅多にないんですが、親子で発病するということはありました。従って、小さいときに濃厚な菌に接触すると感染し発病するのだということが判りました。

私が、長島愛生園というところであった、中山明夫さんという「親子ごま」というのを書いておられる方ですけど、この方は兄弟が七人いて、お父さんが昭和になる前に発病して草津の患者部落に行ったそうです。その人自身は昭和一〇年に一五歳で発病している、七人兄弟でたった一人だけ、奥さんは健康で、あとの兄弟は皆健康で、この人だけが発病したというんです。よくよく調べてみますと、どうも幼児感染というだけではない。感染の経路についてもいま重要な研究結果が発表されておりますが、とにかく国立療養所で一番古いのは明治四二年に出来ておりま す。明治四二年に出来た国立療養所、いま一五あると申しましたがその一五ある療養所で八八年におよぶ歴史の中で、介護者の中で一人も感染した人はいない。皆さん方、「らい」というのは怖いと思っていたでしょう。私も小さいとき怖かったです。昔は強制入所ということが行なわれる前は、「らい」の人達は病気になると家にいられなくなって放浪するわけです。放浪して群れをなしていまして、いろいろな町のお祭りなどになりますとぞろぞろ出てきまして、地べたに座って物乞いをしていました。私が見た人達の中には、鼻の欠けた人もいましたし、手足の不自由な人もいました、目に障害がある人が多いんですね、放浪していますから臭気ぷんぷんであるし、とにかく怖かったという思いがあるんです。その当時は、とにかく隔離する、隔離によって感染源を断つということの理由があったような気が致します。それ自体を責められないような気がします。ところが昭和一八年にはプロミンという治らい薬がアメリカで発見されております。私は、終戦になったときに、これでもし「らい」の治療薬を発見する人がいたら、ノーベル賞を貰うことは確かだと信じておりました。ところが、昭和二十何年かに治らい薬があるということがはっきり致しまして、それでも誰もノーベル賞を貰ったという話を聞かないんです。どうしてだろうと思いましたら、前からあった結核の治療に使われていた薬、スルフォン剤なんですけれども、そういうものが効くということが判ったわけです。

昭和二二年には、日本にも輸入されまして、早速使ってみました、みるみる良くなるというケースもありました、副作用もありました、いろいろなことがありました。ところが、この現在の「らい予防法」は昭和二八年に出来ているんです、それが問題です。二八年には、もう既に「らい」は不治の病ではなくて治る病、完全に治癒する病です、それなのに何故こういうひどい隔離、完全隔離の法律が出来たのか、とても私は疑問に思うわけです。それを、「らい予防法」見直し検討会の席上で申しました。だから、そもそも昭和二八年の法律そのものが問題があったのだということを申しました。そうしたら、「いや、そんなことを言っても、二八年頃は治らい薬の効果というものは、一般的には行なわれていなかっただろう。例えば結核に対する特別な治療薬なんかでも、アメリカの進駐軍に行けば貰えるけれども、一般の手には入らないような状態で、そういうものが普及したのは三〇年代である。だから、二八年にはなかった」といきなりそのように言われる方がいました。なんて嫌なことを言う人かと思っていましたら、検討会では肩書が判らなかったものですから、後から「あの方は、どういう方ですか」と聞いたら、前に厚生省におられたお役人だったそうです。そういう立場から見ればそういうものかなと思いましたけれども、既にその当時、ヨーロッパではそういう治らい薬で治っている人が多かったわけです。

私は、沖縄で四〇年間ハンセン病の治療に携わられたお医者さんにお会いしました。熱心なクリスチャンの方でした。その方が、先生にお見せするけれども、他にはお見せできない写真をお持ちしましょうと、写真を見せて下さいました。私は息をのみました、眉は勿論、目もない鼻もない、要するにのっぺらぼうです、何も無い。この「親子ごま」の中に、『顔のない人が立っている向こう岸』という句がありますけれども、ほんとうに顔がないんです。その人は、まだ間に合ってお薬を飲んだ結果、元の美男になったとは言えないかもしれないけれども、顔立ちができた。間に合わなかった人がいます、現実にそういう方が、ある国立療養所には居られるそうです。

この間、厚生省の担当の方が、「らい予防法」見直し検討会の報告書の説明に、ある施設に行ってそういう方に逢って、三人行かれて三人とも息をのんで言葉も出なかったそうです。現実になればそうだと思いますね。

「らい」は、感染力が弱くて、そんなに簡単に感染して発病するものではないけれども、一旦発病して治らい薬を使わなければ、その後遺症がひどいんですね。そういう病気であるために、やはり社会的にも差別されてきたということだと思います。病気ですよね、本人が選択したわけではない。本人に責任があるとはいえない、そのために何故これだけ辛い思いをしなければならないのかということ、それが「らい予防法」によって助長されたということに対して、私どもはやはり心から責任を感じなければならないというふうに思うわけです。知らなかったからいいのかということ、無知の責任というのはあるんですね、知らないでいてはいけなかった、そういうものはあるわけです。私が知っている限り、弁護士さんでも、大学の先生方でも「らい予防法」について話をすると、「えーっ、いまどきそんな法律があるんですか」、と皆さんおっしゃる。見たことがない、「らい予防法」を読んだという人に、私は未だかかってお目にかかったことがなかったわけです。私が、ジュリストに「らい予防法と法曹の責任」というのを書いたときに、法律家で「らい予防法」について書いた最初の人間なんだといわれたのです。それ故、島ひろしさんという作家の方が鹿児島県の鹿屋にありますす星塚敬愛園におられますけれども、その方が医学界ではらい学会で「らい予防法」が間違いであったと反省し謝罪をするということが発表がされた後に、今度は法律の方からそういう話を聞きたいというふうなことを書いておられました。私のジュリストの随想を見た大阪の方が、島さんにそのコピーを送って下さったので、島さんはそれを読んでたいへん感心して、私にお手紙を下さいました。島さんは、目もかなり不自由ですし、手も鉛筆を握るのがたいへんな状況です。それでも、この岩波のブックレット「らい予防法の改正を」という本を書いておられ、その他にもいろいろな本を書いておられます。私は、「らい予防法」については、自分ではかなり勉強もし、いろいろなことも知って、他の方よりはかなり知っているなという自負があったわけです。去年の暮、小松先生と尾中先生と三人で、「終末期医療をめぐる法律問題研究会」というのがありますので、それで沖縄のあるところのホスピスを見学にまいりました、その際、沖縄にあります国立療養所愛楽園というのにまいりましたし、その帰りに鹿児島の星塚敬愛園にもまいりました、それから熊本の有名な恵楓園にもまいりました。その一旦帰ってから、年末に有名な岡山県の長島にあります愛生園と邑久光明園と五つの施設にまいりました。

それぞれ皆、園長の個性が反映しておりまして、それぞれ微妙な差異があって非常に勉強になりましたけれども、私がいかに何も知らないかということを痛いほど感じさせられました。

沖縄でお目に掛った、四〇年間ハンセン病について研究しておられる犀川一夫さんという方が、「門は開かれて——らい医の悲願四〇年の道」というご本を書かれて、その本を頂きました。或いは、この方は「聖書のらい」という本も書いておられます。聖書に使われている「らい」という言葉、これはヘブライ語を訳すときに「らい」というふうに訳されてしまつたために誤解があるということも、私は何も知りませんでした。ですからベン・ハーを見まして、ベン・ハーのお母さんとお姉さんが「らい」になって、それがキリストのお陰で治るところがありますね、あれはそのまま旧約聖書にも新訳聖書にも書いてあると信じておりました。ところが、その頃は「らい」はヨーロッパにはなかった、「らい」と訳されたのは実は広い意味の皮膚病ではあるけれどもハンセン病とは違うものであった。そういうことは、そういう機会がなければ、私は全然知らないで死んでしまったわけです。いかに人間は無知であるか、無知ということがどういう意味を持つか、しみじみと反省させられました。

私は、とにかく「らい予防法」見直し検討会では、出来るだけ「らい予防法」を廃止する方向へということで、協力致しました。そのために検討会の報告書としては、「らい予防法」見直しは遅れたと言わざるを得ないというふうに書かれました。それが、行政としては出来る限りの表現だったのでしょう、今度は門脇すみ子先生が言われたように管直人厚生大臣が「らい予防法」の見直しが送れたことについて謝罪をするというお話でありました。これは、たいへんいいことであると私は思いますけれども、その場合に「予防法」を廃止することによって、現在その予防法によって恩恵を受ける地位にあるものが、福祉の面、医療の面、或いは生活保障の面、そういうものがゼロになってはなんにもならないわけです。ですから、それを保障する新しい立法が必要になります、それをどうしても実現しなければならないということで、一生懸命やっているわけです。

私は、先程ご紹介にもありましたように、厚生省の公衆衛生審議会の部会の委員です。一二月一五日に第一回がありまして、そのときは私は九州に行っておりましたので出席できませんでした。今度一月二二日にもう一度、今度は新しく「らい予防法」の廃止と、それに代わる法律・法案についての審議が一月二二日に行なわれることになっております。その案を見たいというふうに思っているわけです。遅きに失したものはありますけれども、これから不当な、一部ではもう既に外出制限その他もみんな実施されていない、失効しているようなものだ、もう既にそうなっているのだから今更廃止したり改正したりする必要がないという人もいました。だけど、私はこの文化国家、先進国と言われるような国に、人権の著しい侵害を認めたような法律が存在すること自体が、やはり許してはならない。法律家というのは、その場合に一生懸命やらなくてはならないのだというふうに考えております。エイズ予防法は、皆さん梅田さんのお話を聞かれましたが、エイズ予防法が実施されたとき、私はまだ法案のときに厚生省から依頼を受けまして、法案をつくった大浜方栄さんという参議院議員の方が中心になって、その当時一橋大学経済学部で、いま帝京大学の経済研究所の所長の江見康一先生と法律家として私と三人で、鼎談をしたことがあります。そのときにエイズ予防法の中で、かなり人権侵害、或いはプライバシーの保護の点で多少問題になる点があったものですから、いろいろなことを私は申し上げました。そうしましたら、大浜さんと厚生省から来た人が、しかし、「らい予防法」も性病予防法もみんな同じような規定になっています。こういう規定は既にある規定だから今更問題になりませんという答だったのです。そのときに私は唖然としまして、ああいう法律が出来た当時、国民の人権意識というものはどうだったのか、自己決定権というものはどうだったのか、その時代に通ったから今も同じでいいというふうにはならないでしょうと、かなり強く申し上げたことがありましたが、もう既に法案は確定したようなもので、影響することはできませんでした。

しかし、今度の「らい予防法」の廃止、単なる廃止ではなくてそれに代わる保護の規定といいますか、代替規定をつくるわけで、その時にいま療養所に入っている人は六〇〇〇人、私が史料館で話したときには六〇〇〇人でした、去年は二〇〇人減って五八〇〇人でした。だいたい、毎年二〇〇人ずつ減っています。それは、高齢化・老齢化しているためですね、平均年齢が約七〇歳です、六〇歳以上が八九％、九〇％近い。そういう老齢の方たち、その人たちが治ったのだからと、療養所に入っている人達は五八〇〇人ですけど、そのうち菌が出て感染源になる可能性がある人というのは二〇〇人くらいです。後は、みんなOKなんです、元患者であって患者ではないんです。だから、そういう人達でも、社会復帰がなかなかできないわけです。

私は、恵楓園で、中年の紳士にお逢いしました、自治会の方です。その方は学習院大学を卒業しておられる、たいへん立派な方です。その方とは、確かシンポジウムのときにもお逢いして、お顔は存じあげておりました。全然、後遺症もなにも、見たところは判らないんです。ですから、ああいう人は社会に出てれっきとした仕事をなされればいいのにと、私は思ったわけです。それを聞いたら、確かによくなって社会に一旦出ました、ところが恵楓園に居たということが会社に判った途端に、差別でそういう人は全部排除される、そういう社会です。ですから、法律も悪いし、社会も反省しなければならないし、マスコミがいま一生懸命「らい予防法」は間違っていたと言うんですけれども、昭和三五年頃の新聞を見ますと、「らい患者」野放し、勝手に出ていくのを、野放しというふうに書いてあります、そういうマスコミもちゃんと責任をとってもらいたいなと私は思うわけです。

四　法律家の責任と立法学

法曹について言えば、日本弁護士連合会には人権委員会というのがありますが、人権委員会でも、「らい予防法」についていままで問題にしたことはなかったような気が致します。そういう意味で、知らないと、知らないままに見過ごしてきたということが、いかに大きな問題をつくっていったのかということを考えますと、やはり法曹としての責任ということを痛感せざるを得ないということでございます。しかし、いま申しましたような意味で、日本弁護士連合会も幸いに努力して頂いて、その廃止の方へ少しでもお手伝い出来たということは、まさに法曹として生きがいと言ってもいいと思います。やはり法というのは、天才でも特に知能が遅れた者でもない、普通の人を相手にしてかどうかを考えるのが法ですね。その法というものが、公正にきちんとした法改正であるように、法曹としての責任をみんなが考えなくてはいけない。皆さん方も法律を勉強された以上は、そういう点についてもこれから十分心して頂きたいというふうに思います。

そういうことで考えてまいりますと、今度の法の廃止に際して参加出来たということは、法曹として、法律家としては一瞬生きがいを感じさせられたことだと思います。私は昭和六二年の慶応の退職のときに際して、これからやはり立法ということをもっと考えなくてはいけないと、日本では立法学ということが定着しておりません。他の国では立派な立法学があるのに、日本では立法学の専門の先生というのは、私はいままで存じ上げません。だから、これからは立法学を、私が大学に在職する間に立法学というものを起こしたいというふうに考えておりました。なるべくそういう人を育成したいというふうに考えておりました、そうしたら幸いに後継者といいますか、出藍の誉れ高い井田良教授が立法学に関心があると言って下さいましたので、多分彼がこれからその方面を開拓するだろうというふうに思います。今日、伺ったところによりますと、私の後輩の宮澤浩一さんも、これから刑事立法について努力していきたいというふうにおっしゃったそうです。一定の年齢に達すると、やはりいろいろな発言を聞いてもらえる可能性が増えるから、そういうふうに考えるようになるのかと思いますけれども、やはり日本の立法というのは国会の機能という面でもいろいろな問題があります。

私は、今後立法に関して何を考えていくかと申しますと、一つは臓器移植法をなんとかしたいというふうに考えております。これをかなりいろいろな意味で関連し、関与できると思っておりますので、なんとかしたいと思っておりますが、同時に私は、この「らい予防法」の見直し検討会に入って非常にショックを受けたことが二つあります。

一つは、「らい」の患者さんたちが結婚をしようというときに、結婚の前提として、前提条件として断種を行なったことです。優生手術、優生手術というのは優生保護法の中に規定されています。「らい」の人の場合は優生手術を行なうことが出来るんですけれども、優生保護法の規定では本人の同意と配偶者の同意があれば優生手術を行なうことが出来ると書いてあります。本人の同意とありますけれども、同意しなければ結婚させないのですから、結婚しようと思えば同意せざるを得ない。この同意は、真正なインフォームド・コンセントのコンセントにはあたらないと、私は思うわけですが、そういうことが行なわれていたことに、非常にショックを受けました。そうしましたら優生保護法が制定された後はまだいいんです、優生保護法が制定される前から断種は強制的に行なわれていたというふうに言われました。また、手術を受けたときの精神的だけではない肉体的な苦痛はどんなかということを書いたものも見ました。手術を受けたのに、お医者さんが下手糞で失敗して、奥さんが妊娠して、そのために奥さんが不貞を働いたと疑われて、という二重の苦しみを受けたという話も聞きました。これは私が、「らい予防法」見直し検討会に入ってショックを受けたところの大きな一つの例でした。見直し検討会の報告書作成にあたって、優生手術のことが出てまいりました。優生手術を受けた精神的・身体的な苦痛が問題となりましたけれども、ただそれだけでしたが、私は「結婚の条件として受けた優生手術」としてほしいと申し入れました。しかし、「条件として」というのはどうしてものめないというので、結局「結婚に際し」という五文字だけ入れてもらって、私は納得せざるを得ませんでした。

もう一つショッキングだったのは、昭和二六年、二八年に法律が出来る前に三園長の厚生部会での答弁、証言記録というのがありました。この中で、長い間、ハンセン病、らい療養所の長島愛生園の所長であって、その療養所の所長の中でも君臨したといわれた光田健輔氏が、今度は専門の刑務所も出来たことだから遠慮なく逮捕して刑務所に送ればいい、というようなことを述べておられる。それでびっくりしたのは「らい」の専門の刑務所があるということ、私は不明にしてそういうことを知りませんでした。菊池恵楓園の隣に、菊池医療刑務支所というところがあるということが判りました。私は、一二月に恵楓園に行ったときに、むしろ刑務所の方に感心がありまして刑務所の方を訪ねました。何回も何回も、法務省の本省の行政局長の依頼という形で統計を出してもらうことを頼みましたけれども、なかなか出してもらえませんでした。ようやく、比較的最近になってその統計を貰いました。しかし、その統計もまだ不十分で、私はもっと正確なものをということで、いま注文中でございます。それで判りましたのは、この刑務所は昭和二八年の三月に出来ました。一万一千坪くらいの土地に、一千坪余りの建物なんですが、当初の定員は七五名でした。昭和二八年からずっときて、今日まで至っているわけですが、昭和六一年以降は一人も入所者がいないんです。毎年毎年何人も入っていたわけではありません。二八年から六〇年までの間で総計一〇三名だけです。入所者無しという年も結構あります。入所者があっても最高一年間に三名です。昭和六一年から入所者は一人もいないんですよ。それなのに昭和六一年に前の建物は壊しまして、新しい立派な建物が出来ています。今度の定員が一〇名です。九室は男子用、一室が女性用になっています。それが出来た後は一人も入っていません。職員は二〇名近くいます。その人達がどうしているのかと思って聞きましたら、毎日二人か三人交替で出勤してお掃除をするだけだという、それがもう一〇年近く続いている。

そういうことも、私にはたいへんショックでした。昭和二八年といえば治らい薬がかなり普及していまして、病気そのものは治っているわけです。そういう境遇におかれた人達は、一生出られないわけです。ですから、その中には殺人を犯したり、或いは強盗をしたり、いろいろなケースの人があるにしても、病気は治っているわけですから普通の刑務所でもいいわけです。それでも、特別な施設を造って、そこにおかれたということです。行政指導で出来たのだろうと思います、今年の一月四日、私は法務省の賀詞交歓会にいきまして、法制局長に「らい予防法」が廃止されたら、あの菊池の医療刑務支所はどうするのですかと聞きましたら、何か他のものに転用する他はないでしょうねとおっしゃってました。私は、もし医療刑務所ということであるならば、福岡県の城野に医療刑務所というのがあります、これがまたひどい施設なんです。私が行ったときには、とにかくひどい施設でした、あんなひどい施設よりはあそこの方がよほど良いですからねと話をしたんですけれども。とにかくいろいろなこと、知らないこと、いろいろな矛盾があるということを知りました。

「らい予防法」が廃止されれば、先程の優生手術に関する規定は、これはどうしたって廃止されることになります、優生保護法を改正ということになるわけです。優生保護法は、その他にもいろいろな問題があります。私は、優生保護法をどうしても改正してもらわなければ困るというので、歴代四人の課長さんに優生保護法の改正を申し入れをしておりますが、精神保健衛生法が確定するまでは手がつきませんということで、どうしても応えてくれなかった。だいいち、優生保護法が精神保健課というのはおかしいじゃありませんか。やはり、管掌の課も変えた方がいいと、私はそういうふうに思っております。

そういう意味で、私は今年は立法にもし何か関心があるとすれば、優生保護法の改正、単に優生手術のものだけではなくて、もっと、だいたい優生という言葉が問題でしょう。これはナチス・ドイツ時代の法律をそのまま、国民優生法というものをつくった、昭和一六年に出来た法律です。この国民優生法を、戦後に緊急に改正したのが優生保護法です。そのために優生という言葉が残ったのだと思いますが、一条の規定からしてやはり問題があります、どうしてもこれを改正することを皆で考えていかなければならないということで、これは女性と連帯、産婦人科学会との連帯でやっていかなければならないと思います。いま問題になっていますが、私は慶応の退職記念の最終講義のときにも減数手術に触れております。最近、特にそれがクローズアップされております。減数というのは、不妊のときに排卵誘発剤を使うと、沢山の胎児を妊娠する。いままで報告された中では、九体というのがあります。もし九体をそのまま産めといわれたら、これはどうしようもないでしょう。全部を中絶するのではなくて、そのうち例えば七人を減胎して二人だけを産もうというようなことで、いまは実質的に可能なんですね。でもこれは、優生保護法上認めないということを言うわけです。だから、そういう面も含めて、私は昭和六二年の最終講義でその点も触れております。いま、まさに、産婦人科学会或いは不妊学会でこれが問題になっております。今年の三月一六日、私供の生命倫理学会の去年の学会の継続シンポジウムとして、不妊治療はどこまで許されるかというシンポジウムをやります、その中で減数についてもその方に報告してもらってやります。皆さん方も関心のある方は、是非慶応の三月一六日の土曜日の午後一時から五時まで行なうことになっています。

そういう不妊治療に対しては、特に生殖医療についてはいろいろな問題があります。皆様方もご存じのように代理母の問題があります。代理母はよくない、日本では出来ないことになっていますが、外国に行って代理母に出産してもらって子どもをつくることが出来ます。イギリスでは代理母の契約は違法だといいますが、でも違法だといっても、生まれた子どもは違法に生まれたからおまえさん死ねというわけにはいきません、その子どもの親をどうするかということを法律できちんと決めております。そういう意味で、日本は生殖医療がどんどん思いもかけない方に進展しているのに、それに対応する法的の対応がまったくありません。そういうものを少しずつやはり決めていくべき時がきているのではないか、そういう問題についても、私はこれからしていきたいというふうに考えております。

五　おわりに

雑談を申し上げまして、たいへんお聞き苦しかったことと思いますけれども、私は法律家というのはいつも個人の人権、それからいろいろ出てくる問題に敏感に反応しなくてはならないと思います。先程のご紹介にもありましたように、私は遺伝子治療臨床研究中央評価会議の委員でもあります。また日本臓器移植学会の委員でもあります。そして日本腎臓移植ネットワーク中央評価委員会の委員でもあります。そういう生命との関わりの中で、いろいろな仕事をしておりますので、そういう方面でやはり法律のあるべき姿を考えさせられます。法案を先走って規定するのが良いかというと、そういうものではありません。科学の進歩に応じて、遅ればせながらでいいと思います、やはり道を誤らないように、二十一世紀にどういう生命を繋いでいくのかということは、専門家だけではなく皆で考えていかなければならないものだろうというふうに考えて、その方面で何か大学を辞めた後の仕事をしていくことができれば、私としてはそれが法曹としての生きがいということになるのではなかろうかと考えております。

私は、昭和六二年の慶応での最終講義の際に――慶応の卒業生はまたかというふうにおっしゃられるかと思いますけれども――私の好きな言葉にストラスブール人大学の学生寮の歌がありますので、それをご紹介します。それは、「教えとは希望を人に語ること、学ぶとはまことを胸に刻むこと」という歌詞です。私は、この言葉にめぐり逢って非常に感銘を致しました。毎年三月になりますと、自分はこの卒業生の人たちに希望を語ることが出来たのだろうかということを、毎年毎年反省してまいりました。これからは、皆さん方にそういう形でお教えするということはなくなりました、これからは専ら「学ぶとはまことを胸に刻むこと」、一生懸命誠を胸に刻みながらに、且つ、なにかしらこの世の中で自分に可能なことを、出来るだけ多くの人の幸せのためにに努力をしていきたいというふうに考えております。またどうぞ、いつでも何かありましたら、電話ででもなんでもご相談下さい。私の命の限り、誠実にご質問に対してはお答えしていきたいというふうに考えております。長い間ご静聴有り難うございました（拍手）。

（一九九六・一一・一九（金）大東文化大学医事法講座　中谷先生　最終講義）

2　らい予防法の廃止
――画期的な人権侵害の終焉と法曹の人権感覚

平成七年一二月八日、第八回「らい予防法見直し検討会」は、らい予防法を廃止すべきだとする最終報告案をまとめた。この報告書を受けて、厚生省公衆衛生審議会（伝染病予防部会）は、平成七年一二月一五日および平成八年一月二二日の会合において「らい予防法の廃止に関する法律要綱案」を策定し、これが今国会に上程され、来る四月一日より施行される運びとなった。

らい予防法は、明治四〇年（一九〇七年）法律第一一号「癩予防ニ関スル件」以来、強い伝染性の疾患であるかの誤った認識（実は肺結核の十分の一以下の弱い伝染力しかない上、特別な体質の人にしか発病しない）の下に完全隔離政策を進めるものであり、昭和六年の改正により、「らい予防法」となった後も同様の扱いをし、とくに現行「らい予防法」は、一九四一年、アメリカで治らい薬、プロミンが発見され、さらに、その後、リファンピシン、タプリンらの薬剤の複合投与によって、完全に治療可能ということが判明していた昭和二八年（一九五三年）に制定されたものであった。昭和二八年の現行法制定に際しては、国立療養所に入所中の患者を中心に強力な反対運動が展開されたが、社会一般の関心を集めるに至らなかった。

らい予防法は六法全書にも掲載されることはなかったため、法曹の関心を集めることはなかったといってよい。筆者は、たまたま、一九九四年六月、国立療養所多摩全生園内に設立された「高松宮記念ハンセン病資料館創立一周年記念シンポジウム『らい予防法をめぐって』」のシンポジストとして、人権に関する話をするよう依頼を受けた。とくに「らい予防法」にふれる必要はない、と主催者からはいわれたが、それまで「らい予防法」を見たこともなかった筆者としては、シンポジウムのテーマがテーマだけに、何はともあれ「らい予防法」なるものを見ないことには話にならないと考え、初めて「らい予防法」なるものを仔細に読んだ。

第一条の「この法律の目的」は、らい予防、らい患者の医療と福祉を図ることを謳ってはいるものの、その目的は「公共の福祉の増進」にある。とりわけ注目すべきは第六条の国立療養所への強制入所（しかも驚いたことに退所の規定はない。要するに一旦入所した者は、死ぬまで出られないのか）、第一五条の外出制限（その違反に対しては、拘留、科料の罰則がある）、第一六条の秩序の維持（その違反に対しては、戒告又は三〇日以内の謹慎処分が認められ、その場所として重監房への収容など、非人道的処分が行われていた）等々の、他の法律にはない数々の人権侵害としか言いようのない規定がある。「悪法もまた法なり」として、この法律の存在を認めることは許し難い。何としてもこのような法律の存続を中断させるべき義務が法曹にはある、と考えた。さらに結婚の条件として強制的な優生手術が行われていたこと、らい犯罪者は菊池医療刑務支所に隔離収容されていたこと、ここ一〇年来は一人の収容者もいないまま同刑務所が存続し続けている不可解さなど驚くべき実態がある。しかし、らい患者（実際に、より正確には、もとらい患者――平成六年の統計では、入所者全員六、〇〇〇人中、五、八〇〇人）の少なからぬ人たちは、昭和四〇年代末以降の処遇改善による現状をよしとし、むしろ「名を捨てて、実をとる」の姿勢をとると聞かされた。筆者には、そのように考えざるを得ないように仕向けたことこそ、従来の行政や社会の最も大きな過誤（罪）に思われてならなかった。そこで、講演では「名を捨てて、実をとる」などと言わず、名も実もとるの覚悟で一大運動を展開すべきだと言い、「らい予防法と法曹の責任」と題する随想をジュリスト一〇五二号（一九九四年九月一五日）に載せて貰った。星塚敬愛園にお住まいの作家、島比呂志氏によると、らい予防法について法曹としての発言の第一号であるという。その後、一九九五年春の第六八回らい学会総会で、従来の強制隔離の不当なことを認め、厳しい反省の上で予防法の廃止を求める学会見解、五月一二日の「ハンセン病予防事業対策調査検討会」のらい予防法の廃止とその後の特別の法的措置を必要とした中間報告、さらにこれに応えて厚生省は七月に「らい予防法見直し検討会」を設置し、集中審議の結果、前出の報告書が出され、一気に廃止ということになった。検討会には法律家は二人、筆者以外の委員は「必ずしも廃止しなくても、不当な条文の改正でも十分ではないか」という意見であった。この検討会の報告書が出されたあとも、らい予防法をきちんと読んだという法曹に、筆者はまだめぐりあっていない。昭和一〇年代にベストセラーになった小川正子医師の「小島の春」、明石海人の歌集「白描」などに多感な少女時代に大きな影響を受けて、らい問題には深い関心を持っていた筆者でさえ、前述のシンポジウムで話をする機会を得るまで、全く無知であった。「知らなかったから……」という言い逃れは許されない。無知の罪ということを痛感している。しかし、法曹一般の受け止め方は、それほど深刻ではないように思われる。そのことは平成八年一月一八日の日弁連会長の「声名」が代弁している（ただし、本稿執筆後九弁連の詳細な「らい予防法廃止問題に関する答申書」に接した）。

らい予防法は本年（一九九六年）四月一日限り廃止され、入所者に対する処遇は現状維持が約束されている。前述のシンポジウムで筆者は、この法律は何としても廃止されなければならないが、法の改正、まして廃止は至難のことだから一大運動を展開しなければならない、と述べた。当時こんなに一気呵成に廃止が実現されるとは正直言って考えなかった。これが実現できたのは、長い間懸命に運動をしてこられた厚生省ＯＢの大谷藤郎先生の命がけの尽力、一九九五年が戦後五〇年という歴史的な反省の年であったこと、連合政権という政権下で、しかも管直人氏のような人が厚生大臣となられたこと、それに縁の下の力持ちで、厚生省エイズ結核感染症課の担当官、とりわけ若い法務担当係の熱意と努力、そして更に、無理な要求はしないで結論をまとめた全患協代表者……と三拍子も四拍子も条件が揃ったことに起因すると考える。らい予防法廃止後、療養所内にそのまま残るか、社会復帰するかの選択は本人の自由となっている。しかし、社会に出たとしても、数十年も家族との縁を絶ち、仮名で過ごしてきた大多数の人たちの夢に見た家族との共生は、本当に実現可能なのだろうか、施設の待遇が外に出ても一〇〇パーセント保証されるか、については、必ずしも明確ではないので、せめてこれ以上の差別や人権侵害がないよう、法曹は見届け、社会的差別解消のため力を尽くすべきだと考える。

(初出：日本生命倫理学会ニューズレター一〇号　平成八年三月三〇日　四―五頁)

3　「まこと」を胸に刻みつつ個性的な大学生活を

日本女子大学人間社会学部へのご入学、本当におめでとうございます。

私は春になりますと、いつも思い起こす言葉があります。フランスとドイツの国境に近い、時にはフランス領になり、また時にはドイツ領になり、現在はフランス領になっておりますストラスブールという綺麗な町にある大学の学生寮歌の一節です。「教えとは希望をひとに語ること、学ぶとはまことを胸に刻むこと」という言葉です。私は卒業生を送るときに、この人たちに希望を語ることができたのだろうかという反省をいつもいたします。

私は昭和一四年四月、日本女子大学に入学して、昭和一七年九月に男子学生の学徒動員に合わせて半年の繰り上げ卒業をさせられました。思えば丁度半世紀も前のことです。当時日本女子大学にはリーダー制度がありまして、私どものリーダーは菅支那先生でした。先生は、当時としては珍しいＰｈ．Ｄの称号をお持ちの大変立派な方でした。そして、常に希望を人に語っておられました。戦争中の大変な精神的・思想的弾圧の時代に、私どもは目白でのびのびと、精神的に全く自由な学園生活を送ることができました。それが菅先生のおかげだったと、私ども同期のものは今でも先生を大変敬愛してやみません。

先ほど学長先生も、大学は出会いの場、あるいは自己との出会いを探す場だとおっしゃいました。私もまさにその通りだと思います。同時に日本女子大学で私が教育者として立派な先生に出会えたように、皆さまもこの西生田の地でよき師、よき友との出会いを得られるに違いないと信じます。

日本女子大学は日本で最高の女子大学で、多くの立派な先輩を輩出しております。そのことについては青木学長先生が『近代史を拓いた女性たち——日本女子大学に学んだ人たち』という本に書いておられます。それをぜひお読みになっていただきたい。その中には婦人運動の先駆者で「元始、女性は太陽であった」という言葉で有名な平塚らいてふさんのこともとり上げられています。平塚らいてふさんは今の御茶ノ水女子大学の附属校から成瀬先生の教育理念を慕い、日本女子大学に入学されましたが、卒業後、青踏社に対する成瀬先生の批判に反発したり、夏目漱石の弟子であった森田草平とのいわゆる煤煙事件を起こしたりいたしまして、社会的な非難を受けたりしたため、同窓会である桜楓会の名簿からは除名されました。これに対して青木先生は学長になられてまもなくから、日本の婦人運動の先駆けをした立派な女性であるにもかかわらず、桜楓会の名簿で除名したままであるのは妥当でないから、除名を解除して、らいてう氏の名誉回復をはかるべきではないかと何度も申し入れられました。桜楓会の理事でも何回か諮ったようですが、今までそれが実現できなかったのです。ところが、今年の桜楓会の総会で、平塚らいてふさんの名簿への復帰を認めることを諮る、ということが先頃の理事会で承認されたということです（四月二五日復権）。

このことは、日本女子大学と同窓会の桜楓会が思想・信条の自由と女性の権利の保障のために努力し、過去の行為についても努力し、過去の行為についても必要に応じて是正をする勇気のあることを示すものとして、私にはとても誇らしく、うれしいことに思われます。

青木先生は二年前にこの人間社会学部という、それまで例を見なかった全く新しい学部をお創りになったし、今年から理学部も新設されました。日本女子大学の歴史に特筆されるべき大変な業績だと思います。皆さん方はこのすぐれた学長先生と、一番ヶ瀬康子先生という、その方面の日本の第一人者の学者でいらっしゃる先生が学部長のこの学部に入学されたということで、私は本当に心からお喜び申し上げたいと思います。

日本女子大学には、私の学生時代から実践倫理という時間がありました。当時「倫理」などは日常生活であまりとりたてて論じられることはありませんでした、私などは居眠りをしたり、エスケープしたり悪い学生であったのですが、今にして思えば、大変いろいろなことをそこから学ぶべきであったと感じております。

最近は皆さま方もご存じのように、科学・医学が非常に進歩しましたが、同時に生・死をめぐる新たな倫理問題が登場しました。とりわけ、一九六〇年代からアメリカでは、ベトナムの枯葉作戦がきっかけになってバイオエシックスの問題が大きくなってまいりました。バイオエシックスは生命倫理（学）と訳されております。日本には四年前に生命倫理学会もできました。

この領域には実に沢山の問題があります。例えば脳死の問題です。脳死の患者にはレスピレーターという人工蘇生器をとりつけてありますから、顔色はいいです。心臓は鼓動しております。身体は温かいです。しかし脳の機能は廃絶しているという状況です。そういう人から臓器を摘出して、移植をすれば助かるという人たちに移植をするということが果たしてよいのだろうかという問題があります、末期医療の問題があります。厚生省の調査によりますと、最後の看取りをするのは八五％が女性だといわれております。ですから、皆さん方もやがてそういう立場におかれるかもしれません。過剰医療、安楽死、尊厳死……など、そういう時に考えるのがまさにバイオエシックスです。

同時に女性はそのほかに生命の始まりについても自覚をしなければなりません。今、アメリカの大統領選挙では妊娠中絶なども非常に問題になっています。その他、人工授精、体外受精、最近急に問題になった顕微受精、代理母の是非、更には排卵誘発剤を使って四つ子、五つ子を妊娠したときに、全部を育てられないから、そのうち一人か二人を残してあとは中絶してしまうという、いわゆる減数出産は許されるか、という問題もあります。それらの問題に直面して選択し、決定するのは私ども女性です。

皆さまは、アルツハイマー病をご存じでしょうか。老人になると痴呆がある程度進みます。今、日本では痴呆性老人が百万人いるといわれております。ところが一般のそういう老人の痴呆よりも病的に進む痴呆があります。これがアルツハイマーです。アルツハイマーの治療法として今考えられる唯一の方法は、胎児の脳の組織をとって移植することだそうです、その胎児も妊娠三、四ヵ月の胎児に限られます。ですから、人工授精や体外受精で妊娠いたしまして、三、四ヵ月の胎児の脳の組織を取って移植する。その治療だけのために妊娠する。そういう赤ちゃんのことを「デザイナー・ベビー」というのだそうです。そういう治療が可能だとしても、いいのか悪いのかということを考えなくてはなりません。

あるいはパーキンソン病という中年以後に発生する難病がありますが、メラニンの減少とドーパミンの著しい現象が特徴的で、これを補正するためにやはりデザイナー・ベビーを使ってある程度軽快することは可能で、アメリカでそういう試みが現実になされたという症例報告がありますが、やはり問題があるといえます。

また、アメリカでは無脳症の子供は年間三千人ぐらい生まれるそうです。無脳児というのは、頭蓋が全くないという場合もあります。水頭無脳症といって頭蓋はあるのですが、中にあるのは水だけで内実がない。いずれにせよ、そういう子供は生き続けられません、どうせ死ぬのならその子の脳以外の健全な臓器を取って移植してはどうかという問題が出たのです。アメリカでは一九八七年から八八年にかけまして、ある大学でプロジェクトチームをつくって一五三人の無脳症児を集めて移植するかどうかを検討したことがあります。そういう移植用の臓器の資源としてだけ生命のあるものを使うということがいいかどうかという大きな問題があるのです。

結局倫理的な非難が強く、かつ技術的な問題もあって、実施されないまま、プロジェクトは休眠状態にあるようです。このようにして今や「実践倫理」の内容は生命倫理の形で私どもに対応を迫っているといってよいでしょう。

さらに最近はバイオエシックス（ヒトの生命倫理）を越えて環境倫理ということが問題になっております。西生田は非常に環境の美しい場所です、だからこそ皆さん方の中から環境倫理を研究してみようという方が出られたら、とても素晴らしいのではないかと考えます。

先ほど、私は「まこと」を胸に刻む勉強をしてほしいと申し上げました。その「まこと」真理の探求というものが、単に抽象的な真理の探求だけではなくて、人間とか人類、更には広く人間をとりまく環境に対するやさしい心配り、人類の福祉につながるものでなければいけないのではないかと考えます。

人類の福祉のために何が役に立つのか、そのために真理を探求し、「まこと」を胸に刻みながら個性的な生き方を見つけていただきたいのです。四年間の大学生活はその準備期間であると思います。私は日本女子大学と慶応義塾大学で、合計六年間専攻を異にする勉強を致しましたが、真剣に勉強したいくつかの科目から得たものは、大学卒業後四十年間の研究と教育の基礎として活用できました。つまり、私のもっとも貴重な財産となっているのです。戦時中および敗戦直後の混乱の時代ではありましたが、大学生活を私なりに充実できたのも日本女子大学に学んだからと感謝しております。

青木学長先生もいわれたように、大学生活の中でいろいろな出会いをいかし、とりわけ真の自己との出会いを求めて、どうか個性的な大学生活を送っていただきたい。それがあなた方が生涯輝き続けることのできる大きな糧となるのだと信じて止みません。皆さま方の努力を切にお祈り申し上げます。

（平成四年　日本女子大学人間社会学部入学式祝辞より）

4　「余命百日のスケジュール表」に触発されて

デーケン先生、ご丁寧なご紹介を頂きまして、有り難うございました。先生は、いつもデーケン（できん）とおっしゃっていますけれども、先生の様に上手な話術を駆使できる大学教授というのはいないんです。私どもは、そういう意味で、話はデーケンのです（笑）。今日は、こういうことでお話をしたいというので、ここに書いてありますように、ガン死宣告を受けた人の死に至る百日、ご自分で、あと余命百日というふうに決めて、今日は九九日目、次は九八日目として順々に日記を書いて亡くなられた方のお話に、たいへん感銘をしたものですから、そのお話を中心に致したいと思います。

この頃、日本ではだいたい一年間に九〇万人くらいが死亡されますが、そのうちの死因の第一位がガンです。昔は、こんなにガンがなかったような気がしますが、ガンの診断が可能になったということもあるだろうと思いますけれども、とにかくすぐれた方がガンに倒れておられる。私などみたいに凡庸で何もできない者は、一九二二年の生れということですから、まさに七五歳ですけれども、こうやって生き長らえているわけでございます。尊敬する人達がガンに倒れた、その話をして、その時のご本人の死に至る心理的な過程、それからその方を介護されたご家族、お医者さんの方々のあり様といいますか、そういう問題について、今日は皆様と一晩考えさせて頂きたいということでございます。

皆さん、こんなにお元気そうにしておられても、誰でも死ななくてはいけない。死なないでいるということは、まず不可能でございますので、その死というものについて、どう対応するかということを含めまして、皆様とご一緒に考えさせて頂きたいと思います。

私は、「余命百日のスケジュール表」を書かれた方、雑誌『諸君』に書かれたものなんですが、私はこれを読みまして、それで今日のお話をしようというふうに決心したわけでございますが、つい最近私はまた新しい本に出会いました、それは、「医者が末期ガン患者になって判ったこと」という本です。どなたか、既にお読みになった方はいらっしゃいますか？　どなたもいらっしゃいませんか？　この方は、昭和大学医学部の脳神経外科の、まだ四十何歳かの若いお医者さんです。私が、これで非常にショックを受けましたのは、この方は、私の教え子の命の恩人なんです。今から三年程前に、昭和大学医学部の救急の教授から、私のところに電話が入りました。「先生の、どうも教え子さんらしいんだけれども、いま、くも膜下出血で救急車で運ばれてきて、九九％見込みがないんだけれども、後の一％にかけると、うちの脳神経外科の若い助教授が言っているから、もうしばらく経過を見させて下さい」。私は、その知らせを受けた時に、私だったら九九％駄目ならば、まず諦めようと思います。蘇生したとしても、後遺症が残るだろうと、後遺症がある人生というのは、やはりあまり好ましくないというふうに、その時に考えました。ところが、その人が去年の夏、私のところにご主人と一緒に元気に現れたんです。この人は、根っからの慶応っ子で、幼稚舎からずっと慶応の法学部を出た、すごい美人なんです。こんな美人が勿体ないなと私は思っておりましたところが、本当に元気で、言語障害なし、両手両足に何の障害もない、強いて言えば、脳外科の手術をする時には、脳を割ります、その半分を手術室ではなく別の部屋に置くんです。手術が終わった段階で、元に戻すときに少しずれた、この辺のところに段違い平行棒ほどではないけれども、少しずれがあるかなと、言われなければ判らない、それくらいの、名医です。その名医が、実はこの「医者が末期ガン患者になって判ったこと」を書かれたこの先生です。たいへんな、脳神経外科医としては名手、後遺症なしに手術ができる方なんですね。

私は、その教え子の経験を聞いて、それまでは、前に大阪大学で有名な若杉という先生がおられますけれども、救急で運ばれた時に、「これは見込みがある」「これは、非常に困難だ」「これは、まず駄目だ」というふうに分けまして、困難から、まあ大丈夫だというのは、一所懸命やるけれども、駄目だというのは、初めから何も手を出さないのだということをおっしゃっていまして、それでいいんだというふうに私自身も思っていましたけど、それ以来やはり、命というのは最後まで諦めずに治療を続けるということが、どんなに大切かということを、教えられました。

その名医の先生が、いまや脳腫瘍。脳腫瘍も非常に悪性の脳腫瘍でどうしょうもないんですね。ご自分で、どうも頭が痛いし、おかしいと思って、ずるずると延ばしていたけれども耐え難くなってCTスキャンを撮ってみたところが、これが俺の脳かと思うくらい絶望的な状況になったということなんです。既に、いままで三回手術をしておられます、三回の手術をなさっても、もうどうしようもない、そういう状況にあって、「患者になって判ったこと」というものを書いておられるわけなんです。そういう意味で、多くの人がガンに倒れて、しかもこのお医者さんは発病後も手術は続けておられるんです、体力の続く限り手術は続けておられるというたいへんな鬼気せまる生活を日々を送っておられるわけでございます。

ところで、ガンで余命百日という、この方はガンなんですけれども、判った時には転移を致しておりまして、もうどうしようもないという状態。この方はサラリーマンでも、会社を起こして、青森県きっての優良な会社を育て上げられたという、そういう方なんです。

サラリーマンといっても、たいへんな方なんですけれども、その方がよくて通常六ヵ月ということで余命を知らされたわけです。余命を知ることが善いのか悪いのか、ガンの告知を受けることが善いのか悪いのかは、また後で申し上げます。六ヵ月というのは、一八〇日ですけれども、そのうち最後の二ヵ月くらいはどうにもならないだろうと、自分で動けるし、仕事もでき、し残したこともやれるのは百日と思い定めて、それから日記が始まります。百日目、その次が九九日目、九八日目ということで、そこでこの方は思い残すことがないようにということで、敦煌にまで行っておられるのですね、西安と敦煌にまで言っておられて、ご自分で観たいと思っておられた莫高窟を訪ねておられます。私も、これを読みまして、私も五〇年来莫高窟に行きたいと思っていたのだと思って、去年やはり西安と敦煌に行ってまいりました。敦煌に四泊も致しまして、たいへんいろいろと観ました。私は、莫高窟よりももっと他に非常に感銘を深くしたものがいろいろあったわけですけれども、そういうこともなさる。

それから家族一緒の旅行もする、温泉にも行くというように充実した最後を迎えられたわけですけれども、最後になってみてこの方は東京の出身ですけれども青森県に行かれて、会社を離れて独立の会社をつくられたわけですけれども、いよいよ末期になりました時に、青森県にホスピスがないかというので一所懸命探すんです。それがない、ところが秋田県には「生と死を考える会」の支部があるということを聞いた。秋田県には、それなりの施設もある、ところが青森県にはそれがないというので、最後の仕事として青森県にそういうものを設置するように、終末期を看取るそういう施設をつくるようにしたいという、その願いをこめていろいろと働いて、そして亡くなった方です。

今日、デーケン先生に伺いましたら、青森にはまだ「生と死を考える会」の支部はまだないそうです。是非、先生、青森県にもそういうものをおつくりになって頂きたいというふうに、私は思います。

私が、こういう問題について特に関心をもつようになった、お一人の文化人類学者のガンの発症から亡くなるまでの経緯をお話したいと思います。

この方は、ピッツバーグ大学に二〇年余りおられて、それで帰国された先生です。この先生は、何で私が存じ上げるようになったかと申しますと、一九七八年八月に、イギリスに試験官ベビーと申しますか、体外受精の赤ちゃんが生れたことは、皆さんご存じでいらっしゃいますね。その後、日本でも五年ばかり経ってから、東北大学にやはりそういう赤ちゃんが生まれるということがあったわけですが、その前に厚生省で体外受精児についていろいろな面から検討しようという研究班ができました。その時に、私が中心になってやったわけですけれども、私が中心では困ると思いまして、文学部の教授の方にお願いしまして、その方と私とで協同して、その時に産婦人科の先生で我妻堯先生という方がいらっしゃいます。

ご存じの方もいらっしゃると思いますけれども、法学部に学んだ方は、おそらく我妻栄というたいへんな民事法学者がおられたことは、ご存じだと思います、この先生は私法学会における天皇といわれた方です。山形県の米沢の出身で、山形県では神様なんだそうです。去年数えの生誕百周年というのでお祝いがあって、今年は満の百周年というので、米沢では盛大なお祝いをなさったそうです。

この我妻堯先生とは、私は前から存じ上げておりましたので、体外受精のことだからというので我妻先生に入って頂きました。そうしたら、「兄もいま日本に帰ってきて、お茶大で、非常勤講師をやっていて、文化人類学者だ」ということでご紹介頂きまして、その先生にも入って頂きました。なにしろ私がいちばん年が上だったのですね、一般の主婦の方にも入って頂きましたが、途中で来られなくなってしまいました。その他に、社会学の方、文化人類学の方、著名な方に入って頂きまして、いろいろと研究を致しました。最後に、我妻堯先生のお兄様、我妻洋先生という方ですが、その方のご紹介で傍聴させてほしいという、お茶大の大学院の女子の方が参加されました。この方が後で、マスコミでもご活躍なさった、いまあまり聞きませんけれども、その方に、最後に私が「オブザーバーで出ておられて、どういう感想をお持ちですか」と聞いたんです。そうしたら、その女性曰く「先生方は体外受精が善いとか悪いとか、倫理的にどうとかいろいろおっしゃるけれども、自分のようにこれから恋愛もし、結婚もし、仕事もしという者にとってみれば、こんなにいいことはない。自分が、出産したくなければど、精子、卵子を凍結して保存しておいて、出産できるときに子宮に戻してもらって出産することもできるし、或いは他人に頼んでお腹を借りて産んでもらうこともできるし、こんなにいいことばかりじゃありませんか」と言われて、皆ダーッとなったんですね。そんなふうに、私も思いませんでしたから、私もダーッとなってしまいました。でも考えてみれば、なるほど女性にとって仕事をしながらの出産というのは、相当たいへんです、私も子供を二人もっていますけれども、なるほどそういう考えもあるのかと、教えられたことでもあります、その時に、我妻喬先生のお兄様の我妻洋先生を存じ上げたわけです。

その後まもなく、私はドイツに脳死の関係の調査のためにサバティカルをもらいまして、半年くらい行ってまいりまして、その後、いま日本でもたいへん問題になっていますけれども、その当時としては珍しい児童虐待について非常に詳細な研究を団藤重光先生の古希の記念論文集に書きました。その時に、私はドイツの文献その他については、よく存じておりますけれども、アメリカについては殆ど知らなかったんです。この我妻洋先生は、その当時「家族の崩壊」という、アメリカの一九六〇年代の善良な市民の考え方から、一九七〇年代に入ってがらっと変わってくる、それで家族が崩壊してくるという、その過程についての論文を書いておられました。それでわたくしは、児童虐待についての、いろいろなことを教えて頂くのに、この先生はまだこの本が出版される前なのに、ご自分の手持ちの文献を全部私に貸して下さったんです。日本の学者は、こんなことをしません、自分だけの貴重な資料は、隠して隠して、他人には触られないようにして、それだけでやるというそういう先生方が多いのに、私はすっかり感動致しました。

この先生が、病気になられたということを弟さんの方から伺いました。その入院なさっている病院に伺いました、そうしたら「先生、私はどうやらガンの体質ではないようですよ。食道が悪いんだけれども、潰瘍でガンではないんです」とおっしゃったんです。ところが、私の父は昭和二八年に食道ガンで死亡致しました。ですから食道ガンの症状というのは、よく知っているわけです。いろいろ考えますと、「どう考えても食道ガンだ」と私は思いました。この先生は、食道ガンという病名の告知を受けずに手術をなさったんです、ところが放射線治療が始まりましたから、これはガンだということが、ご自分で判ったわけです。大憤慨されまして、どうしてガンの宣告は禁句なのか、日本ではどうして告知をしないのかと、たいへんな勢いでご不満を『文芸春秋』だったかに書かれたんです。私は、今日探したんですけれども見つからずに、弟さんに伺ったら、まったく何もご存じなかった。それで、私はいろいろと先生から尋ねられたことなどをお答えしたら、「今までこういうことについて調査したけれども、誰も答えてくれなかったのに、君はそれを全部、まるで手品を使うみたいに即座に答えてくれた、こんなに有り難いことはない」という手紙を頂きまして、今でも残っておりますけれども、そういうものを頂きました。

私は、ガンの告知について、こんな経験もあります。私には義兄がおりまして、この人は結局ガンではなくて、亡くなったんですけれども、この人は「僕はもしガンになって、自分でもだいたいガンだということが予測ができたとしても、告知はしてもらいたくない」と言っていたんです。だから、日本人にはこういう人もいるんですよということを申し上げたんです。そうしたら、最初は告知を受けなかったことについて非常に憤慨しておられたその方が最後に書かれたものには、私からそういう話を聞いたというので、段々に告知をしないということについての理解が、多少なりともできてこられたことを書き残して亡くなられたんです。この方も、最後は非常に苦労されて、再発して、東京工業大学の教授になられましたけれども、なかなか講義にも行かれない。メガホンの講義といって、メガホンを逆さに持って、そして出ない声を振り絞って講義をされる準備をされて、結局は講義を一度もなさらないうちに亡くなられたと思いますけれども、そういうことがありました。

この方が、どなたから教えてもらったのか知りませんけれども、『病者・花』という細川宏という東大の解剖学の教授の書かれた遺稿詩集というものについて、ふれられていたんです。私は、それを見まして、それを早速に買い求めました。これを読みますと、ほんとうにガンに倒れた方が、どういう思いをするのかということについて、「病者」には patients という題がついているんですけれども、英文の題名として“patients must be patients”とあるんです。病者とは、耐え忍ぶ者の謂であるというふうに書いておられるのです。この方は、たくさんお花を病気のお見舞いに頂いて、その一つ一つのお花についての詩を書かれたんですが、その最初に、「病者 patients」という詩を書いておられるわけなんです。この編者の小川鼎三先生も中井準之助先生も、どちらも解剖学の方です。小川先生が先生で、中井先生と細川さんとは同級生です。この細川さんという方は、富山高校からの方なんですけれども、富山高校におられる頃に希代の秀才で名をうっておられた方で、たいへんな秀才なんだそうです。東大に入学される時も、もちろんストレートで一番で入学されて、さらに戦争になって陸軍医学校に入られたんですが、学生の中でもまるで別格でよくできるというので、皆が啞然としたという、そういうたいへんな方で、三〇代で東大の教授になられました。

その方は四〇代の初めに亡くなられたのですが、詩を作られていて、そして亡くなる直前までずっと日記を書かれて、それが現代社の詩集『病者・花』という、こういう詩集になっているのです。もしご関心のある方は、現代社には、まだ在庫がたくさんあるそうですから、お求めになろうと思えばお求めになれるということだそうです。その中に、

「病者は、ある日死者と語った。生前敬愛する先輩であったその死者は、己の体験した死とその実感を含めて、病者の諸々の問いに快く答えた。死に伴う肉体的苦痛は、医薬品の進歩が著しく軽減してくれたこと、また死そのものの不安にも増して、遺族の将来に関する様々な不安が大きな心理的負担となる事実など、その率直な感想は示唆に富んでいた。ところで、あなたは死の直前まで、早く治ってあれこれ仕事がしたいと、いつも語っておられましたが、自分の病が悪性不治のものであることを、ほんとうに全くご存じなかったのですか、と病者は前々からの疑問を糺してみた。死者は瞑想するかのごとく、しばし黙して後、静か

に口を開いた。そう、そのことは僕も一度誰かに話したいと思っていました、実はもうだいぶ以前ふとした機会に、僕は僕の病気の正体と予後の見込みをちゃんと聞き知っていたのです。一、二の例外を別として、僕がこのことを誰にも話さなかったのは、まあ、いわば僕の細やかなプライドだったでしょうか、もし仮に僕が、もうすぐ僕は死ぬんだぞと、逢う人ごとに言ったとしてみてごらんなさい。当人の気持ちは、無理からぬとしても、返答に窮して困惑するのは、そういうのっぴきならぬことを告げられた人達、つまり僕の親しい周囲の人々に他ならないでしょう。そういう身勝手を、僕の細やかなプライドがどうしても己に許す気にはならなかったのです。もっとも一面では、そのいうような返答のしようのない宣言によって、周囲の人々と僕との間の全ての会話が断絶してしまうことに、この僕自身が耐えられなかったのかもしれませんが、病者は、またこんなことも尋ねた。

そうすると、不治の病の場合などに、やはり医師は、最後までそのことを患者に告げるべきではないと、あなたはお考えですか。死者は、再び瞑黙して、さあー、それがやはり一応の原則でしょうか、もっとも僕自身は前もって事実を知ったことを少しも後悔しませんでしたが、と言葉少なに答えた。そして、更に語を継いで、ただ患者の立場は立場として、もし医師が不治の病を宣告する時、その後の毎日を、どう患者と対決し、どう会話を交わしていくつもりか、それだけの人間的力量を、はたして医師に期待してよいものか、そこにも問題はありましょうね。

死者の言葉は、淡々として病者の胸に響いた。」

こういうような一節があるわけです。

ガンの宣告について、日本では旧くからガンの宣告はしないという慣習がありました。それは、一つにはたいへん高僧とよばれた、たいへん悟り澄ました方、この方ならば告知をしても、別に驚き慌てることはないだろうということで告知したところが、それからすっかり元気をなくして、それから数日でその方は亡くなってしまわれたということが、医療者の間では伝えられておりました。だから、ガンの告知はできないというふうに言われておりました。この頃は、ガンの告知はかなり進んだというふうに伺っております。それでも大半ではなさそうです。一応、そういう病気について、病名の告知と、それからもう一つは余命の告知は必要なのかどうか。病名の告知と余命の告知は違うというようなことも言われております。

私なんかは、もし死ぬならばガンで死にたいというふうに思っております。最後まで意識がはっきりしておりますので、苦痛さえ除去してもらえば、ガンで死ぬのは悪くないというふうに考えております。でも、それはいま健康だからそう言えるのかもしれません。もし本当に病気になった時はどうか、あまり自信はありません、皆さんはいかがでございましょうか。ただ、いま、疼痛緩和療法　ペイン・クリニックというのが非常に進歩致しました。一九八一年、ＷＨＯで疼痛緩和療法という方法が開発されました、これは注射ではなくて飲み薬なんですけれども、それによってだいたい苦痛は緩和される、もっとも九〇％くらいは除去できるけれども、一〇％くらいは除去できないとも言われております。でも殆ど除去できると言われております。

もし苦痛が除去されるものであれば、例えば突然亡くなると、私などはいつでも家中散らかしっぱなしの人間ですから、一人で住んでいるもので誰も何も言ってくれませんから、散らかしっぱなしのままで死ぬのは辛いなというふうに思うんです。私の母は、数えの八八歳のお祝いをしたら、段々元気がなくなって、結局ものが食べられなくなって二週間足らずで亡くなりましたけれども、亡くなってみたところ全部片付いていました。これは誰に、これは誰にというので、なにしろ箪笥から引き出しから、あまりにも整然としているので、私は母を見直したというわけでございます。私は、ああいうやり方はできないものですから、やはり突然死というのは困るなというふうに思います。そうかといって痴呆になって死ぬというのも辛いです、いろいろな痴呆の方のお話もよく伺います。

前の京都大学の総長で有名な岡本道雄先生は、痴呆になるのは幸せだ、痴呆になって死ぬほど幸せなことはないとおっしゃいました。私は、その時はたいへん憤慨しましたけれども、やはり痴呆になって、自分が惚けているということに気がつかなくなるのは、ある意味ではやはり仏になることなのかもしれません。しかし、私はやはりそれは嫌だなというふうに、今では思っておりますので、そういう点でいろいろなものを除去してまいりますと、結局ガンで死ぬのがいちばんいいというふうに思っておりますけれども、皆さんはどのようにお考えでしょうか。

私は、今年の二月一日に五十年来の友を亡くしました、この方もガンで亡くなりました。この人は、九年前に乳ガンの手術をしました。しかし、この人はその時に六二歳だったんです。六二歳で、その前から乳ガンだということをご存じでした。お母さんは、かなり前に子宮ガンの手術をされて、今でも元気でおられる、妹さんも乳ガンの手術をして元気でおられる。ご自分も乳ガンだということに気がつかれましたけれども、もう六〇も越したのだから、手術なんかしないでそのままそっとしておこうと初めは考えておられました。しかし、段々に症状が悪くなりまして、終いに両方の乳房から出血するようになりました。それで出血するようになっては、やはりこれは困るなというので、シャワーでその出血した血液を流していたというんです。私は唖然としまして、それはないんじゃないのと言いましたら、その段階で初めて乳ガンの手術を受けました。妹さんやなんかが手術を受けられた頃に比べると、だいぶ乳ガンの手術も進歩致しましたせいもありまして、その時は成功されたようです。でもやはり、要するに手遅れですから、放射線の治療を受けなければなりませんでした、それ以来、私の友人はカツラを被っていました。カツラもいいけど、たまには格好を変えたらというくらい、同じようなカツラを被っていました。その人が、去年の春頃から、ところどころにイボみたいな小さいものが出るようになったんです、胸とか、顔とか、お腹とか、それを一つ一つ摘出切除しますと、全部ガン細胞なんです、皮膚ガンになったわけです。

私は、他の教え子達から、だいぶお悪いようだから、一度お見舞いに行かれたらと言われたんですが、私自身、そうなった時に見舞いに来てほしいと思わない人間だものですから、行きませんでした。でも、この頃皆さんとお逢いになっているようですよと聞きまして、伺いました。そうしましたら、おしゃれな方で私は寝間着のファッション・ショーをやるといって、入院の時に四〇枚ほど寝間着を用意して入院したという方なんです。ちょうど私が行った時には、妹さんが介助してお風呂から出てきたところでした。いつもかぶっているカツラもつけないで、何と言っていいでしょうか、お逢いするのが辛いくらいな様子でした。それでもたいへん元気で、去年の秋の皇居で行なわれた園遊会にも招待されて、法学の方では非常にいい仕事をしておられましたから、そういうところにも出掛て、歩くことは今のところ駄目だけれども、なにしろ入院する前にイボができて、それがガン細胞だということが判って、そこまでは判ったんだけれども、そのうちに講義をしようと思っても、私よりも少し若い方で現役なんです。慶応から他の大学に移られて、七三歳が定年というところだそうで、まだ現役だったんですが、講義をしようにも声が出なくなった。それで入院したけれども、そうしたら腹膜に水がたくさんたまっていて、右から八〇〇〇cc、左から四〇〇〇ccというふうに、たまった水を抜いたと言うんです。「そんなことをしたら、とてもじゃないけど息も絶え絶えになるじゃない」と言ったら、「ほんとうに息も絶え絶えになってひどかった。だけどそれも今はよくて、歩くのは車椅子でなければ駄目だけれども、話はいくらでもできるのよ」ということで、私は一時間半もひきとめられて、いろいろな話を致しました。でもその後、今年になってからは、慶応大学の医学部の図書館というのを、私はよく使うんですが、そこに参りましたけれども、ちょっと又お目にかかろうという気にはなれなくておりました。年賀状には、胸部のリハビリを続けて年を越しましたという、そういう年賀状を頂いたものですから、大丈夫なんだと思って安心しておりましたら、結局二月一日に亡くなられたということでした。

この方の選択、ほんとうに六〇代だからもう乳ガンなら乳ガンで死亡しても構わないということであったのであればですけれども、そうでなければやはりガンについて気がついた時には、早い段階で対応するのがいいのではないかということを教わりました。

私の姉も乳ガンの手術を受けました、今よりもだいぶ前ですから、ガバッととるようなそういう、いまは温存療法で乳房をとらなくても手術できますけれども、その当時はガバッととるような、そういう手術でした。私は、原稿の締切りに終われて、姉が手術した日は、一晩介護しながら原稿を書いて、その翌日に原稿を渡したという経験をもっていますが。この姉の場合は、放射線治療もなくて済みました、いまでも元気にしております。それを思いますと、やはりその人の生き方、どういうライフ・スタイルを選択するのかということだと思うんです。

ご自分の最後のステージをどのように輝かせるのか、それとも従容として死を迎えるのかということは、それぞれの方がそれぞれの選択に従って決定されるということが必要だろうと思うのです。

私は、いろいろな問題に関連致しまして、いままで、昭和二三年の九月に旧制の最後の大学を卒業致しまして、ちょうど五〇年になるわけです。五〇年間、法を学んでよかったなと思う。ほんとうに生き甲斐を感じたのです。

ところで、皆さん「らい予防法」というのがあるのをご存じでしたか。「らい予防法」というのがありました。これは大きな六法全書にも載っていない、法律家も全然知らなかったのです。

ある年、私は、東村山の方にあります、全生園という国立のらい療養所でシンポジウムをやる、そこで「法と人権」について話をせよということを、元の厚生省の局長だった方からのご依頼を受けました。じゃ、「らい予防法」というのがあるそうだけれども、私はそれが手に入らないんだけれども、どこで見られますかと聞いたんです。そうしたら、「いや、らいと関係しなくてもいいんですよ、抽象的な法と人権という問題について話して頂ければ、それで結構だ」というご返事だったんです。でも、シンポジウムの題名が、「らい予防法をめぐって」というシンポジウムなんです。「らい予防法をめぐって」というシンポジウムなのに、「らい予防法」について全く知らない者が話してどうなるのかと思いました。私はその頃よく精神保健福祉法の関係で、指定医の講習会で「法と人権」という話を毎年やらされていたんです。それと同じような話でいいとおっしゃられても、やはりちょっと違うのではないのかなというので、一所懸命調べましたら、厚生省関係の六法全書というのがありまして、「公衆衛生六法」、「保健六法」というのがありますが、その中に出てきたんです。そうしたら、どうもその前があるらしいというので、「らいの予防に関する件」という明治四〇年の法律第何号というところから掘り起こしまして、その当時現行法といわれたのが昭和二八年に制定されたものだということが判りました、これを見まして、まず愕然としたわけです。どうしてかといいますと、らいの診断を受けますと、入院を勧められるんです。「じゃ、入院しましょう」といって入院すればそれで済む。しかし入院をしなくても、今度は強制的に入院させられるんです。精神保健衛生法、その当時精神衛生法といっていましたけれども、それで措置入院というのがあります。暴れてしようがない、自傷他害の恐れがあるというときには、都道府県知事の命令で二人のお医者さんの鑑定を得て、そして入院するというのがありますが、これには措置の解除という規定がある。措置の解除というのは、措置入院を解除するわけだから、退院できるわけです。

ところが、「らい予防法」では、強制入院をさせられて、そして退所の規定がない。一旦、その療養所に入ったら最後、出られない、これにはびっくり仰天したわけです。しかも、園の外に出るには、一定の条件がありまして、その条件に適って、園長さんの許可がなければ、外にも出られない。それを外に黙って出たりしますと、拘留・罰金という刑罰が課せられるんです。精神病院の患者さんが病院を抜け出しても、抜け出したからといって逃走罪にも何にもならないわけですから、処罰されることがない。ところが、らい療養所の収容者というのは、それから出るだけで拘留・罰金、しかも園の中には特別な監房がありまして、窓もなければ光もさささないような所で、しかもろくに食事も与えられないで、そこで死亡したという例もあるわけです。

私も、本当にこれはびっくり致しまして、「皆さん方はなんとかして、この法律を廃止するように努力しなければ駄目だ」と話をしたんです。そうしたら、その時に皆さんの言うのには、「昔は、なかなかたいへんだったけれども、今はちゃんと医療もやってもらえるし、衣食住も困らない、毎月八万円の給与金ももらえるということで、いまは園の中にいさえすれば、それなりにハッピーであると、家族とは縁を断っているから、郷里に帰るわけにはいかないから」という答えだったんです。「それはないでしょう、あなた方、名を捨て実をとるというふうにお考えかもしれないけれども、名も実もとらなければ駄目なんですよ」ということを申しまして、そして私はそれをジュリストという雑誌の随想に書いたんです。「らい予防法と法曹の責任」と題して書きました、そのコピーを、私はその頃法務省のちょっとした役をやっていたものですから、法務大臣が替わったりしますと幹部の方達のご招待を受けるんですが、その時に、幹部の全員にそれを配ったんです。多分、法務省の人達のことだから、何の反応もないだろうなと思いましたら、いまたいへん偉くなっている方で、法務省の希望の星といわれている方なんですが、その方からお手紙を頂きまして、「たいへん感銘を受けたので、この法律をもしかしてどうにかしようというときがあれば、自分なりの協力はさせてもらいます」というお手紙を頂いた。それで、やはり、土井たか子さんではないけれど、山が動くことがあるのだというふうに思いました。

やがて、「らい予防法見直し検討会」というのが、厚生省にできまして、そのときに法律家は私の他にもう一人いらっしゃいましたけれども、人権派といわれたその法律家の先生は、「いゃ、別にこれは廃止しなくても、不都合な箇所だけ削除すれば、それでいいですよ」と言われて、私は唖然としたんです。

だいたい「らい」というのは、感染力が弱いんです、結核よりもはるかに弱い。ですから、らい療養所では九〇年間やっていて、職員で感染した人は一人もいない、それが結核療養所との違いです。とにかく廃止しなければ、これはどうしようもないと私は思いましたから一所懸命やり、廃止されました。これは、私は法律家になってよかったなと、初めて法律家としての生き甲斐を感じた仕事であったわけです。

その後、昨年度は伝染病予防法、これも伝染病予防法ができてから百年目です。感染症だって、ずいぶん変わりました、感染症に対するたいへんな施設から、今はほんとうに見事な施設に変わっておりますから、なんとかしなくてはいけないというので、その伝染病予防法というものも廃止して、私は感染症対策基本法にすべきだと主張したんですけれども、どうしてもそれは駄目で予防というのを付けなければいやだというので、感染症予防法ということになるようでございます。そういう意味で、法が動きつつあるところでございます、法の改正にあたっても法曹が本気で、人権の擁護を含めまして、本人のできるだけ自主的な対応の仕方を助長育成できるような、そういう法体系にしていかなければならない、そのために、法曹はもっと頑張らなければいけないというふうに、私は思います。

いろいろと考えてみますと、「よい医者を選ぶのは寿命のうち」ということを申しますね、わたくしはそれをつくづく思うことがあるんです。

私は、去年、緑内障の疑いがあると言われまして、一般の病院で眼科に通いますと、緑内障の検査をし、診断をし、結果を伺うまでに二週間かかります。ところが、私はさるところで、眼科の名医を紹介してもらいました。そこへ参りますと、三時間で、自分の目の奥から何から全部、自分で見ることができる、診断も得ることができる、二週間と三時間、お医者さんの格が違えばこれほど違うのかとしみじみ思いました。だから、皆さんも是非名医に巡りあうということが必要じゃないかなというふうに思っているわけです。だいたい私の話はそんなところで尽きてしまいました。皆様方からご質問なり、ご意見なり伺わせて頂ければ幸です。

（一九九八・三・九　於 上智大学、生と死を考える会）

5　終末期患者の死の迎え方

たいへん御鄭重な御紹介でいたみいります。今日お話申し上げる件につきましては、谷先生ではありませんが代表世話人の星野先生の方から、安楽死・尊厳死について話をしてほしいということだったのですが、安楽死・尊厳死につきましては星野先生がいまいちばん力を入れて御研究中でございまして、私なんかが御報告申し上げるよりは遥かにその方が宜しいのにと申し上げてあったんですが、忙しさに紛れてそのままになっておりました。先日御連絡を頂きましたら「終末期患者の死の迎え方」というテーマということになっておりまして、私はびっくり仰天致しまして、そんな話はできないというふうに思ったのですが、安楽死・尊厳死に限ってということであれば多少のお話はできようかということで今日に至ったわけでございます。けれども、なにしろたいへん追われておりまして、先程の谷先生、井部先生のようにちゃんとした準備もなしに今日伺ったような次第で、たいへん申し訳なく思っております。

つい先頃京都で、体外受精国際会議というものがあり、私はそのなかでエスィカル・リーガル・イシューというところでシンポジストになったわけでございますが、この会は一〇〇〇人もの参加者があるにも拘らず、エスィカルと聞いただけで皆さんヘジテートされたらしく、非常に会場には参加者が少なかったんです。なんでこんなに参加者が少ないのだろうということが、そこでも問題になりましたぐらいですけれども、まして倫理委員会ですから、先生方は倫理に関して御関心をおもちであることは確かですけれども、法律となりますとなんとなくうっとうしいなとお感じになられるのではなかろうかと思ったのです。

先程の谷先生のお話を伺っておりましたら、終末期医療、ターミナル・ケアについて非常な広範なたいへんいろいろなものを総括的にお話頂きましたが、特に私が嬉しかったのは細川宏さんの『描写・花』です。私もこの本を愛読しておりまして、やはり私がよく存じあげている方で食道癌で亡くなられた方から、最後に近くこの本を読まれた感想などを伺ったものですから、その後この本を求めまして、非常に感銘深く、これぞ癌の告知とか或いはターミナル・ケアについて実に多くのものを提供しているなと、いつもそれを考えながらターミナル・ケアというものを考えて参りました。

最近、どうもこの問題についていろいろな情報がございまして、例えば八月号の『研修』という雑誌がありますが、これは検察庁関係の方を対象とする雑誌なんですが、そのなかには「解決が急がれる尊厳死問題」というのを同志社大学の大谷實教授が書いておられます。同じく『法学教室』の八月号には加藤一郎先生の特別講演「末期医療をめぐる諸問題」というのが載せられております、ここで加藤先生は脳死・安楽死・リビングウィル・告知等ということについてたいへん懇切丁寧な、学生相手の御講演だったらしくてわかり易い内容のものを話しておられます。

こういうなかで、私は特にここでは安楽死と尊厳死の問題について、刑法の立場からと申しますか、或いは少しバイオエシックス的なものを含ませながら、お話申し上げたいというふうに思っております。

刑法における第一の重要な保護法益は何かといえば、生命というわけでございまして、その生命の保護について、特に生命の始まりと終りということ。始めから終りまでが刑法の保護の対象になるわけですから、その生命の終焉についで古典的にやはり安楽死というものを問題にして参りました。その他に死刑制度がございますが、これは一応別物と致しますと、安楽死という問題をずっと論じ続けてまいりましたけれども、比較的最近はどちらかと申しますと安楽死はそばにおいて、脳死問題、脳死は人の死かとか、というような問題にすこしのめり込んでいった傾向があるような気が致します。ところが例の東海大学病院の事件、それから今年になりましてからオランダで安楽死法案と称するものが国会の下院を通ったと、少し内容が違うんですけれども誤って報道されたりいたしまして、急速にまた安楽死・尊厳死ということが問題として意識されることになったわけです。その他、御存じのように、アメリカでは一九九一年の十一月にはワシントン州で尊厳死法案の州民の投票というのがあって、僅かの差で否決されてしまった。昨年の十一月にはカリフォルニアでやはり同じような尊厳死法案のようなものについての州民の投票があって、それもやはり成功はしなかった。そのなかで、今年のオランダの法案、法案というよりはむしろ安楽死として起訴されないといいますか、刑事手続を開始しないで済むためのガイドラインが公認されたということなのですが、そういう報道を通じて改めて安楽死というもの、或いは尊厳死というものが割合に論議されるようになったような気が致します。

この種の死をめぐる問題については、アメリカでは沢山の事件が報じられています。たとえば少し古くいえばカレン・クィンラン事件、比較的最近ではナンシー・クルーザーの事件があるわけで、いろいろな判例が出ています。いったい、死を選択する権利というのはあるのだろうかということです。人には自己決定権があるのだけれども、自らの死を決定する権利はあるのだろうか。一九八二～八三年頃からは、子ども、重症障害新生児の医療を開始しないで済ませるということが、チャイルド・アビューズになるかならないかということでかなり問題になりました。そういうケースがあって八五年にはファイナル・ルールというのが出されまして、特別な場合には医療を開始しなくていいというようなことが認められたりして、そのときに親には子どもを死なせる権利があるといったような表現、その表現が良い、悪い、いろいろと問題があろうかと思いますけれども、そんなことが言われました。

それで、今度は本人自身に自らの死を決定する権利はあるのだろうか、自己決定権というのは個人の主要な権利の一つだとすれば、自らの死を決定することもできるのであろうか。こういう問題が出てまいりましたのも、ここで御説明申し上げるまでもなく高度先進医療というものが進歩して、蘇生術が進歩し本来ならば当然に生命を長らえることができなかったような患者さんでも蘇生術、人工蘇生器レスピレーターの装着によって延命を続けることができるということになったからです。そして、そういう状態で生き続けることが良いのかどうか。いわゆるスパゲティ症候群のような形での生活というものが、本人にとって本当に幸せなのだろうか、むしろ延命をしてもらわない方が本人にとっては幸せではなかろうかというようなことで、先程からお話に出ておりますＤＮＲということがいわれるようになってきたわけでございます。

それと先程の谷先生のお話にもありましたようにクォリティ・オブ・ライフというような考え方、これもたいへん難しい、理解のしようによってはたいへん危険な結論にも至りかねないそういう考え方が一方にあって、サンクティティ・オブ・ライフとクォリティ・オブ・ライフとどういう関係にあるのかないのかという難しい問題もあろうかと思いますけれども、そういういろいろな問題が出てきているわけでございます。

そういう一般的なお話は、おそらく先生方は耳にたこがよるほど沢山お聞きになったり或いはお読みになったりしていらっしゃいますので、私は今日はちょっと視点を変えて、ドイツでのいわゆるシュテルベ・ヒルフェというようなものがどうしてこういうふうに出てきたのかということとについてと、それとドイツでの二つの判例の御紹介を申し上げたいというふうに考えております。

ドイツでは、御存じのように例の生きるに値しない生命の棄滅というような考え方、ナチス・ドイツのヒットラーが一九三九年にそういう考え方から、心身障害者、生きるに値しない生命というものは安楽死させるのだというようなことを、法的に認めたということがあって、それが発展してユダヤ人の大虐殺に至った、そういう経験があるものですから、戦後ずっとドイツではオイタナジーというのは口にすることがタブーになっていました。しかし、いろいろな場合にいろいろな問題が出てまいります。そこで一九七六年にはドイツの外科学会で死病者というのでしょうか、死にゆく者の治療のための決議というものを発表しております。それから七九年になりますと、臨死介助、シュテルベ・ヒルフェのための連邦医師会の指針というものを出しておりま す。こういう場合に死の介助をすると、シュテルベ・ヒルフェというのは何かと申しますと、死にゆく者を介護して彼または彼女が尊厳のうちに死ぬことができるように努めること、これがシュテルベ・ヒルフェなんだという考え方です。生命を短縮するというのではなくて、尊厳のうちに死ぬことができるように努めること、これがシュテルベ・ヒルフェなんだということを言っているわけでございます。

こういう議論は、結局シュテルベ・ヒルフェ法案という形でまとめて出てきたのですが、結局これも廃案になりました。いろいろな国で安楽死法案というものが、オランダを別と致しまして結局立法化されないままである、なかなかそれができない。アメリカなんかは、おそらくできるのではないかなと思っていたけれども、少数差でそれが認められないということにつきましては、おそらく slippery slope argument（「滑りやすい坂道論」ないしは「危険な坂道論」。いかなる人の生命も絶対的な価値を持つものとして平等な保護を貫徹すべきであり、その保護を相対化・緩和するときには、ひいては「無価値な生命」は保護しなくてよいとする全面的な優生思想に至る方向に進みかねない、とする主張のこと）といいますか、あれが歯止めになっているのではなかろうかなと思うわけでございます。こういう議論が出てきました。そのなかで、ドイツの二つの事件が紹介されているわけです。

一つは一九八四年の七月四日にブンデス・ゲリヒトホーフ連邦通常裁判所、日本で申しますと最高裁判所ですが、そこの判決でビティッヒ事件と呼ばれます、このビティッヒというのはお医者さんです。その患者の一人が終末期にある患者で、自殺言漏が非常に強いんですね、それで自分は「死にたい、死にたい」と言っております。もし自分が非常に悪化したならば、集中治療室に入れたりすることなしに死ぬに任せてほしいということを、予めそのお医者さんに頼んでいました。いよいよひどくなってまいりまして、一九七七年以降癌で苦しんでいるわけなんですけれども、いよいよ苦しみまして、時々ビティッヒというお医者さんは往診に出掛けていくんですけれども、ある日電話をかけてきて、「いよいよ辛くなった、死にたいんだ」ということを言って、そのお医者さんが往診に出掛けるその前に電話をかけてきました。なんとなくそのお医者さんも気になったものですから出掛けていったところがベッドに横になっていて意識がない。見たら、睡眠薬を沢山飲んだ跡があるということなんですけれども、このビティッヒというお医者さんはそのまま亡くなるまでそばについていて、救命するという特別な措置は講じなかったということなんです。

ドイツでは自殺関与罪という規定はありません。嘱託殺人罪というのがありますけれども、嘱託殺人にはならないだろうと思いますけれども、本人が自分で亡くなったんですから、けれども一般的な緊急救助義務違反という罪もあるわけなんです。このお医者さんは、じっと亡くなるまで静かにちゃんとついてあげて後の処置をしたというケースです。

日本ですと、そういうときに不作為の殺人とは考えないと思いますけれども、ドイツは非常に厳しい法解釈が行われている国なんです。場合によって、もしお医者さんが保証者だということになりますと、例えば夫だとか妻だとか子どもとかというときには保証者・ガラントになるわけですけれども、お医者さんもやはり主治医であればそういう地位にあるとすると、不作為による殺人だって成立しかねないそういう状況です。これは起訴されましたけれども、結局処罰に値しないということで無罪の判決が出たというケースでございます。

もう一つの事件は、ハッケタール事件というのですが、ハッケタールというのは大学の医学部の教授です。患者は顔面の腫瘍に悩まされていて、数年間の間に一〇回ないし一五回も手術しているんです。腫瘍が転移しますので、目のところは眼窩が、鼻のところにも穴が開いてしまいました。それで、もう生命幾許もないとは思いますけれども、かなり苦痛でなお癌は転移し続けているという、そういう女性、もう七十何歳かの女性なんです。

こんな顔になってしまって、何処に出掛けることもできないし、苦しみはあるし、将来治る見込みがあるならばそれにも耐えられるけれども、治る見込みもないのでは辛いから、なんとしても自殺したい、殺してくれないのならば、自分で死ぬのを手伝ってほしいと言って、さんざんハッケタール教授に頼むんです。初めは、そんなのは引き受けられないと言っていたんですけど、あまりのことにそのときが来たらということになって、曖昧ながら約束をしたんです。いよいよ辛くなってきまして、そしてなんとしてもお願いするというのです。その前になんで死ぬかということでいろいろな薬が考えられるのですが、そのなかで女性が選んだのは青酸カリなんです。青酸カリはいちばん速効性がある、そんなに苦しまないで済みそうだということで青酸カリを選んだわけです。ハッケタール教授はひとに依頼して、その薬を手に入れました。そして、ある日それを他のお医者さんに、この患者に渡してほしいといってその薬を渡しました。その患者さんは、日ごろ信頼しているお友だち、女性の人に来てもらってその人のいる前でその薬を飲んで、そしてその女性の方が亡くなったその患者を抱えて亡くなるまで見守ったというケースなんです。ですから、この場合はハッケタール教授と、その薬を運んでいったお医者さんと、その患者に付き添って最後まで看取った女性と、薬を提供した人とこの四人が問題になったわけです。これも結局四人とも罪を問われないということに、結論からもうしますとそういうことになったわけです。これは、ミュンヘンの上級裁判所の一九八七年七月三一日の判決ということでございます。

これは本来から申しますと、シュテルベ・ヒルフェに関する法案等では、少なくとも直接死を惹起させるような侵襲、そういうものは認めることはできない。だから毒薬などを与えて、死に至らせるようなことは認められないというようなことをずっと言い続けているわけなんですけれども、現実にはそういうことが起こったときに、じゃその人の責任を問うことができるかということになりますと、とてもそれは行為の違法性がないというのか、或いは責任を問いえないというのか、いずれにしても犯罪は不成立と言わざるをえない。そういう問題があろうかと思います。

先生方は、終末期の患者の医療にケアに直面して、そのケアをどうするかということを真剣にお考えになれるわけです。法律は、むしろそういうケアをなさって、それによって何か事が生じたときに、その行為をしたお医者さんに対する法的な責任をどうするかということを考えるわけです。ですから、同じ安楽死・尊厳死を問題にするにしてもディメンジョンが違うというふうに思うわけです。そこにお医者さん方の議論と法律家の議論とが多少齟齬するところが出てくるような気が致します。

そういう意味で考えますと、刑法上は昔から安楽死というのは、一定の要件を備えれば当該行為の違法性が阻却されるのだというふうに考えられてきました。違法性が阻却されると考える方がいいのか、それともどんな場合でも生命というものは積極的に短縮するようなことは許されない、それは違法は違法なんだと、だけどもそれをせざるを得ない状況にあったということで、その行為者の責任を問うことができないというふうに考えた方がいいのかもしれません。

私は若いときから、安楽死というのは違法性阻却だというふうに考えておりました。ところが私の身内でも、三人も四人も癌で亡くなりました。特に同居していた親の場合は、高血圧・脳出血・当時半身不随から全身不随になってそこへ癌が発生して、たいへん痛むし苦しいし、昭和三〇年代の話ですが、痛む苦しむそのとき、こんなに苦しいなら直ぐにでも死にたい、殺してほしい、なんとかしてほしいとさんざん申します。ところが二四時間一分の間もなく痛みがくるかというとそれほどでもないんですね、たまに痛みが引ける。そのときになると、治ったらああもしたいこうもしたいと言うんです。いままであんなに苦しんで、殺して殺してと言いながら、そういうふうなことも言う。だから、本当に人はターミナルのときに殺してほしいというのは本音なんだろうかどうか、よくわからなくなりました。その頃から、私は安楽死は簡単に違法性阻却とは考えにくいというようなふうに考えるようになったわけでございます。

刑法の問題として申しますと、安楽死というものは古典的にはいく通りかの種類があるといっておりましたけれども、その話を致しますと星野代表世話人は、そんなふるめかしいことを言ったら駄目、いま安楽死というのは積極的安楽死だけが問題なんだ。確かにその通りなんです、その積極的安楽死が許される場合はあるだろうとは考えますけれども、これを条文化したときにはたしてどうかという問題は、先程のすべりやすい坂道の論議ではありませんけれども何かあるのではなかろうか、それが倫理的な問題、生命倫理ということに係わってくるのだろうと思うわけです。

先程の死ぬ権利、人は自ら死ぬ権利があるのかということ、ドイツでも盛んに申します。死ぬ権利といえるのかどうか、それは自分で自己決定することは許されるということではあるけれども、しかし殺す権利は誰にもないわけですから、安楽死なり自殺幇助なりをしたお医者さんの責任がどうかということになりますと、ある程度やはり法的なものが必要ではなかろうかと、カリフォルニアやワシントン州の例の尊厳死法では、そういう要件を満たした場合には、それに手を貸したお医者さんは民事法上も刑事法上も一切の法律的な責任は問われない、ということを保障しているわけでございます。ですから、そういうものが必要なのかどうか、日本という国はそういう法律がなくても解釈でわりあいにちゃんとうまくいままでやってきましたから、それでいいのかどうかということは、やはりこれからもっと十分に討議しなければならない問題だろうというふうに思っております。

カリフォルニア州の尊厳死法案、カリフォルニア州民事法タイトル一〇・五、それの二五二五の一、目的宣言というところに、それに触れた部分があります。私の訳ですから、たいへん粗末な訳ですけれども「自己決定権は最も基本的な自由である、我々が死に至る病にあるとき、苦痛を取り除く権利及び自分で選んだ時と場所において、威厳をもって死を迎える権利は我々の自己の運命を決定する権利の不可欠な一部である。この権利は、ここに法律中に確立されるが他人の権利を侵さないように制限される。この権利は、可能な限り苦痛のない人間的な威厳のある死を迎えるために、医療専門家の助力を得るのにあたり、意識的に十分情報を与えられた選択をする能力を前提とすべきである」。こういうちゃんとした規定を設けているわけです。ですから、こういうものができれば、それが非常にはっきりとした根拠が与えられるということになろうかと思います。

安楽死と尊厳死、私はそもそも両者は違うものだというふうに考えております。安楽死というのは、死の苦しみ苦痛を回避するために、その苦痛から患者を解放してあげるために些かの死期を早めるような措置を講じるのが安楽死。だから、その要件は昭和三七年の名古屋の高等裁判所が判決でいっているように、要件としては、①病者が現代医学の知識と技術からみて不治の病に侵され、しかもその死が目前に迫っていること、②病者の苦痛が甚だしく、何人も真にこれを見るに忍びない程度のものであること、③専ら病者の死苦の緩和の目的で為されたこと、④病者の意識がなお明瞭であって意思を表明できる場合に、本人の真摯な嘱託または承諾があること、⑤医師の手によることを本則とし、これによりえない場合には医師によりえないことを首肯するに足りる特別な事情があること、⑥その方法が倫理的にも妥当なものとして認容しうるものであること。これらの要件、なかにはお医者さんでなければ駄目だとなると、やはり非常に限定されますから、これに反対される方もあります。それから、倫理的にもその方法が許容できるものであるということがあるものですから、この後の事件で、例えば癌で苦しんで、余命幾許もない妻があんまり苦しむので可哀相だというので包丁で刺殺した夫、これは安楽死ではないとされ、日本では安楽死だとして認められたケースは一件もありません。

アメリカなんかは、銃殺、ピストルで撃ったりしてもこれは安楽死だと認められたケースが幾つもありますけれども、日本ではまだ実例は一件もないんです。一件もないけれども、実際に皆無かといえば、おそらく医療慣行のなかである程度のことが行われているのではなかろうかなというふうに思われますけれども、そういうので命旦夕にせまるといいますか、谷先生が先程三ヵ月から六ヵ月とおっしゃったけれども、もっと一週間から一〇日くらいに死が直前に迫っていることが絶対要件、それから非常に肉体的な苦痛があるという、精神的な苦痛ではないんですね、肉体的な苦痛に限定しているというような、要件自体は批判の対象にはなりますけれども、一応そういうふうに考えられている。

ところが尊厳死の方はそうではなくて、昏睡状態にあっても、そういう状態になったらレスピレーターを取り外してほしいと、スパゲティ症候群のような形では生きたくないんだと、人間としての尊厳を保って死を迎えたいんだと、そういうものを認めようというのが尊厳死ですから、おそらく要件的には違いがあると思うんです。ところが安楽死を意味する「ユーサネイシア」というギリシャ語の本来の言葉は「よき死」ということを意味するんだそうです。「よき死」ということを意味するとしますと、人間の尊厳も何もなくて哀れな姿で死なないで済ませようという尊厳死も、苦痛がなくて安らかに死ねるという安楽死も、どちらもよき死であることには違いがない。そこには、私は共通のものがあるのではなかろうかなというふうに考えております。

法律論というのは、難しくいいますとたいへん難しくなります。加藤先生は、柔らかな法律学・やさしい法律学とおっしゃっていますが、私は加藤先生よりももっと柔らかいというのかずさんな法律論ですので、唄先生のような厳密にお考えになる先生からはたいへんけしからんと思われるだろうと思いますけれども、これは私の能力がないからそういうことになるのだろうと思いまして、いくらかでも御参考になれば幸だということでごく簡単に申し上げました、御静聴有り難うございました。

6　バイオエシックスの諸問題

どうも、大変御丁寧な御紹介を頂きました、中谷でございます。こんなに大勢の方がいらっしゃるとはちょっと考えも致しませんでした。私どもの時代は、先程お話しがありましたように、昭和一四年から一七年までこちらにお世話になったわけですけれども、その頃「実践倫理」という必修科目がありましたが、その実践倫理の時間は、なるべくエスケープしたいという時間でございましたので、バイオエシックス（生命倫理）の話にこんなに沢山の方が出席しておられるのに驚いています。

さて皆さん、私も女子大に法学を何年間か教えに参りましたから、皆さん方が賑やかに講義をお聞きになるのには慣れておりますので、そんなに緊張なさらなくて結構でございます。けれども、御覧になればかなり参考になることを、今日はスライドを使ってご説明申し上げますので、お聞きになって、且つ御覧になって頂きたいと思います（本書収録にあたってスライドを削除した）。

今日は、「バイオエシックスの諸問題」というテーマでございますが、皆様方バイオエシックスという言葉を御存じですか、御存じの方ちょっと手を挙げてみて下さい。聞いたことがない、という方も手を挙げて下さい。聞いたこともないという方がかなり沢山いらっしゃいますね。そういう若い学問領域なんです。

バイオエシックスというのは、アメリカが中心になって、そこで展開されてきた、超学際的、学際的ではなくそれに「超」、ウルトラがつくんです、超学際的な学問領域と言われております。

一九七八年に、アメリカのケネディ倫理研究所から初めて『バイオエシックス百科事典』というのが出版されましたけれど、その百科事典によりますと、「バイオエシックスという言葉は、ギリシャ語の生命と倫理、その二つの言葉を組み合わせた複合語である。生命科学や医療の領域に於ける、関係者の行為・行状について、道徳的な価値観や原則に照らして論じる学際的な研究の系統的学問である」と書いてあります。学際的研究の系統的学問であると、いうふうに申します。ですから、バイオエシックスと言うときは、「生命倫理」と言ったのでは不十分であって、「生命倫理学」と言わなければ駄目だと、その領域について大変詳しい方がそうおっしゃいますけど、日本では生命倫理学などというものは確立されておりませんから、一般に生命倫理、生命倫理と言っております。

これは、医の倫理というのが前にありましたけど、お医者さんは生命を扱うわけですから、そのお医者さんがどうも倫理違反のようなことをやっては困るというので、医の倫理、生命を尊重しなければならない、絶対的に尊重しなければならないといったようなことを言っていましたが、単なるお医者さんの医の倫理ではすまない、生命にかかわるいろいろな領域の問題が出て参りました。つまり、生物学、遺伝学、その他生命にかかわる科学研究や実験その他において色々な問題が出てきたわけです。いちばんこういう関係が意識されだしたのは、おそらくベトナム戦争における例の「枯れ葉作戦」だと思います。枯れ葉作戦で、戦闘には全然関係のない一般民衆が大変な痛手を負った。ああいう戦争の仕方は良いんだろうか、というような反省がアメリカで湧いて出てきたのです。ですから、バイオエシックスの問題意識・研究は一九六〇年代から始まっております。

先程申し上げましたように一九七八年に、集大成された『バイオエシックス百科事典』が出来たわけですけれども、こういう研究を最初に専門的に始めたのは、一九六九年にニューヨークに出来た、ヘイスティング・センターです。これが、バイオエシックス研究の最初の纏まった研究を始めた研究所だということになります。その二年後に、初めて大学付属のバイオエシックス研究所として、ワシントンDCにありますジョージタウン大学にケネディ倫理研究所というのが開設されまして、この両者が中心になって、バイオエシックスというものを発展させてきました。特に、この二つの研究所からバイオエシックスのリーダーたちが沢山出ておられます。代表的なバイオエシスト（バイオエシックス研究者）は、この両者のどちらかに所属しているわけです。

一九八一年にアメリカの大統領諮問委員会で、脳死は人の死だということを認めた研究報告書を出しておりますが、私もそれが出た直後にアメリカに行き、このジョージタウン大学のケネディ倫理研究所に参りまして、色々と教えて頂いたり、資料を貰ったり致しました。

同時に、アメリカでは一九六〇年代くらいから、医療については患者が自分でその医療を選択・決定するのだという考え方、Informed Consent という法理、患者の承諾がなくて、医療を行なったときは、それは違法なんだという考え方が、次第に形成されて参りまして、一九七二年にカンタベリー対スペンス事件と、コブス対グラント事件の二つの判例で、Informed Consent という法理論が確立されました。

Informed Consent という言葉を、何かで見たか聞いたかなさったことのある方、ちょっと手を挙げてみて下さい、これは多少はいらっしゃいますよね。日本でも、今年日本医師会の生命倫理懇談会が、「説明と同意についての報告書」というのを出しております。この「説明と同意」というのが、Informed Consent の日本語訳とされたわけです。しかしこれは正確ではないように思います。単に説明・同意というふうに and で繋がるものではなくて、正確には「医師から十分な説明を受けた後で、患者がその治療について同意する」という意味なんです。

日本でも、そういう判例はあります。例えば乳癌の手術を受けることになって、片一方の乳癌の手術を受けた。ところが、開いてみたら、もう片一方にも乳腺症があって、いずれこれは取らなければ危ないというので、両方の乳房を取ったわけです。その患者はタレントさんだったわけで、まだ若い、気がついてみたらおっぱいが両方ともなくなっていた、これは大変だ。一方については、なるほど承諾したけれども、他の一方については聞いていないということで憤慨されまして、損害賠償の請求をして、それが認められたというケースがあります。

それから、舌癌だった方がありました。舌癌だということは、今でも癌の告知をなかなかしませんけれど、まだ昭和三〇年代の初めですから、告知など出来ない。それとなく、切らなければ危ないですと言ったけれども、どうしても切るのは嫌だという患者さんがいた。だけど、切らなければ間もなく死んでしまう。それで、お医者さんは一部組織を検査すると言って、騙して、舌の大部分を切除してしまったというケースです。これも承諾がなくてやったということで、やはり損害賠償を払わされております。

日本でもそういうのはありますけど、アメリカではもっと徹底していて、お医者さんは病気の診断をしたら、貴方は何病ですよと言わなければなりません。そして、貴方は、その病気のこういうステージにありますよ、その病気のこういうステージには、A・B・C・D・Eという病気の治療法があります。Aは全然痛くも痒くもありませんけど、治りませんよ。Bは少し痛いけれども、しかし少しは治るけれども、あまり治りませんよ。C、D、Eとなって、Eはかなり色々問題があるかもしれないけれども、治る確率は高い、だけれどもリスクも結構多いということも言わなければ駄目。そういうことを全部知らせた上で、貴方はA・B・C・D・Eのメニューのうちどのメニューをとりますか、ということを聞いてから治療を決定しないと、問題が起きたときには医療過誤として、大変な損害賠償を払わされる、ということになっています。

日本は、まだまだ医師の裁量というものが、ある程度認められていますけれども、そういうパターナリスティックな医療が良いのか、完全に患者に下駄を預けて、本人の選択に任せた方がいいのかということが問題になっている。これも、バイオエシックスの一つの場面として、考えられているわけです。

バイオエシックスに関する問題は、沢山あります。「憲法からＳＦ小説まで」と言われるくらい沢山ありますけれども、今日は皆様方になるべく関係の深い問題点だけを、しかもあまり詳しく専門的な話をしましても分かりにくいですから、なるべく分かり易く、どんなところに問題があるのかということを三つの場面に絞りまして、できるだけ平易にお話ししようと思います。

一つは「生命の始まり」の問題、二番目は「生命の終り」の問題、三番目は「臓器移植」の問題です。その順序でお話しをして参ります。

一　生命の始まりの問題

皆様方、Reproduction という言葉を御存じですか、生殖医学です。生殖医学は、この頃非常に進歩しました。皆さん方、人工授精という言葉を御存じでしょう。

人工授精は、昔は「三年子無きは去る」、子供がいなければ全部お嫁さんの責任で、離婚原因になったわけです。よく調べてみると、それには男性側に不妊原因がある場合と、女性側に不妊原因がある場合とがあります。人工授精は、男性側、夫側に不妊原因があった場合の解決の方法です。精子が非常に少ない場合、あるいは無精子症とか、そういう場合にはどうしても夫と妻との間には子供が出来ない。そこで、他人の精子を借りてきてそれを下から注入致しまして、丁度妊娠し易い時期にそういうことをやって、そして赤ちゃんをつくるということです。

わが国では、一九四九年、昭和二四年の八月に人工授精児第一号が生まれています。その第一号は女子でしたから、その女性は今や四一歳ということになっております。人工授精法をわが国に導入したのは慶応義塾大学の医学部の附属病院の産婦人科でしたが、その後間もなくいくつかの医療機関でもこれを実施しました。けれども、いろいろな問題点への配慮から遂次とりやめて、結局、慶応病院だけがこれを継続して参りました。五年位前に、公称六〇〇〇人と言っていました。しかし、体外授精児第一号をとりあげた、東北大学の今は名誉教授になられたS教授から、「いや、そんなんじゃききませんよ三万人はいますよ」ということを直接伺ったことがあります。いずれにせよ、人工授精児の場合には誰が父親かという問題がある。精子を提供した人が父親なのか、それとも法律上の、つまり産んだ人の夫が父親なのか、二人の男性のうちの誰が父かという問題はあります。でも、これは日本では「婚姻中に懐胎した子は、夫の子と推定する」という規定（民法七七二条）がありまして、結婚中に妊娠したのだから、夫の子供と推定するんだ、もしその推定を覆したければ、夫の方で嫡出子否認の訴えをおこせば良い。これは、一年間のうちにすれば良いわけで、一年間たってしまうと、もうそれは訴えられないから、それは自分の子供として生涯父子関係が確定する、というわけなんです。

こういう考え方で、日本では人工授精児をめぐる法律問題で訴訟が提起された例はなかった。しかし、やはり問題はありますよね、それでも。子供の身にとってみれば、本当の自分の父は誰かという、自分のルーツを知る権利みたいなものがあるのではないか。日本では、そういう裁判が起きなかったけれども、フランスでも、ドイツでも、スウェーデンでもそういう裁判が起こされて、結局その法律上の父親となっている人は親ではない、父ではないという判決が確定したんです。そうすると、これまで精子の提供者は匿名でしたから、その子供は、その提供者は誰かを知ることは出来ず、父親のない子になってしまいます。それで問題になったわけです。

スウェーデンは、この経験、ハパランダ事件と言いますが、この事件を契機にして人工授精法という法律をつくりました。一九八四年一二月に法律が公布されて、一九八五年の三月一日から施行されました。

スウェーデンは、非常に子供の福祉ということを大切にする国ですから、この法律で人工授精に一旦同意した夫は、生涯その子の法律上の父親であることを否認できない。また、子供は大人になって、自分で判断力がついた時に、本当の自分の父が誰かを知りたいと言ったときには、それを知ることが出来るように、人工授精を実施した病院は七〇年間カルテを保存しなければならないということを、法律で義務づけたんです。そうなりますと、とんでもないところから、私は貴方の子供ですよと名乗りをあげられたら困るというので、提供者が一時減って困ったということがあります。とにかくそれでも、人工授精の場合は、せいぜい二人の男性のうちのどちらが父親かということが問題になるだけです。ところが体外受精になりますと、精子も卵子も体外にとりだして、そこで試験管の中で混ぜて受精をさせて、受精卵を子宮に戻す、あるいはかきまわしただけで、子宮に戻すというそういう方法なんです。体外受精だと、これは女性側に不妊原因があった場合、卵管閉塞症とか、そういう場合の生殖医療として、そこに介入していくということなんです。これは色々な方法がありまして、私、前に昭和六二年の二月に、かなり長い論文を書いたんですが、そのときに調べたところによりますと、二一か二二の方法があるんです。皆さん御存じでしょうか、最近話題になりますサロゲート・マザーと言われる代理母の問題がでてくるのです。日本人でもアメリカに行って、代理母契約を結んで、そして子供を産んでもらって、それを養子縁組をするという報道がなされたことがあります。

そのうち一つは、卵子もそのアメリカの女性の卵子をもらうわけですから、人工授精の方法でアメリカの女性に妊娠してもらって、そのまま産んでもらって、生まれた子供を受け取るということになりますから、混血の子になります。そういう混血の子というのは、良いのか悪いのか、社会的に差別があるのかないのか、そういった問題も含めまして色々な問題があるわけです。

体外受精になりますと、父親・母親、多いのは九人位考えられるんです。そのうちの誰が本当の父であり、誰が本当の母であるかということが問題になって、非常に複雑な法律関係が出て参ります。

私、先程紹介しました論文を書いたときに、アメリカのスパーム・バンク（精子銀行）に頼んで、カタログを送ってもらいました。そうしますと、一番からずっと沢山のカタログがあるわけです。この精子は、例えば眼の色は何色、髪の毛は何色、皮膚の色は何色、血液型はどう、さらに大学の何年生、例えばピアニスト、ピアノをよく弾く人、テニスの選手である。そういう条件が全部記載されていて、全部値段がついているんですね、それで **Japanese** というのもありました、登録されている **Japanese** も五人位いました。

アメリカにはこのような銀行が三〇近くあるのですが、銀行によっては、ノーベル賞をもらった人の精子だけを扱うという、そういう銀行もあります。それから、知能指数一三〇以上の人の精子だけを扱うとか、色々なのがありまして、カタログを見て注文するわけです。私は、これがいい。結婚したけれども、ハンサムでこの人はよさそうだなと思って結婚したら、少し脳の方が足りない、だから知能の高い人との子供が欲しい、そういう注文も出来るという。一般には髪の色と眼の色で決めるといっておりますけれど、そういう状況です。

いったいこれで良いのかということです。子供がいなくても、いないなりの夫婦関係というものは有り得ないのか。子供をなんとしても、そういう形ででも子供を欲しいと思うのか、これも一つの大きな問題です、そこにやはり生命倫理の問題が出てくるということ、おわかりになったと思います。

科学的に色々なことが可能になってきますと、可能なことはなんでもやって良いのかという問題に直面することになるわけです。

それから、生まれた直後くらいの問題になりますと、例えば未熟児保育というのがあります。未熟児医療は、非常に進歩しました。一〇年位前までは、未熟児というのは、生まれた時に二五〇〇g未満の子供は未熟児と言っていました。二五〇〇gあれば、今は成熟の子供と言って良いくらいで、日本では四〇〇台、五〇〇未満でも助かったという例が、何例も報告されております。しかし、あんまり未熟だと仮に命は生き長らえたとしても後遺症みたいなものが出てくる。ランディング・ディスアビリティということをいうんですね。ランディング・ディスアビリティ、障害がある形で子供を助けるのではなくて、後遺症の残らない範囲で、未熟児を保育した方が良いんじゃないかということをアメリカなどでは言い出して、アメリカでは大体六〇〇未満はあまり育てない。日本では、極小未熟児を、競争で育てます。こういう場合も問題ですし、それからもう一つ生まれる時の段階、生まれた直後に問題になるのは、例の重症心身障害児が生まれたとき。このときに、その子供の治療をするかどうかという問題です。例えば、ひどいダウン症、また、ダウン症と心臓の奇形、あるいは食道瘻といって、ミルクを飲ませてもそれが胃に繋がらないために、皆出してしまって育たないわけです。それを治療すれば、胃にミルクが入るようになれば育つ、育って、二〇歳くらいまでは育つだろう、だけれどもひどいダウン症だから、やはり植物状態に近い生命でしかない。そういう子供を育てるかどうか、ということが問題になって、これがインファント・ドゥ事件といわれる場合です、あるいはベビー・ジェーン・ドゥ事件とか言われる場合なんです。この場合、そんなひどい状態では親としてとても引き受けられない、生涯にわたって世話することが出来ない。親が死んだらどうなるかという問題もある、それは育てられないということで、死ぬに任せる、死なせる権利というのは親にあるのだろうか、ということが問われました。これなどは正にバイオエシックスの問題です。

私は、大学の付属病院の小児科の方によく相談を受けます。二分脊椎というのがあります、脊椎が二つに割れて、一部が皮膚の外に出ているんですが、これも一種の先天異常なんです。そういう子供の場合、しかも知能障害もあるという子供の場合、親は育てたくないといい、他方、お医者さんは、それでも治療をすれば、障害者ではあるけれどもよりましな状態で、なお、生き長らえることが出来るのだから治療した方が良いと勧める。それで、親はどうしても引き受けられないと言うんですが、「どうしたらよいだろうか」というので主治医の小児科医から相談を受けたことがあります。

「先生は、生涯にわたってそのお子さんを御自分で養育出来るんですか。御自分で出来ないのならば、養育を引き受けなければならない親の意思を、尊重しなければならないのではないでしょうか、かわいそうでも」ということを私は申しました。でもこうなりますと、今まで一人の生命は全地球よりも重いと言われましたけれども、そうではなくてQuality of Lifeという、ある程度、生命の質みたいなものを問うことになってきつつあるのではないか。果たしてそれは良いのか悪いのか、という問題があるのです。

今日では、出生前の胎児診断で、ある程度色々なものが分かるようになりました、本当によく分かるようになりました。しかも、従前の羊水診断だと時間が掛かるし、妊娠中期以降にならなければ診断出来ないのですけれども、エコーによる診断や、或いは絨毛診断という方法によりますと、もっと早い、妊娠の初期に比較的短い検査期間で、これを確認することが出来るようになったのです。そういう場合に、そういう状態の子であれば産まないようにしよう、つまり中絶するのか、それとも、そういう状態でも、与えられた命なんだから、それを大事にいとおしんで育てようとするかどうか、それは妊婦自身、女性自身が選択出来ることではないかと思います。この点で、プロ・ライフか、プロ・チョイスか。プロ・ライファーか、プロチョイサーか。プロ・

ライフ、プロ・ライファーというのは、なにしろ生命を大事にしようという、プロ・チョイスというのは、本人の女性の選択の自由というものを最大限に認めようというようなことで争いがあり、問題になります。

人工妊娠中絶、これは妊娠した後、これを中絶するかしないか、日本では一定の理由があれば中絶が出来る。妊娠初期の、今は二四週未満、満二三週の終りまで可能です。来年の一月一日からは、二二週までと言う、二二週未満ということになるんでしょうか。そういうふうになっておりますが、他の国では、一定の期間は、無条件で本人が中絶したいと思えば出来るというふうになっています。

東西ドイツが、一〇月三日に統一ドイツになりました。東と西では、中絶の要件が全然違うんです。刑法関係では、これが東西ドイツ統合後にいちばんの問題だということで、盛んに論じられております。これは、価値観が分かれるところですから、自分達で考えていかなければならない問題だと思います。

そこでちょっと、最初のスライドを御覧にいれます。

これが、妊娠の第一週から三八週までということです。この赤い期間が、これが異常を生じやすい時間的な期間と、それからオルガンの意味での「器官」です。これで見ますと、こういう上肢、手などというのは、これは妊娠の満五週の終りくらい、六週の初めくらいまで、ですから妊娠初期に、何かの影響を生じ易い薬物を使用した場合、たとえば、これがサリドマイド・ベビーの問題です。この時に、固まってしまうわけです。口蓋が裂けるとか、或いはその他奇形になり易い時期がここに書いてあるわけです。上肢、眼、下肢、こういうふうになっているわけです。

これが、人の出生前の期間に於ける発生の進行過程です。月経の第一日目から始まって、妊娠期間というのは、日本では最終月経の第一日目から勘定します。フランスでは、月経が終わってから二週間たった時から始めますが、そういう点で期間の計算は国によっても違います。

これも、一五日目だとか、出てきまして、大体三九日だとこの位、一〇cmになるという、発生の経過です。

これも、出生前における発生の進行過程、第七週から三八週まで、七週、八週、九週と段々人間らしくなってくるわけです。初めは人の胎児か、他の動物のかよく判らないけれど、八週の終りになりますと、大体人の胎児だということが判る。この時から生命の始まりを考えた方が良い、というのが生物学者の意見として主張されることがあります。

ところが、わが国の法律では損害賠償の請求と相続については、胎児は既に生まれたものと見做すという規定（民法四一六条、八八六条）がありますから、もしこの八週までは駄目だということになりますと、八週前に急に父親が死んだという場合には相続権がないということになりまして、不都合ですから、やはり法律上の保護の対象とされる生命の始まりは、受精卵が子宮に着床の時からというふうに考えなければならないということになると思います。

これが、大体の大きさです。満週で、満三八週から四二週位で生まれる、多少のずれがあります。次に、これは、生物学の時間にすでに勉強されたと思いますが、染色体です。染色体は、大きい方から順に番号がついております。XとYが性染色体、二二番までが常染色体。通常、常染色体は一対あるわけですけれども、この二一番目の染色体が三本あるのがダウン症です。それから性染色体のうちで、Xが二つあるのが女性、ですから皆さんはXを二つもっているわけです、XとYと一本ずつあるのが男性なんです。

ですから、もし女性なら二本あるXのうち一本に異常があっても発病しないで済む、キャリアではあるけれども、発症はしないということですが、男性ですと一本しかないXが異常ならば、そこで発病してしまうということになるわけです。伴性遺伝病というのが、これなんです、血友病なんかがこれです。色々病気がありますけれども、そういうことです。

これは、常染色体のトリソミー、つまり二本あるべきところが三本あるというトリソミー。二一番目の、ダウン症候群は八〇〇例のうち一例、八〇〇人生まれればそのうち一人にダウン症候群が表れるということで、精神薄弱症、短頭症、低鼻症、上がり気味の目、突出した舌、手の掌紋に猿の皺のような皺がある、先天性心臓奇形、こういうものを伴うのがダウン症です。一八番目の染色体が三本ある、これは八〇〇〇例のうち一例という割合で出てくる。精神薄弱症、発育遅滞、その他色々な症状を伴います。

一三番目の染色体が三本という一三トリソミーは、七〇〇〇人に一人という、これもやはり精神薄弱その他が出てくるという、そういうことです。

人に奇形を起こすことが判明している、催奇形、奇形を催す物質、男性ホルモン、薬剤および科学薬品、アルコール。アルコールはちょっと怖いですから、皆さん妊娠した時に、アルコールはあまり飲まない方がいいと思います。アルコールを飲んで、風邪薬を飲んで、私の友人は大変な重度の障害をもったお子さんに苦しんでおられる方がいます。

これは、ダウン症の子です。ダウン症候群特有の徴候がみられます。偏平で幅の広い顔、斜傾した瞼・眼蓋各部、それから斑点状の虹彩と皺のよった口唇、唇が皺々になります。定型的なダウン症と言えると思います。

これは、トリソミー一八、一八の染色体が三本あった乳児の写真です。後頭部と耳が、非常に奇形です。それから定型的な屈折した指、手首その他、大体は流産するんですけれども、生きて産まれた場合でも平均の生存期間は二ヵ月です。ですから、ある意味では二ヵ月しか生きられないというので、かえって幸せなのかもしれません。

これは、ターナー症候群、これも珍しくない奇形の症候群です。小さい点、これは一三歳の女の子で、背丈が低い、肩の辺とか色々なところに異常があるということです。

これは、胎児アルコール症候群の場合の乳児です。胎児アルコール症候群の三つの主な特徴として、発育不全、精神発育遅滞、及び異常な顔貌ということがあげられています。こちらは生まれた時の顔です、こちらは一歳の時の顔。アルコールには、本当に十分御注意下さいね。煙草も同じで、やはり非常に沢山を吸ったときは、異常な子が生まれる確率が、非常に高くなります。これも注意して頂かなければいけないということです。

二　生命の終りの問題

では、生命の終りの時の問題に移りたいと思います。生命の終りについて、伝統的な古典的な問題としては、安楽死、オイタナジーというのがありました。死の苦しみに非常に悩んでいる人の死苦を緩和する、その場合に、多少生命を短縮することが許されるかどうか。色々な方法が、場合が考えられますけれども、例えば、生命が短縮されることは知りながらも、痛みどめのために麻薬を投与するといった場合がそうですよね。

これは、殺すのが目的ではなく苦痛を緩和するけれども、しかし、間接的な作用としてそういうことになる。それはやむを得ないのではないか。それから特別に強心剤をうったりしないで自然に任せるということによって、死期が何らか手当てをするよりは早くなる。これは不作為による安楽死、これもまあ良いだろうと言えるでしょうか。だけども、初めから殺すつもりでやる、これは許されない。

例えば、一九三九年のヒットラーの安楽死命令というのがありました。これは精神異常者というのは、本来的な人生をエンジョイすることが出来ないのだ。本人が本来的な人生をエンジョイすることが出来ないだけではなくて、周囲にとっても、それは負担である。社会にとっても、負担である。一九三〇年代にドイツでは、大研究を致しまして、その社会に何％の障害者がいると、その社会は発展出来なくなるというような研究発表をしたりしています。この安楽死命令というのが、段々に拡大されまして、そして、後にユダヤ人の大虐殺に繋がっていった。「生きるに値しない生命は殺害しても良いのだ」という考え方です。生きるに値しないか、生きるに値するかどうかというのは、いったい誰が決めるのか、大変難しいことでしょうが、生きるに値しない生命だから、これは断っても良いんだという理論だったんです。

安楽死命令、これは、その当時は法律、つまり有効な現行法ですから、お医者さんはそれを命令されて拒否出来なくて、何人も殺したという、そういうお医者さんが、こんどは戦後になってから、安楽死をさせたというので、皆訴えられて、安楽死訴訟というのが一杯起こされました。だけども、このお医者さん達は拒否出来なかったんです。その法律が現行法で、且つそういうふうに命ぜられれば、どうしようもなかったのだというので、無罪になったお医者さんが多かったと思います。しかし、非常にいやな思いをしたと思います。ですから、ドイツに行って安楽死の問題を出すと、私が最初一九七〇年に行ったときには、非常に皆嫌がっていました。この頃は、だいぶ後遺症もとれまして、そういうことも論じられるようになりましたけれども、そういう問題がありました。

しかし、ターミナル、末期患者にとっては、そんなに長生きしたくない、「そんなに苦しいものなら早く殺してくれ」という患者は、結構多いですね。私は、だからそういう意味で、安楽死は正当な行為だ、適法な行為だというふうに考えてきました。

ところが、個人的なことを申しますと、私の舅・姑が二人とも癌だったんです。半年の差で、二人とも亡くなったんですけれども、その姑の方は、初め脳出血で、二回位発作があって全身不随になって、寝ているところに直腸癌ということで、大変苦痛があるわけです。こんなに苦しいのだから、早く楽にしてほしい、殺してほしいと言うんです。ところが、二四時間一秒の休みもなく苦痛が押し寄せてくるわけではない。苦痛が去ったときには、治ったらこうもしたい、ああもしたいと言うんですね。それを聞いて私は、「殺してほしい」というのは、本当に真意かどうか。現実にはちっとも真意ではない、人間はいつでも生命に対する、生きるということに対する希望を持ち続けるのではないかなというふうに考えて、安楽死は適法な行為だとなかなか言い切れなくなりました。ですから、安楽死だと思って行為した人に対して、法的に責任を問うことは出来ないとすることは、他にも方法がありますから、他の方法で考えればいいので、やはり違法阻却でというのは駄目なのかなと考えました。

こういうわけで、安楽死を立法化しようという案は、ずいぶん昔から、何十年も前からイギリス・アメリカその他で、沢山の法案が出されましたけれど、結局どこでも、生命の短縮という点で引っ掛かるんです。それで法律は出来ませんでした。

ところが医療が進みまして、人工蘇生術が進みますと、意識はなくても機械で動かされている場合が出てくるわけです。後で、スライドをお見せしますけれども、何年も何十年も植物状態で生きる人がいるわけです。この人は、大脳の機能は失われていますから、意識その他は判然としません。本人は、あるのかもしれないけれども、少なくとも表現は出来ないわけです。でも、脳幹が生きてますから、呼吸・排泄その他が出来る。そういう形で何年も生きるのが、はたして良いか、むしろそんな状態になるくらいならば、機械を取り外して自然に死ねるようにしてほしいという希望をもつ人がかなり出てきました。そういう関係で問題になってきたのが、尊厳死なんです。

尊厳死、これはやはり人間は人間らしい死に方をしたいという希望をもつ、それを実現したいということで、わりあいにみんなの了解を得やすかったのだと思います。一九七六年に初めてカリフォルニアで「自然死法」というのが出来ました。Natural Death Act、自然死法というのは、そういうわけで、特別な蘇生術を施さないで自然な死を迎えたい。ライシャワーさんが、そうだったでしょう。そういう機械を取り外して、自然の死を迎えられましたね。そういう希望というのが出まして、今はアメリカでは四三の州がこういう自然死法とか尊厳死法という名前で、そういうのを認めているということです。それには、一つにはリビング・ウィルというものを認めるわけです。自分がこうなった時には、こうしてほしい。もし、レスピレーターを取り付けるかどうかということが問題になった時には、レスピレーターは取り付けないで下さい。もし、レスピレーターが既に取り付けられた状態に自分があった時は、そのレスピレーターは取り外して下さい、自然に死期を待つようにしてほしい、ということを書くわけです。"Liveng Will"は、はじめ「生者の意思」と直訳されていましたが、この訳では実体をあらわしているとはいえませんので、現在では「生前発効の遺言」などと訳されてすます。「生前の意思」よりはいくらかましですが、必ずしも適訳ではないので、内容を知った上で、リビング・ウィルと原語であらわした方がよいように思います。

そういうものを、カードに書いておく、或いは自分が死んだら、もし使える臓器があったら、提供しますよと意思表示するのが「ドナー・カード」です。ドナーというのは、臓器の提供者のことです。ドナー・カードは一般に、免許証の裏面に記入して持っているようです。万一の場合、治療施設でそういうカードを見つけた場合には、それなりの手当てをして、死亡した時には、脳死の状態で臓器の移植をするというようになっているわけです。これは、善意の提供です、対価はありません。専ら、自分がもし駄目なら、どうせ焼くわけですから、だから全部とっても良いという。ただ、感情としてどうでしょうか、死んだときに全部とって、皮膚から何から皆とられるわけでしょう、一応綺麗に縫合されてはいますが、中は何もなくて戻ってくるわけです、それが嫌だなと思う人もいるかもしれません。

だから、一九八七年のアメリカの改正統一提供法（Uniform Anatomical Gift Act）は、もし嫌ならば嫌だということをはっきり書面に書いて下さい、そうすれば何もとりません。そうでなければ、臓器を提供しても良いというふうに意思が表明されていれば、それは一つの臓器だけでなく、あらゆる臓器、使えるものは何でもということなんです。入院に際して臓器提供の要請をして、承諾が得られれば、メディケア、メディケイドという医療補助を受けられるともされています。そういうことで、一九八七年の統一死体提供法は、ちょっと少しショッキングなものですから、まだ一九八七年に出来て一九八九年の七月までに五つの州しか、これを認めていないんです。統一死体提供法というのは、州法のモデルです。ユニフォームというのは、州法のモデルを意味するのです。それを一九六八年に出来た旧統一死体提供法は、全部の州がこれを認めましたけれど、八七年の死体提供法の方は未だ五つか六つくらいの州しか、これを認めていないということなんです、そういう問題があるわけです。

それにしても、いったい死とは何か、これは生命の終りです。いつ生命の終りが来るのか、今までの通常の考え方ですと、先ず呼吸停止、心停止、瞼のところをめぐって瞳孔が固定しているかどうか、いわゆる三つの印、三徴候説というのが一般に言われていました。ところが、一九五〇年代から、蘇生術が非常に進歩しまして、脳の機能が失われても、レスピレーターを取り付けますと、肺呼吸も血液循環も維持出来るようになったわけです。

ところで、皆さん方の中で植物状態の患者にあったことのある人、手を挙げてみて下さい。ない。脳死の患者さんを見たことのある人、まずないでしょうね。私は、隣り合わせて、隣の部屋で集中治療室に植物状態の患者さんが何人かいたんです。それから、もう一つの部屋に脳死の患者がいました。脳死の患者は、たしか一八歳の少年でした。交通事故でそうなったということなんですが、隣室の植物状態の患者とは全然違うんです。脳死と言ったって、頬は桜色、規則的に呼吸し、触れると暖かいんです。ちょっと見たところは生きているように見えます。でも植物状態の人は大きな音をたてると、ぴくっとなるし、声をかけるとそちらの方に顔を向けるんです。ところが脳死の人は、どんなにすごい圧力を加えても、どんな大きな音をたてても、ぴくりともしません。だから、胸は動いているけれども、機械で動かされているわけで、生きているとはとても思えませんでした。私は、そういう患者さんを何回か見まして、それで、これは脳死と判定されれば、診断がいい加減ならば駄目ですけど、でも本当にちゃんとした専門家が脳死と判定すれば、いまだかって蘇生した人はゼロなんです。脳死と言われたのに生き返ったということが言われる場合は、それは診断がおかしいのであって、診断が確実ならば、絶対に蘇らない。そうであるならば、脳死は個体死と考えて良いのではないか、私などはそう思うわけです。しかし、脳死を認めるかどうか、今、日本はまだまだ揺れ動いていることは、皆さまもご承知の通りです。

わたくしが、一九八四年に脳死論の経緯をフォローするためにドイツ（当時西ドイツ）に行ったということを、先程御紹介頂きましたけれど、ドイツでは大体一九六七年の一二月六日にクリスチャン・バーナードさんがケープタウンで心臓移植をしたのです。一般的にはあの時から、専門家はその前から一九五〇年代から脳死という状態があることを知っていましたけれど、一般の人が知ったのはあの事件からでしょう。皆さん方は未だ生まれていないと思いますけれど、あの時に私は新聞を見て、「えっ、心臓移植!?　いったん止まった心臓を移植してまた動かすことなんて出来るのかな」と思いました。よくよく新聞を見たら、脳死の状態で未だ動いているのに移植したと書いてありました。それで、脳死というものを初めて知りました。一九八四年にドイツに行きまして、沢山の資料を、それこそ数え切れないほどの資料を見ました。そうしましたら、ドイツでは一九五〇年代から、脳死のことを論じたものがあって、一九六七年の一二月の心臓移植の前後からわーっと議論が出まして、同年出版のドレーアーの刑法のコンメンタール（注釈書）にはすでに脳死という言葉が出ているんですね。

七〇年代の初め、七二、三年頃には、ドイツでは脳死は通説になっている。それでもう脳死は死である、ということでやっているわけです。なんで、こんなに短時間で脳死説が定着していったのか、日本と比べてなぜそういう違いがあるのかと、私は思いますけれど。

とにかく、そういうわけで、外国に行ったり、その人達と話しをしたりすると、日本は本当に特殊な、特別な国なんだなと、しみじみ思います。初めは、私のところは、色々外国のお医者さんと交流があるものですから、いつもその点で問題になりまして、ドイツに行ったときも、「じゃ、脳死を日本で認めないならば、臓器移植はどうしているのか」と聞かれたんですね。丁度その頃、一九八一年から八四年まで、日本ではUS腎、アメリカからアメリカの脳死者の腎臓を空輸して、それを移植するという方法が採られていました。今は、これは殆ど考えられないんです。その頃はまだ、色々な免疫抑制剤なんかも、そんなに進歩していなかったものですから、A型の血液型の人の場合だとA型に移植するということだったんです。この頃では、ABでもA型でも構わないということになりましたけれども、その頃は非常に血液型を問題にする。ところが、外国と違って日本人の血液型はA型が断然多いんです。アメリカでは、A型ではちょっと余っていた。そういうので空輸されて来たらしいんですが、とにかくUS腎というのがあって、それをアメリカから運んできて、それを移植に使うのだという話しをしたら、「自分のところで脳死を認めないで、外国で、アメリカで脳死者からの臓器の摘出されるの待って、それを貰うとは余りにも身勝手で破廉恥だ」と言われました。それ以来私は、日本では外国から臓器を輸入して（輸入というとおかしいけれども）、外国からの提供を受けてやる場合があるとは口が裂けても言えなくなりました。国際的な感覚から言うと、そういうことなんです。

そういうことがありまして、脳死というのは他の国ではわりあいに早く認められた。それが最後まで揉めていたのがデンマークで、デンマークも今年の七月に脳死法というのをつくりました。ドイツ、イギリスは立法は致しませんで、医学界のコンセンサスを得て、医学界で脳死の判定基準を決めて、脳死を死と認め、脳死者からの臓器移植を実施している。

私は、脳死立法は必要ではないと常々考えている方なんですけれど、昭和六〇年の一二月六日、バーナードさんの心臓移植の日ですね、日本の厚生省の竹内研究班が脳死の判定基準というのを発表致しました。私は、その翌年の一月一日発行のジュリストに「医療行為の限界」というのを書くことになっていました。もう締切りは終わっていたんですが、脳死判定基準が公表されるということは分かっていたものですから、それを見てから少し補充しようと思って、こういうことになれば医学界のコンセンサスもやがて得られるだろう、やがてそういう意味で脳死を認め、移植医療というものにも踏み出せるのではないだろうかという、予測を書いたんです。そうしたら、あの基準が発表された後、かえって脳死についての賛成・反対がもっと激化したんです。これは、非常に私の読みが浅かったということで、日本は本当に特殊な国だなと思います。

この間、金沢で第一回国際法医学シンポジウムというのがありました。私は、日本医事法学会の代表として招待されて行って参りましたが、そこでも脳死の問題を扱いました。それで、各国、色々な国、イギリスからも、インドネシアからも、アメリカからも、ドイツからも、色々な学者が来て、こもごも話しをされる。その話しと日本の人達との考え方が、いかに開きがあるか本当によく分かりました。

私にとっては、そこで提供された外国の情報に、全く新しいものはありませんでしたが、日本のお医者さんたちの考え方との開き、ああいう機会を通じて段々に普及していけば、色々な考え方が一つに纏まっていくのではなかろうかというふうに思いました。

そういう訳ですので、脳死というのが問題になって、それでは脳死とはいったい生物学的な医学的な死であるのか。また、不可逆であることは分かったけれど、しかしそれを社会的な死として認めるか、個体死として認めるかは別論だというのが、一般の考え方です。

多くの国では、脳死と三徴候死、心臓死と一般的には言いますけれど、それとの並存を認めるわけです。死は一つであって、二つではないとよく言われます。確かにそうなんですけれど、脳死のプロセスを経て死に至る人は、全死亡者の約一％にすぎません。日本で言えば、毎年約七〇万人、大雑把にいって脳死の過程を経るのが七〇〇〇人です。ですから、一般の場合はレスピレーターなんて取り付けませんから、レスピレーターを取り付けない限りは脳死状態なんて出てこないんです。ですから、この人達にも脳死を認める、これはおかしい。それは出来ない相談ですから、大多数は三徴候死といいますか、実際の判断としては心臓死で判断せざるをえない訳です。そして、レスピレーターを取り付けて、脳死のプロセスを経て死ぬ人についてだけ脳死の判定をすることになります。

いちばん問題なのは、その脳死者からの臓器の摘出が問題だと言うんです。脳死と臓器移植とは、全然別個の問題なんですけれど、実際には脳死者からの臓器移植ということが言われるものですから、それでなんとなく関係があるんですけれども、「臓器移植と関係がない場合は、脳死もわりあいに広く認めていいのではないか」と、立花隆さんも言っている訳ですけど、これもおかしな話だと思います。

ともかくも、そのような訳ですので、一%の人についてだけ、脳死かどうかが問題になる。かつ一%の中でも、色々な前提条件がありますから、一次性脳損傷の場合と、二次性の場合と色々あるわけです。

例えば、私が仮に臓器の提供をしたいと思っても、角膜は使い物になるかどうか分かりませんけれども、少なくとも心臓その他の臓器は使えないんですね、心臓は五〇代の初めで終りです。ですから、私の大先輩で大変親しくしている大変有名な刑法学者がおられます。その方は、尊厳死協会の会長さんなんです、もちろん臓器は全部提供すると登録してあるとおっしゃるんですね。でも登録してみたって先生のは使い物にならないんですよ、もう八〇歳を越した方ですから、使い物にならないんですよと皮肉を言うんです。そういう訳で、本当に問題になるのは、そう多くはない。しかし、多くはないからいい加減でいいかというと、決してそうではないわけなので、社会的に皆が脳死を死と認めるようになるには、もうちょっと時間がかかるのではなかろうかなというふうに考えております。

生命の終焉ということになりますと、今や高齢化社会ということになって、老人性痴呆、アルツハイマー病などが問題になります。そういう場合に、ターミナル・ケアが問題になる。そのターミナルのケアを担当するのは誰かということになりますと、厚生省の調査によりますと、八五%が女性です、妻・娘・嫁というので、女性です。

ですから、女性はそういう意味で、生まれるとき、この子供を産むか産まないか、その選択・決定をするのも女性、最後を看取るのも女性。女性こそ、男性よりも、より多く生命というものに直面しているのだ、だから生命を本当に真剣に考えなければならないということになると思います。

先程、アルツハイマー病の話しを申し上げました。アルツハイマー病というのは、老人性痴呆の特殊な病的な痴呆です。これは脳細胞の一部が特に崩壊していく場合なんですが、治療法が一つだけあります。これは、胎児、とくに妊娠一二週から一八週位、だから妊娠三ヵ月位から四ヵ月半位までの胎児の脳の組織を採って移植すると、かなり良くなる、パーキンソン病もそうです。パーキンソン病については、実際にアメリカのコロラド大学で、それをやってかなり良くなったという報告があります。

アルツハイマー病については、未だ実際にやった例はありませんけれど、アルツハイマー病の父親をもつ娘が、自分が妊娠をしてその胎児を自分の父親の病気の治療にあてたいという申し出をしたのが報告されております。

そういう形で、初めから胎児を病気治療の道具として妊娠する、それを「デザイナー・ベビー」というのだそうです。デザイナー・ベビー。アメリカは色々なことを、サロゲート・マザーにしても、テザイナー・ベビーにしても酷いことを言うなと思うのですが、そこでは今度は胎児の生命倫理の問題がでてきます。このように、今までは考えなかったような色々な生命倫理の問題があるということを、念頭のどこかにおいて下さい。今日はワーッと喋るだけですから、皆さん方そんなに詳しくお知りになることは出来ませんけれども、しかしそういう問題まであるのかということを、ちょっと女性には関わりが深いものですから、お耳に入れておきたいと思います。

三　臓器移植の問題について

さて、最後は臓器移植の問題です。ここで、もう一度スライドを、お目にかけることに致します。

これは、正常な脳です。これも、正常な脳の下の部分です。横にぱっと割ったところなんです。

これは、脳死の標本です。脳死の脳の上の部分は、こんなになるわけです。しかも、脳死になってから、しばらくそのまま医療を続けますと、この脳の機能が、どろどろにとけまして、頭蓋骨を開けるとでーっと中身がとけて出てくるということなんです。これが、さっきの正常な脳の下の部分がこれです。

これは、正常な心臓です。

これは、心筋梗塞かなにかで、こういうふうになっている心臓です。

これが、健康な肝臓です、艶があってふっくらしています。

これが、肝硬変の肝臓です、これでも生きていられるのかと思いますでしょう。こういう場合に、肝臓の移植というのが必要になってくるということです。

これは、健康な腎臓です。

それが病気になりますと、腎不全だとこうなるわけです。それで、こういう状態で透析なんかを受けることになります。透析は週に三回、結構お金が掛かるんです。アメリカのＪＡＭＡという代表的な医学雑誌を見ていましたら、エイズは発病してから大変な医療費が掛かるけれども、大体一年半で死ぬ。大変なお金が掛かるけれども、しかし生涯医療費を比べると腎不全の方がよりお金が掛かるということが、統計数値で出ていて考えさせられました。

これが、救急集中医療室で、今手術をしているところです。

これが、脳です。ここにあるのが大脳です、ものを考えたり、判断をしたり色々する、最も人間らしい機能をもつのがこの大脳です。大脳の機能は、脳波で測定することが出来ます。バーナードさんが、移植手術をした頃には、専ら脳波で脳死の判定をしました。一二月にバーナードさんの心臓移植があって、その次の年の三月には、フランスの「ル・モンド」という新聞に、フランスの医学アカデミーでは、四八時間脳波がフラットになれば、それで脳死と判定して良いと認めたと報道されていました。しかし、大脳の機能は、一時失われても、また戻ることがありますので、これは脳波だけで判定することは非常に危険です。そのため外国の脳死判定基準の中には脳波の測定は不要としているものもあるくらいです。

それで、この大脳の機能が失われればそれで死亡と考えて良いという、そういう見解があります、それを大脳死説といいます、あるいはハイヤー・ブレイン・デス、高次脳死説と申します。もっと極端に言いますと、パースンでない者はヒューマンではないという考え方もあります、これをパースン論と言います。人格のない者は人ではない。そうなりますと植物状態も意識がはっきりしないわけですから、そういうものも人ではないから、脳死の人と同じに扱って良い。或いは重度脳障害をもって生まれた子なんかも、人として扱わなくても良いから、これを殺しても殺人にはならないという、そういう非常に極端な理論があります。アメリカの哲学者の中に、結構多いです。

それから、ここが脳幹です。脳幹というのは、ここが中脳です。これが、橋《きょう》、ポンスと言います。これが、延髄です。そして、これが脊椎、頸椎にくるわけですが、この脳幹の部分が生きていれば、大脳の機能が失われていても、呼吸・排泄その他があります。植物状態というのは、その大脳の機能が失われているけれども、脳幹は生きているという場合です。

これは、全部の機能が失われた時をもって脳死とするという脳死、全脳死説。これは、大脳機能は残っていても、脳幹の機能がなくなれば、それで死であるとする、脳幹死説。イギリスは、この脳幹死説をとっております。脳幹の機能がなくなれば、間もなく確実に、大脳の機能も失われるわけだから、脳幹の機能だけが基準になるというのが、脳幹死説です。世界では、イギリスと台湾とが、この脳幹死説を採っております。

これは、さっきの繰り返しです。何かと申しますと、首をちょん切られた鶏が、こうやって立っていられるのは脳幹が生きているかだということを示す写真です。

これは、水頭脳症児の写真です。頭蓋内が白く透けて見えます。無脳症と言っても、完全無脳症と、脳幹部分がいくらか生きている、不完全無脳症というのがあるのです。

完全な無脳症児は生まれて数分後に死ぬわけですが、脳幹の部分が生きている場合には、一週間ないし数週間位生きることがある。そこで、その無脳症児の臓器をとって、心臓奇形やなにかで困っている子供に移植をして助けようということで、アメリカのカリフォルニアにあるロマリンダ大学で、無脳症の子供を集めて（無脳症の子供はＪＡＭＡの記事によるとアメリカでは大体一年に三〇〇〇人位生まれるそうです。もうちょっと生まれるのかもしれませんね。私が考えているよりは、結構多く生まれる先天異常なんです）、特に子供の心臓移植になりますと、大人の心臓を移植するわけにはいきませんから、移植用の臓器がないわけですから、そのためにこの無脳症児を使おうというわけです。無脳症の子供だということは、妊娠中に分かるわけですけれども、それが分かっても、途中で中絶などしないでちゃんと産んでもらって、それを使おうということですが、これもまた、単に移植用臓器の資源として、無脳症といえども生命体を扱うということは、やはり倫理的に問題ではないかと、アメリカでも大変問題になりまして、結局そのプロジェクトは、いまのところ休眠状態になっています。そういうところにも、やはりバイオエシックスということが、問題になるということです。

次にこれは、世界の代表的な脳死判定の基準を表示したものです。ハーバード大学の一九六八年の基準、これが世界で最初の本格的な基準です。日本脳波学会の一九七四年の基準。英国王立医科大学の基準、一九七七年のアメリカの共同研究会の判定基準。一九八一年のアメリカの大統領諮問委員会の基準。それから、西ドイツの連邦医師会の一九八二年の基準。日本の一九八五年の基準。スウェーデンの一九八七年の脳死法の基準というふうに並べてあるわけです。ただ、国によって多少基準が違うので、それを表にしたもので、私が作ったものです。もし御参考になさりたい方はおっしゃって下さればコピーを差し上げます。詳しい説明ができるとよいのですが、とてもその時間がありませんので省略させていただきます。

臓器移植の問題で、最近非常に問題になっているのが、臓器売買なんです。今年の五月二日から四日までジュネーブのWHOで、非公式の臓器移植に関する国際会議というのに出席する機会を得まして、そこでの議論を聞いてびっくりしたんです。日本では脳死を認めないものですから、臓器移植もあまりやらない、したがって臓器売買も現実の問題としてはあまり論じられませんけれど、各国ではやはり一九八〇年代になって、サイクロスポリンという免疫抑制剤が開発されてから、急激に臓器移植をした場合の生存率が高くなったんです。心臓移植でも、八〇％以上が五年以上生きています。もうあと数ヵ月しか命がないという人が、五年も生きながらえることが出来たら、大変なことですから。そういう可能性が出てくると、我も我もと臓器移植を受けたいということになるわけです。ところが、臓器の提供は、全くの善意、ボランティアですから、なかなか得難い。そうすると、需要と供給との関係で、どうしても生き延びたいという人は、お金を出しても臓器を得たいと思うようになりますよね。それで臓器売買のマーケットが出来ました。ブラック・マーケットです。

体外授精でもそうでしょう。体外受精でもアメリカでは、私が初め見たときは二万五〇〇〇ドルでした。一万ドルは産んでくれるサロゲート・マザーにいって、一万ドルは代理契約をしてくれた弁護士さんに、五〇〇〇ドルは妊娠中の諸費用にということで、今はもっと高くなっています。斡旋業者がいますから、斡旋業者が受け取るのはやはり一万ドルだけど、実際に頼む方は三万ドル以上は出すようになっているようです。

需要と供給の関係ですから、どうしても欲しければお金を出してもということになる。臓器売買になる。これは、やはり金持ちだけが命を買えるというのは、どう考えても問題になるわけですから、それをなんとかしようというわけです。

一九八四年の全米臓器移植法は、そういう売買をやった場合は五年以下の自由刑（インプリズンメント）、もしくは五万ドル以下の罰金、又はその両者、自由懲役と罰金の併科、というかなり重い刑を規定しております。

一九八七年の先程あげました統一死体提供法にしても、これも同じようになっています。国際会議では、どうしてもそういう規定をおくべきである、できれば刑法典の中に、犯罪として規定して、それに対してはかなり重い刑を科すべきだという議論でした。

これは、私にとっては大変ショックでした。日本では、とても認められないから、せいぜいそれぞれの国が規定するところの制裁の下におくべきだくらいにしてほしいと申し入れて、それを認めてもらいました。

そういうわけで、臓器売買、これが発展途上国になりますと、臓器を売っても貧困から脱出したいという、抜け出したいという思いがありますから、国際会議に出てしみじみ思ったことは、こういう面について日本は発展途上国と先進国の中間。むしろ限りなく発展途上国に近い状態にあるのだな、という実感をもちました。そんなことで、臓器売買が問題になっている、臓器売買とモラル、バイオエシックスが問題になる。これを、国際条約として進めるかどうか、来年（一九九一年）の五月に開かれますＷＨＯの世界保健総会ではこれが提案されることになっております。

最後に、生体肝移植をめぐる問題について簡単に述べます。これは、諸外国では脳死者からの臓器移植が原則で、生体からの臓器移植は血液・骨髄といった再生可能なものについてだけ認めて、それ以外は原則として禁止する。但し、腎臓のように二個あるものについては、例外的にこれを認めても良い。だから、肝臓というような一個しかない臓器の生体肝移植なんていうものは、まず考えられないというわけです。

私もそういう理解でいましたから、今年の四月に京大の医の倫理委員会の委員になって、最初からこの問題に入りましたが、当初、私は大変疑問に思っておりましたけれど、その医療水準が京大の場合には、非常に高いということ。それから、その医療チームは三〇人ですが、全員が西ドイツとアメリカに参りまして、死体肝移植センターというところで、移植の経験を積んでいる。しかも、特別な手術方法を担当教授が開発致しまして、非常に医療水準が高いということの説明を、何回かに分けて説明して頂きまして、それならば後はInformed Consent、十分な説明をして、その説明を受けた上での同意があるという確証があればということで、Informed Consentの説明書、それから同意書の内容・形式をずいぶん練りまして、それでようやく最初に行なったのが、六月一五日でした、第一例が。その後、何例か行なっておりますが、いずれも成功しているわけです（しかし、この講演後、残念ながら一二月に症例一の九歳の男児は嘔吐物の誤えんという事故死、もともと状態の悪かった症例は複雑合併症のため死亡した）。これで、私がいちばんびっくりしたのは、生体肝移植という方法を開発したことによって、肝癌の、肝臓癌の手術が可能になった。七月の一八日に京大では、六八歳の肝臓癌の人の手術を致しました。そのときに、今まではやらなかったけれど、その人の肝臓を全部体内から取り出しまして、癌の巣窟になっている部分を全部取り除きます、それでも肝臓は未だいくらか残ります。肝臓は四分の三くらいまで取っても良いと言われますから、それで残った肝臓を自己移植するわけです。自分の肝臓を又、元に戻すわけです。そういう方法で、この人は命拾いを致しました、肝臓癌の手術が成功致しました、世界で初めての例です。

だから実験は駄目だ、人体実験はいけないと言われますけれども、医療というのは、動物実験その他研究を重ねた上でなければなりませんが、どうしても最初の一例は、やはりこれまでやったことがないことをやるんですから、実験的な要素をなんとしても払拭することは出来ません。

でも、それを認めなければ色々な治療法というのは開発されない。だから、最初の試みをやる時には、十分な検討をした上で、やる。しかも、本人が十分その事実を知った上で、それでも良いという承諾を本人から得た上でやれば、それがやがて医学・医療の進歩に繋がり、それがやはりバイオエシックスの観点からも容認出来る一つの治療法として確立されていくのだろうと思います。

そういう意味で、ある意味では決断を考えなければいけませんけれど、あくまでも慎重に、そして最小限患者の人権が損なわれないよう配慮するのが、生命倫理の要請だろうと思います。貴方々は二一世紀の主役を担う方達ですが、目前に迫っている二一世紀にどういう形で、人類の生命というものを伝えていくのか、Quality of Life の行きつくところ生きるに値しない生命はどんどん割愛していくのか、それとも障害がある人も、可能な限りの政治的・社会的援助によって、それなりの生涯を享受できるように配慮しながらやっていくのかを選択する必要があるでしょう。

いずれにせよ、女性は生命とこれ程深く関わっているということを、今日の私の話で再認識をして頂きまして、これからの貴方々の人生を、本当に充実した、輝いた人生を生涯をおもちになるようにと期待致しまして、大変雑駁な私の話を終わることに致します、有り難うございました。

（一九九〇・一〇・一八）

7　生命の誕生をめぐる倫理問題

中谷でございます。今日は生命の誕生をめぐる倫理問題について、法学の立場から何か報告をするようにと言われましたが、本来私は、専攻が刑法でございます。生命の誕生をめぐるということになりますと、法的にはむしろ親子関係が主として問題になりますので、ここにおられる唄先生が最もその専門家でいらっしゃるわけで、唄先生にお話しいただくのがいちばん適任であると考えましたのですけれども、色々な御都合もおありのようだったものですから、敢えてその役をお引き受けした次第でございます。

だいたい人工生殖というようなものが進歩して参りましたのは、つい最近のことでございまして、人工授精は日本では一九四九年に第一号が生まれて以来ということですし、体外受精は世界的に言えば、先程の広井先生のお話にありましたように、ルイーズ・ブラウンちゃんが生まれたのが一九七八年、日本で第一号の体外受精児が生まれたのが一九八三年ですから、まだそう長い時間が経っているわけではございません。

人工生殖については、民法が立法された当初、まったく予定していなかったわけですから、法の領域では色々な間隙みたいなものが生じて参りました。さきほど、広井先生のお話しでだいたい尽くされておりますし、なるべく討論の時間をとってほしいということで、私の持ち時間は二〇分以内ということでございましたので、資料を準備してお手許にお届け致しました。それを御覧頂ければおわかり頂けるだろうと思います。スライドでお示ししようと思いましたが、星野先生からスライドだとすぐ消えてしまって書き留めないうちに消えてしまうから、なるべく目に見える方がいいというアドバイスをいただいて、コピーを敢えていくつかお届け致しました。日本産婦人科学会の会告などは、もう皆さんご存じと思いますけれども、資料は纏まっていた方が便利かなということで、お手許にお届けしたわけでございます。

レジュメでは、法的に見た人と胎児と生命の始期というところから始まるわけですが、受精卵の法的地位ということになりますと、これはやはり体外受精が始まった時から問題になったわけでございます。

刑法における、生命の保護は殺人罪の客体としての「人」の生命の保護と堕胎罪の保護法益としての「胎児」の生命の保護、「人」と「胎児」とを区別しておりまして、人になるのはいつからかというようなことが、かなり問題にされて参りました。民法と刑法とではその機能の相違に対応して、民法は全部露出説、刑法は一部露出説というようなことを申します。大変、耳障りのよくない表現でございますけれども、刑法では母体を離れて、母親とは別にその胎児に直接攻撃が出来るかどうかということを考えるものですから、一部でも母体から出れば、その時から母親とは独立した攻撃の客体となりうるので、一部露出すれば胎児はその段階から人になるのだというような説明を致します。

ヨーロッパに参りますと、陣痛開始説と申しまして陣痛が始まったときから、胎児は嬰児になるのだというようなことを申します。これは、規定の仕方がそうなっておりますために、そういう解釈上の違いが出てくるわけでございます。

そういうことで、人と胎児ということが問題になりまして、胎児につきましてはお手許の資料にございますように、一般的にいえば私権の享有は出生に始まる（民一条の三）ということで、生まれた時から権利主体となるということでございますけれども、損害賠償の請求と相続については胎児は既に生まれたものとみなすというように規定されている（民七二一条、八八一条一項）わけでございます。

その胎児というのはいつからかということに関して、西ドイツでは妊娠してから一ヵ月以内で堕胎罪の客体とされて堕胎罪が成立したという事例は、現行刑法制定以来今まで百数十年間一度もなかったというようなことをクラウス・ロクシンという西ドイツでも代表的な刑事法学者が言っておりますが、日本では昭和の初期に一ヵ月位でも堕胎罪が成立するというような判例（大判昭七・二・一集一一・一五）もあるわけでございまして、そういう点から申しますと、日本では受精の時からというようなことを言ってみたりもしますけれども、結局は先程の広井先生のお話しにありましたように、子宮に着床した時から妊娠ないし胎児と考えて良いのではないかと思うわけでございます。ところが、体外受精になりますと、体外で受精卵というものがあるわけで、受精卵というものが法的にどういう地位をもつのかということも、最近になってから新しく出てきた問題でございます。

一九七八年にルイーズ・ブラウンちゃんが生まれたわけですけれども、その頃にアメリカでは一つの裁判例がありました。それは、この第一号が生まれる前にアメリカで体外受精を試みた夫婦がおりまして、そして病院でその受精卵を培養している時に、同じ病院のお医者さんがこれは倫理的によくないことだというので、その受精卵を流してしまったということがあったわけです。それに対して、体外受精児第一号が生まれた時に、大変世界的に大々的に報道されたり致しましたものですから、その前に受精卵を流された母親が、もしあの時にあのお医者さんが受精卵を流さなかったらば、或いは私の体外受精した子供が、世界の体外受精児第一号になりえたかもしれないということで裁判所に訴えまして、結局この事件に於いては母親に対して確か五万ドル、父親に対して三ドルの慰謝料が認められたという判決が出たわけでございます。

そうなりますと、受精卵というのはいったいどういう地位になるのだろうかと考えさせられたわけでございますが、当初、私はその辺に落ちている河原の石とは違うんだから、なんらかの法的な保護の対象になるのではないかな（たとえば器物損壊罪の成立）とも考えましたけれど、結局刑法の領域では、受精の瞬間から生命の始まりと考えましても、仮にそうだとしましても受精卵をどうかしても、殺人罪の客体でもなければ、堕胎罪の客体でも無い。したがって、これは刑法的に言えばなんにもならないということになるのではなかろうかと思います。一九八六年の七月一四日のルイジアナ州法には、体外受精に関する法があるわけなんですが、その一二二条に拠りますと、胚は移植されるまでは、ジュディシアル・パーソン（judicial person）であるというような規定がございます。つまり、胚に対しては看護と慎重な管理とが必要で、したがって高度な注意義務を課せられるのだというような規定がございます。明文で規定されるのはこの程度のことではなかろうかなと、後ほど唄先生に教えて頂きたいと思いますけれども、そんなふうに考えられております。

ことほど左様に、人工授精、体外受精に関する法の整備というものは、まだあまり行なわれていない、とくに体外受精に関しては八〇年代に入ってから、少しずつ規制が出てきておりますけれども、まだまだ法の領域では欠けているところが多いということを、まず最初に申し上げておきたいと思います。仁志先生は、妊娠中絶法に関しても私が何か触れるのではないかとおっしゃられましたけれど、今日はそちらの方には触れませんで、もし後で御討議があれば、その時に私の存じ上げている限りでお答え申し上げることにしたいと存じます。

まず、人工授精と体外受精とを分けてみました。人工授精の方が歴史が古いわけでございますが、この人工授精では先程も広井先生のスライドの中にもありましたけれど、ローマ法以来「母は常に確定す」という格言があるわけなんですけれども、父親は、ここにいらっしゃる先生方は大多数が男性の先生方でいらっしゃいますが、「自分の子供だと信じるだけであって確定はしない」と、そういうことが言われておったわけです。

人工授精になりますと、母親は、これは確実に卵も子宮もと言いますか、つまり妊娠したのも出産したのもその母親で、この母親には別に問題はないですね。問題なのは、ドナーによる人工授精（ＡＩＤ）の場合にドナーが父親なのか、それとも子供を産んだ母親の夫が父親なのか、二人の父親のうちのどちらが父親かという、そういう問題になるわけです。

これにつきましては、日本ではお手許の資料にあげておきましたように、婚姻中に懐胎した子は、夫の子と推定するというこの規定（民七七二条）でもって、父親は子供を産んだ母親の夫であるということで、今日まで参りました。一九四九年から今日まで、この点に関して一例も訴訟例はございません。ところが他の国では、例えば西ドイツ（現在では東西ドイツが一緒になったわけですが）にしろ、スウェーデンにしろ、夫の方から自分は父親ではないんだというので、西ドイツの方では嫡出子否認です。スウェーデンでは嫡出と非嫡出とを区別致しませんので、生涯にわたって父子関係ということが問題になりうるわけで、父子関係不存在ということで訴訟が提起されました。スウェーデンでは有名なハパランダ事件と申しておりますが、これが一九八三年の確か三月二五日に最高裁の判決が出まして、夫の言い分が通りまして、その夫は子供の父親ではないということになりました。それまではずっとどこでもドナーというのは匿名であるということになっておりましたが、そうなると子供としては、本来の生物学的な遺伝的な父親を知ることが出来ない、自分の出自（ルーツ）を知ることが出来ないということになって、子供の権利という観点から見るとやはり非常に問題であるということになりました。そこでそれらを含めましてスウェーデンの人工授精法（一九八五年三月一日施行）というのが出来たわけでございます。

スウェーデンの人工授精法につきましては、簡単なものをお手許の資料に入れておきました。これに拠りますと、四条で、要するに子供が大きくなってある程度判断力も出た時に、もし必要とあれば、前条第三条に定められた人工授精手術によって懐胎した子が相当な判断力をもつ年齢に達した時、その者は病院に保管されている精子提供者の個人資料を入手する権利を取得する、とあります。

三条の三項に拠りますと、精子提供者の選択決定は人工授精担当医の専権事項とする。精子提供者の個人資料は、病院の特別のカルテに記載され七〇年間保存されなければならない。カルテ保存七〇年間を義務づけて、そして子供はその四条で相当な判断力をもつ年齢に達した時に、そういう資料を入手する権利がある。同時に五条で、この父性に関する争いにおいて、裁判所が必要と認めた場合、裁判所が人工授精手術を行なった者もしくはその手術に関する資料を保管している者に対して、関係資料の提出を求めることが出来るという、こういうような保障を与えているのです。

これは、子供の側から見れば自分の出自を知る権利というものを保障したという、非常に画期的な立法であったと思います。一九八三年三月二五日のハパランダ事件の最高裁判決、それから一〇日程たちまして、同じ年の四月七日に西ドイツの連邦裁判所でも、この種の事件についての判決が出ております。嫡出子否認の訴えは、日本では一年間だけ認められるわけですが、西ドイツでは、二年間認められておりまして、この夫の方は人工授精について書面でもって同意をしているんですね。その書面による同意にも拘らず、これは自分の子供ではないという、嫡出子否認の訴えを起こしました。そこでいかに書面による同意があったとしても、嫡出子を否認するという夫の権利というのは、憲法上保障された権利であるということで夫の主張が認められまして、その夫の子供ではないということが確定したわけです。この判例をコメントした判例評釈の中に、こういうことになるとこの手術を行なった医師はドナーは誰であるかを明らかにする義務を課せられることになるだろうというようなコメントがあったのを、私は一九八四年に西ドイツに参りましてその文献を見まして、考えさせられていたわけでございます。西ドイツにはスウェーデンの人工授精法三条三項、同五条のような明文規定はありませんが、子の自己の出自を知る権利は保障されるべきだというのが学説上有力のようです。

最近、一九八九年一一月二〇日・「子供の権利条約」の七条の一項においても、やはり子供の自己の出自を知る権利というものが保障されなければならないということがうたわれております。日本でも、もしこの条約を批准することになりますと、その点についてどうするのか、法的な対応がまた迫られるのではないかなと考えております。

そういうことを除きまして、人工授精については多くの立法例では、その人工受精に同意した夫が法律上の父親になるのであって、ドナーが法的な父親になることはないということを規定する例が多いわけでございますが、日本ではそういう規定もございません。それはどうなるんだろうかと、私は前はどうもこの点について何か法的に対応するものがなければいけないんじゃないか、例えば相続が開始された時に、もしＡＩＤで人工授精だということでその父親とされている人が死亡したときに、もしその子がいなければ相続権をもつ者が出てくるわけです。もし、妻と子供がいればその妻と子供が相続するわけですけれど、その子供がいなければ妻とその死亡した者の親、或いは兄弟というものが相続することになるだろうと思いますが、その場合に、この頃は女性の方が長生きしますから、息子よりもお母さんの方が長生きしているということがあるかもしれないし、その時に息子には子種がなかった筈だ、あの子はどうもおかしいということでやった場合に果たしてどうだろうか、そういう訴えが出てこないとも限らないのではないか、そうすると人工授精児の法的な地位というものは、本人の希望で生まれたわけでありませんから、親の希望で生まれて、言うなれば大人の勝手で生まれてきてそしてその結果法的には一般の子供よりは保護が薄いということになるのは、甚だ不都合で、やはり大人の責任が問われるのではないだろうか、それに対するなんらかの対応が必要ではないだろうかということで、そういうことについて何にもしなかったのは民法学者と産婦人科医との怠慢であるとかつて私は書いたこともありましたけれども、現在はそれを大変反省しております。と申しますのは、日本では、ひたすら真実の親子関係を維持したいと考えるのが通常で、これを争うなんてことは殆ど起こり得ないことなんですね。したがってむしろ現在のままの方がいいのかもしれません。しかし、子供の自己のルーツを、本当の父親を知る権利というものを考えますと、やはりこの件については何か法的な対応を考えていかなければならないのではなかろうかというふうに考えております。

それから、体外受精と法と倫理ということでございますが、これは先程の広井先生のスライドにもありましたように、五人の親のうち誰が本来の母であり父であるかという問題になり得るという意味で、一層複雑な問題になっているわけでございます。

日本の場合は、そこにありますように日産婦会の会告をいくつかお載せ致しましたけれど、正式の婚姻夫婦間に於いてだけこの体外受精を認めるということになっております。京都大学では特に内縁の夫婦でもいいということを言っておりますが、もし他に嫡出の子もいる場合には、内縁関係で生まれた子は非嫡出子として遺産相続ついては嫡出子の二分の一の権利しか認められないことになって、全く問題がないわけではない。しかし、これも内縁であればあまり問題はないというふうに思いますけれど、しかも他方現実を見ますと、日本の夫婦でもアメリカで例のサロゲート・マザーというものに頼んで、子供を出産してもらうというような、現実にはそういうような事態も発生してきているわけでございます。そうしますと、日本の産婦人科学会で、そのようなルールを確立しても世界的にそういう方法があれば、なんとしても子供が欲しいという場合には、そういう方法を取られてくるということになりますと、その子供の法的な地位というものをどう考えるか、特に卵もアメリカの女性の卵を貰うと、アメリカの女性に夫の精子を人工授精して、そして出産してもらう、そういう式の代理母という場合には、混血の子が生まれるわけですが、日本ではその混血の子供に対する差別みたいなものがあるかないか、これはまた問題になるのだろうと思いますけれども、それでもいいとしても実際にそういう子供を養子縁組をするという場合でも、実際に産んだ人、どこの法でも母親は、今のところその産んだ女性が母親、卵はその産んだ人の卵でなくてもなんでもとにかく産んだ人が母親であるということを、親子法或いは人工授精法、体外受精法みたいなものでは皆そのように認めているわけでございます。

そうなりますと、その関係の手当てをきちんとしないと色々な問題が出てくるのではないかと考えられます。

この代理母をめぐる法的倫理的な諸問題というのは、代理母のようなものは認めるべきではないというような考え方も一般的には強いわけでございまして、ここに書きませんでしたけれども、スウェーデンでは一九八四年のスウエーデン人工授精法をつくった、そのグループ、同じコミティが体外受精法の草案を作ったわけでございまして、これが一九八八年に制定されまして一九八九年の一月一日から施行されております。

スウェーデンは非常に慎重と申しますか、抑制的な規定になっておりますので、この点については慶応義塾大学の人見康子教授によると保守的だというふうに言われるんですけれど、ドナーによる体外受精、代理母というものは認めない。その他体外受精でも、凍結受精卵の使用も一年に限定するとか、或いは婚姻夫婦もしくは婚姻夫婦に準じた、スウェーデンは届出をしない内縁関係が非常に多いわけですから、そういう確実なカップルならそれでもいいということで、婚姻夫婦とまったく同じに扱っているわけですが、そのカップルの間でだけ体外受精を認めるということで、他人の精子、卵子を借用しての体外受精は認めないという立場をとっております。それに比べますと、他の色々な立法例が段々出て参りました。明後日発売される『法学教室』の一二五号に、人見康子教授が「人工授精と代理母」という論文を書いておられまして、これに色々な最新の情報が載っております。これによりますと、例えばオーストラリアのビクトリア州の一九八四年の子の地位に関する法律では、人工的な懐胎による出生児は、あらゆる法において、その子を出産した女性とその夫の子であり、配偶子提供者は提供による結果について、なんらの権利も義務も有しないというふうに規定致しました。そして、同じ八四年の一一月二〇日不妊法というのが国会を通過致したそうですが、この法律では体外受精の実施に関する規制、代理母に関する規制、クローニングや他種動物の交配の禁止、助言委員会の許可のない実践的不妊治療法の禁止などが規定されているということです。

こういうことで、オーストラリア或いはイギリスでも代理母規制法というのが一九八五年に出来ておりますし、この方面の規定が序々に出来ているということです。更に、イギリスでは昨年の一一月一日付の Human Fertilisation and Embryolog Act 1990（ヒトの受精と発生に関する法律）というのが交布されたそうでございます。施行がいつからかわかりません。内容もよくわかりませんけれども、だいたいウォーノック・レポートがその基本になっております。ウォーノック・レポートについてはその実際の原文と、簡単な厚生省でつけた訳とを、資料としてお配り致しましたので、それを参考にして頂ければ宜しいと思いますが、イギリスでもその代理母についてどうするかということが問題になりましたけれど、特に営業としては絶対に認めないと、けれども現実の事件、コットン事件というのが起こりまして、それで大騒ぎになったわけでございますけれども、そういうものを踏まえましてウォーノック・レポートにはある程度の規定がございます、それを後でどうぞ御覧になって下さいませ。ここでいちいち御説明申し上げますと時間も経ってしまいますので、それは省略させて頂きます。

人工生殖というのが非常に進歩致しまして、そういう生殖に関する医療の介入と言いますか、それがいったいどこまで許されるのか、また、それはどんどん医術は進歩して参りますけれど、それが果たして世界人類に幸福をもたらすものとして、無条件で支持していくことができるのか、それとも、やはりどこかである程度の規制をしなければならないのかということが問題になるわけでございます。そういう場合に、私ども刑法の立場で申しますと、そういうものに対して刑事罰をもって臨むことは必要ではないんじゃないかなというふうには考えるわけでございますけれども、しかしあまり極端な場合はこれを抑止する方向で法というものは係わっていかなければならないのではなかろうかとも考えているわけでございます。

胚子胎児保護法の討議草案というのがドイツで発表されておりまして、これも資料の中に添えておきました。胚子・胎児の保護ということになりますと、例えば胎児性水俣病のような場合も含めまして問題になって、その保護の対象になるのかと、或いは胎児の人権ということを先程広井先生がおっしゃられましたけれども、権利主体としての胎児というのは今のところ法では考えられていないと思いますけれども、しかし胎生学が進歩して参りますと次第に母体とは、母親とは違った独立の生命体としての胎児というものが認められるようになりまして、ことに胎児の間に既に色々な治療も可能になって参りました。そういう意味で、既に胎児は患者であるとか、或いは胎児は子供であるといったような表現が医学界では用いられるようになりました。そういう意味で子供の権利に関する条約では、そこまでは認めませんでしたけれども、次第に胎児に対する保護ということが認められ、子供の権利の保護、権利の保護と言いますか、子供の権利というものを考えるときにそれが単に保護の客体ではなくて、権利主体としての子供の独自の権利を認めようという方向にありますときに、やはり人工授精・体外受精によって生まれた子が自然に生まれた子供と法的にやはりまったく同じような地位を得なければならないだろう。そういう場合にこれまでの法の体制で充分なんだろうかということについて、これからもっと考えられていかなければならない、立法例は多少出てきてはおりますけれども、日本ではまだそういうものがない。

国会の審議の過程では、日本の体外受精の第一号が生まれる前後に、審議の過程で色々論じられたことがございまして、結局はそういう体外受精によって子供が生まれれば、受精卵のときからやはり考えていかなければならないだろうというようなお答えを、民事局の方が答えておられるような、記録もございます。そういうものを含めまして、考えていかなければならないわけでございますけれども、一方こういう人工生殖技術というものがどんどん進歩して、ある意味では不妊の夫婦に子供を授けるという、非常にある意味でのロゴ法であり、或いは体外受精法を活用致しますと、例えば今は研究・仕事そういうものに熱中してやらなければならない、妊娠し出産するというのはやはり大きな中断をやむなくさせられることにもなります、そういう時には受精卵を凍結しておきまして、少し余裕が出たときに胎内に戻してそして妊娠出産するということも可能ですし、自分が産まないで他の人に産んでもらうということも可能です。ですから、私どもが体外受精第一号が生まれる前後に、そういう体外受精に関する研究班をつくって色々研究致しましたときに、皆、体外受精の倫理性とか或いは色々な問題性とか申しました。色々検討致しました後に、最後にその報告書を出すその直前に、某国立大学大学院の女性の大学院生がオブザーバーでずっと参加しておられたんですが、最後にその研究班のメンバーは女性は私とそれから主婦の方がもう一人おられる、その主婦の方は殆ど出られなかったものですから、女性は殆ど私一人、出産可能年齢は越えてますから、オブザーバーで出ておられた方だけが出産可能年齢といいますか、これから恋愛もし結婚もするという方でしたから、若い方、あなたはどう思いますかというふうに最後に感想を伺ったことがあります。そうしましたら、「先生方が体外受精が良いとか悪いとか倫理的にどうとか色々なことを大変真剣に御検討下さいましたけれども、これからも恋愛もし、結婚もし、子供も産もうかという者にとってはこんなにいいことはない、なんでも出来るじゃないか。自分の思うように、思った時期に、思った方法で出産出来る、大変な朗報である、朗報以外の何ものでもない」と言われました。皆、その時は本当に愕然としたんですけれども、私も考えてみれば若かったらそういうふうに思ったかもしれない、と考えますけれども、現実にはやはりその凍結致しました受精卵を娘に移植して、そして娘がその子供を産んだという例も報告されております。そういう色々な生殖技術年表というのを、あるグループ（危ない生殖革命という本を出したグループ）が年表をつくっております。これは、専門的な人がやったわけではないのですが、かなり詳しい年表でございます、もし御希望があれば今日一応コピーして持って参りました、差し上げることに致します、そういうことなんですけれども、そこで人工生殖技術の進歩はプロメテウスの夢の現実かというふうに書きましたけれど、これは人間を造りだし人間をつくり変えることが出来るという古いプロメテウスの夢というのがあるのだそうですけれども、その夢が現実のものとなったのか、ドイツのアルトゥール・カウフマンという人が「縛を離れたプロメテウス」という論文を書いておりまして、その中で色々論じておりますが、子供の産み分け、男女の産み分けにしても、それから出産の時期・方法その他の操作に致しましても、そういうことが出来るというのは、本当に三〇～四〇年前に到底考えられなかったようなことが現実のものとなってきた、それだけではなくて先程から問題になっておりますクローニングの問題、ハイブリッドの問題その他色々ございます。

生命の操作というものについて、いったいどこまで許されるのか、可能だということと許されるかどうかということとはまた別でございまして、そういう問題を考えていくのが倫理委員会の任務でもあろうかと思いますので、また色々と先生方の御判断を得まして、私ども法律家ではわからない面も色々ございますのでお教え頂けたら幸だと思います。

大変簡単ですけれども、後は資料をお読み頂ければ御理解頂けるのではなかろうかと思いますので、これで私の一応の御報告とさせて頂きます。大変、雑駁な報告で申し訳ございませんでした。また、風邪をひいておりましてお聞苦しい声で申し訳ございませんでした、それにも拘らず御静聴頂きましたことを厚く御礼申し上げます、どうも有り難うございました。

8　患者中心の医学をめぐる学際的研究――法学の立場から

私どもの研究班は、先程から話題に上っておりますように「患者中心の医療をめぐる学際的研究」でございまして、私はその中で法学の立場から話をせよというふうに言われました。法学の立場からと申しますと、要するに患者中心の医療を支える法はいかにあるべきか、或いは現在どうなっているかという問題を検討するのだろうと思いますが、いまお手許にお配りしましたように私どもの研究班の研究報告書として、「健やかな生と安らかな死、いまどう生きるか」という本を出すことになっておりまして、その中に私は四編の原稿を書かせて頂きました、それを中心にしながらお話し申し上げたいと思っております。

私は初年度は「患者の死の選択――安楽死――尊厳死・DNR（蘇生拒否）と医療従事者の法的・倫理的な責任」というテーマで研究を進めました。最近の世界的な立法傾向をも視野にいれながら、患者中心の医療とその法的対応・評価の在り方を明かにしようと試みました。また次の第二年度は「生に関する生命倫理――特に生殖医療技術の進歩と生命倫理と法、並びに人工妊娠中絶許容の法的・倫理的限界」というテーマで、一方で子どもを生み出す法に関する問題点、他方では芽生えた生命の操作という問題、いずれも倫理的に重い課題でありますけれども、その問題について最近の動きを中心にしながら、いろいろな国の立法例をも参考に入れながら考えて参りました。いずれにせよ日本の現行法というのは、先進医療に対応するような法というものはまったくないわけでありまして、他の国ではそのための立法を進めているところがいろいろあるわけですけれども、日本にはまったくない。そのままでいいのかどうかということが一応問題になるかもしれません。高度先進医療は、多くの可能性と選択の幅を広げました、そして幸福をもたらしました。しかし、他方、不要な延命はないのか、患者のニーズの全てに応えるのが患者中心の医療なのかという、そういう問題がないではありません。

それで平成五年、最終年度はこれまでの研究を総括する意味で、真の患者中心の医療とは何かを問い、これに対する法的な対応の在り方を検討すると同時に、もしできれば何らかの提言をしたいと考えて研究を進めて参りましたが、どうもあまり大した提言をできそうにもありません。お手許にお配りしました私の四つの原稿の中で、多少どうかなと思うことをここに御報告申し上げげまして、御批判を頂きたいと考えております。

いずれにせよ、これまでの私の関心は自立した人間の自己決定、インフォームド・コンセントに代表される問題に中心をおいておりましたような気が致します。しかし、最近若い研究者たちの出版致しました「弱者」といいますか、痴呆高齢者或いは身体障害者・精神障害者といった人たちが多くなる、特に高齢者が多くなりますと高齢者の抱える問題というのが沢山出て参ります。私も、表を見ますと、現在既に一〇〇万人の痴呆の方がおられる、そのうち二五万人強が入院している、二〇〇〇年ちょっとになりますと一五〇万くらいになるというので、たいへんな数が増えてくるわけでございます。そういう人たちの増加ということに対応して、そのような環境の中で生きていくために『ささえあいの人間学』という本を出されたグループがあります。私は、たいへんそれに感銘を受けました。心身の健全な人は自己決定の自由を確保される、心身の能力の減退した人にはささえあいの手を延ばす、そのような法制度の整備こそが重要なのではなかろうかと、現在考えているわけでございます。

ここにあります四つの中で、特に今日申し上げたいと思いますのは、第一章の「患者の自己決定権の重み」という部分は、第四章の「妊娠中絶――重症心身障害児と未熟児」の問題を中心に御報告申し上げて、時間までなるべく判り易く申し上げたいというふうに考えております。自己決定権ということは、特に我が国でも強調されますし判例などでもそれを踏まえた患者の自己決定権の無視、或いは同意がなかったとか、或いは説明が不十分だったというような事例に対する裁判例なども増えてきているわけでございまして、これは皆さん方もインフォームド・コンセントということを通じて十分にお考えになっておられることだろうと思います。

そういう中で、権利と義務とは相対するものというふうに考えられておりますけれども、自己決定権において特に問題になりますのは権利ということには義務が対応するのかといったような問題があるわけです。そういう意味で特に考えなければならないものが、死ぬ権利はあるのかということ、人工妊娠中絶の権利とそれに対応する義務というのがあるのかというようなことだけを、ここでは申し上げておきたいというふうに思っております。

アメリカでインフォームド・コンセントの法理が一九五〇年代ぐらいから始まってきて、七二年には合理的な患者の基準といったようなものが確立されたと言われますけれども、そのなかでもやはり合理的意思の基準をとる州法が数としては現在でも多いような気が致します。そういう意味ではある程度患者の裁量も認められているのだろうと思いますけれども、日本ではインフォームド・コンセントということが言われ出してからでも、医療の現場でほんとうに患者の自己決定権がちゃんと尊重されているのかということになると、疑問がないわけではない、そのような状況に私たちはいるわけです。そのなかで、何故死を選ぶのか、或いは人工妊娠中絶について選ぶのかということについてですが、死ぬ権利につきましては、イギリスでは御承知の通り今世紀まで自殺というのは self murder というので、自己謀殺という形で重罪と考えられておりました。ですから、ハムレットをみますと、自殺したオフィーリアを夜中に埋葬する場面が出て参りますけれども、自殺者というのは全財産を没収されまして教会での葬式は許可されません。ですから夜中に埋葬する。或いは公道の下に埋めまして、その上を人が歩き車が踏みつけるという、そういう形での制裁が行われていたくらいでした。流石に、最近ではイギリスでも self murder などということは言いませんし、自殺者を処罰するということはなくなりました。今日、自殺、特に未遂の場合でもこれを処罰するということを規定する法制はないだろうというふうに思いますけれども、自殺幇助を処罰する国は現在でも相当多いのではなかろうかと思います。ドイツでは自殺幇助を処罰する規定はございませんで、嘱託殺人罪があるだけなんですけれども、とにかくそういうことで、死ぬ権利、私などは生まれるときは自分の意思で生まれたわけではないけど、死ぬのは自分で選択して死にたいなと思う方ですけど、どうも死ぬ権利が権利として確保されているのかどうかということは疑問があるような気が致します。

重度の障害をもった子どもを育てるかどうかということについて、一九八〇年代の前半に、いわゆるベビー・ドウ事件とかインファント・ドウ事件というものが出まして、その後一九八五年にアメリカの厚生長官はいわゆるファイナル・ルールというものをつくっています。つまり、極端な重度の障害をもった者の治療については、親が、治療をするのかそれとも死ぬに任せるというか治療を差し控えるのかといことを決定しても、それがチャイルド・アビューズにはあたらないとするファイナル・ルールみたいなものをつくっているわけでございますけど、そういう問題も出て参ります。つまり、やはり死ぬ権利は権利といえるのかどうか、かなり問題があるような気が致します。これは、最近またオランダでは安楽死の条件というものを認めまして、それを実施すればお医者さんとしては殺人幇助としての起訴はされないとする法律ができたというふうに聞きますし、アメリカでもワシントン州やカリフォルニア州でそういう尊厳死といいますか自殺幇助といいますか、そういうものを認める法案を住民投票にかけて僅かな差で否決されましたけれども、そういう法制への動きがあるということは確かなような気が致します。

そういうものと、もう一つ権利と義務との関連で申しますと、人工妊娠中絶について、これはアメリカではトライメスター説をとりまして第一トライメスターは第一三半期といいますか、妊娠初期の三分の一は妊婦本人がこれを決定することができる、それが憲法上保障されたプライバシーの権利であるというふうに言われております。そういう訳で、権利であれば、要求すれば要求された方の医療者としてはこれを受けなければならないという問題も出てくるのかと思います。けれども、ヨーロッパ諸国では一定の期間中絶する権利を認める。中絶することを妊婦が決定してよいとなっておりますけれども、要請をしたときに医療者、お医者さんも看護者も自己の宗教上の信念その他に基づいて拒否することの自由を認めている。法律でちゃんと保障されております。そういうふうに考えますと、胎児は妊婦自身ではなくて母親と同一であるようないような、胎内にあるといっても別個の存在だというふうに考えますと、自己決定権の範囲を超えるものがあるのかなという気がするわけでございます。

自己決定権につきましては、先程から問題にしておりますように意思決定能力が減弱または欠如している人の自己決定権をどうするのか、これを支える制度というものをどういうふうに考えていくのか。日本の今の禁治産・準禁治産といったような行為無能力者制度では不十分で、やはり減弱しても残っている能力をなるべく支えていくような制度、外国では成年後見法と呼んでおりますけれども、そういう成年後見法への移行ということが当然に考えられなければならないだろうと思います。いまさしあたって外国でこうだから日本でも直ぐにその制度に移行した方がいいということはとてもできないような状態にありますので、当面どういうことが考えられるのか、中長期的にはどういうことが考えられるのかということを考えていかなければならないような気がしております。

申し上げたいことは沢山ございますけれども、現在問題になっておりますことを中心にしてお話致しましょう。重症心身障害児と胎児条項の問題を申し上げたいと思いますが、諸外国の堕胎法・妊娠中絶法では、胎児が重度のハンディ・キャップをもって生まれる確率が高い場合は妊娠中絶の適応とされる、いわゆる胎児条項というものを決めております。そしてその場合は他の理由の場合よりも期間的には長く認める。ドイツの場合ですと一般の中絶は一二週までだけれども胎児条項の場合は二二週まで、イギリスの場合は時期の制限がない、そういったようなことになっております。日本では、その胎児条項の規定はございません、それが良いのか悪いのかということが問題になるわけです。日本の人工妊娠中絶のなかで、一番多用される適応というのがいわゆる経済的理由というもので、これが九九％を超えております。殆がこの理由、優生保護法第一四条一項四号がそうなんですけれど、それによっているわけです。これはどうも経済大国といわれる日本で経済的理由による中絶だけが突出しているというのは、国際的にもおかしいのではないかということで、それよりは胎児条項みたいなものを認めた方がいいのではないかというような議論もありましたけれども、そういうものを認めるということは障害者を差別することになると大反対にあいまして、そのままになっているわけでございます。

また、胎児条項を認めているドイツでも、胎児条項によって中絶する場合は重度のハンディキャップをもって生まれる確率が高いというだけで、一〇〇％ではないわけです。そういう危険度があるというだけで、中絶しても適法な中絶行為となる、ところが生まれた赤ちゃんを見たら非常に重度の障害児であった、そういう場合は一〇〇％の障害ですけれども、生まれてからだと謀殺または故殺、非常に重い刑罰を科せられることになります。お腹のなかにあるか外へ出てからかということだけで、極端な差があるような胎児条項というものをほんとうに認めて良いのかということについてたいへん疑問を提起されておられる学者もおられますので、非常に参考になるのではなかろうかと思います。障害児の出生につきましてはいろいろな問題がありますけれども、特に風疹症候群の子どもの誕生については多くの国で、医療訴訟で争われております。これがいわゆるロングフル・ライフ・プロセスと呼んでいるわけですけれども、この中絶を勧めなかった医師の責任が問われて、相当の慰謝料・損害賠償が認められるという形になっております。日本では胎児条項はありませんけれども、風疹症候群の子どもの誕生につきましては説明が不十分であったという理由で、具体的な事情に応じて四件のケースが報告されております。初めのが六六〇万、次が三三〇万、その次が九九〇万、つい最近の事例では六六〇万円の損害賠償が認められました。そういう四つの事例が報告されております。

それから、最近特に問題になっておりますのが、いわゆる選択的胎児殺、減数手術、セレクティブ・リダクション或いはセレクティブ・ヘキサイドと呼んでおりますけれども、最近の妊娠の補助のために排卵誘発剤を使うという場合、或いは体外受精で数個の受精卵を子宮に戻すという場合と、多くの国は三個を原則としているようですけれども、場所によっては制限もなしに入れるところもあるようですし、とにかく四人・五人・六人といったような多胎妊娠の場合に、それを全部生まなければならないのか、そのうちの一人か二人を減数するという方法をとるという減数手術の手法が開発されまして、それをやるのが良いか悪いか、これはたいへん問題になるわけです。

アメリカでは、双生児で一人は健常の子、一人はダウン症候群であった場合に、そのダウン症候群の子どもだけを中絶といいますか殺害したということ、これが報告されております。日本でも四人の多胎妊娠の場合に、二人を中絶したというケース、その他に何人か、少なくとも一人のお医者さんが、何十例かを実施された報告があります。これは子どもがどうしても欲しいからと依頼しておきながら、多すぎたということで減らすということでたいへんな反発があります。日本で申しますと優生保護法第二条第二項による、優生保護法で認められる人工妊娠中絶というのは「胎児が母体外において生命を保続することができない時期に、胎児を人工的に体外に排出すること」をいうというふうに規定されておりますが、減数手術の場合は注射をするだけで胎児はそのときに出てくるわけではありません。したがって、二条二項には該当しないから違法であるということで反対されている方もいらっしゃいます。

イギリスでは一九九〇年にHuman Fertilisation and Embryology Act、それからヒト受精および胚の発生に関する法、初期胚保護に関する法律、その法律のなかで三七条は一九六七年のアボーション・アクトの条文を背景にしているわけなんですが、そのなかで減数手術をいずれも任意の数を減らすというのでも、遺伝的な疾患のある子どもを減らすというのでも、どちらも一応一九六七年のアボーション・アクトの要件を満たす限りにおいては適法であるということに致しました。これについてはたいへん議論があったんですけれども、結局そういう結論になったようでございます。

人工妊娠中絶については、中期以降についても薬で中絶できるということも解決されておりまして、フランスではこれが多用されておりますし、イギリスでもその薬の発売が認められました。アメリカでもこれから認めようというようなことを言っているようで、問題が別の形になって発展していくのではなかろうかと思いますけれども、そういうことがあります。

もう一つ問題になりますのは、最近話題に上っております代理母の出産の問題です。人工授精でも、非配偶者間の人工授精ＡＩＤの場合でも、問題になるのは父親が、精子を提供した人が生物学的意味の男性が父親なのか、それとも出産した母親の夫が父親なのかということについて二人の男性のうちのいずれが父親かというので問題になるものでした。この点について多くの国では、法律上の父親は出産した女性の夫である、それは生涯変わらないということについての立法をしている国が多いわけですけれども、日本ではそれについては何も規定はございません。民法の婚姻中に懐胎した子は夫の子と推定するという規定だけでやってきているわけですが、はたしてそれでいいのかということが問題になるかもしれません。この他に体外受精になりますと非常に沢山の組み合わせが可能なんです。そうなりますと、少なくとも生物学的な父親、精子を提供した男性、それから出産した人の御主人、もし子宮だけを貸す人ホスト・マザーといいますが、そのホスト・マザー或いはサロゲート・マザー代理母が婚姻している場合には、その母親の御主人と三人の男性が父親となる可能性があるということになります。また、女性の方も今までは母親というのは出産という事実によって確定すると言われておりましたけれども、卵はその出産した人の卵ではないということがあるわけです。卵を提供した人もいます。ですから子宮の母か、卵の母か、育ての母かというので、六人のうち誰が父親であり誰が母親であるかということを決めなければならない。

イギリスでは、代理母契約・代理出産契約というものが法的には無効だということになりました。しかしながら、生まれた子どもは、契約が無効だから生まれた子を抹殺するというわけにもいきません。生まれた子の親決定がたいへんな問題になるわけです。それについては九〇年法では裁判所が親を決定するということになっておりました。要するに、人工授精児にしろ体外受精児にしろ生まれた子どもの法的な地位をいかに確保するか、自然出産の子ども達と同じような保護をどういう形で与えるのかということは、これから検討されなければならない問題だろうと思います。

代理母契約については、フランス・ドイツではこれを違法とし刑罰を科すことにしております。フランスの場合は、まだこれは法律になっておりませんで法律案ですけれども、下院は既に通過しまして元老院の方でいま検討中で間もなく法律になるだろうと言われております。それによりますと拘禁刑と罰金が併科されることになっております。ドイツの場合ですと、そういうことをやった医師は三年以下の自由刑または罰金刑ということになっております。そういう罰金をもって臨むようなことなのかどうかは別論と致しまして、とにかく生まれた子の法的な保護がきちんと与えられるような法制ではなかろうかというふうに考えております。

死の方については、いま問題になっておりますす臓器移植法との関連でいろいろ問題がありま
す。また、申し上げたいことも沢山ありますけれども、時間が参りましたのでこれだけにさせて
頂きます。たいへん不備で申し訳ございませんでしたが、御静聴頂きまして有り難うございまし
た。

9　精神障害者の人権

〔司会〕　今日は沢山集まって頂いて有り難うございます、今のデータを御覧になって頂いて、今から三〇年前ですけど、物の豊富な現在と違って、患者さんが皆、ぼろの患者の制服みたいなのを着て、しかもつぎはぎだらけで、病棟が非常に汚いといいますか、そんなような状態だったことを思いますと、だいぶ感無量であります。僕もずいぶん若かったと思って、電気ショック、あれはほんとにかけたのではなくて、格好だけでございますけれども、そういう治療があったとか。それから、その時代の松沢病院を写真で残しておきたいということで、あの映画を撮ったわけであります、また色々感想はあとで聞かせて頂きたいと思います。

今日、講演して頂くのは中谷瑾子先生にお願い致しました。先生は、女性のお年というのはあれですから、その他は申しませんけれども、慶応大学の法学部を卒業されまして、昭和三七年ですから、ちょうど私が松沢病院に来た頃に慶応大学の法学部の教授になられた、そういう感じでございます。刑法の方の専門家でございまして、慶応の名誉教授になられたのは、昭和六二年で、その後杏林大学、それから現在は大東文化大の方で教鞭をとっておられるわけです。医療関係についても、非常に積極的に活躍なさっておられて、例えば医事法学会という学会がございますけれども、そこの理事をされておりますし、それから医科歯科大学、京都大学の倫理委員会の方にも関係されているというふうなことで、一昨日でしょうか、読売新聞をお読みになって気がつかれた方もおられると思いますけれども、臓器移植の問題などについても、非常に積極的な発言をされているという方でございます。

実は、精神科の認定医の講習に、二年ほど先生に来て頂いてお話を伺って、非常に感銘を受けておりますので、それで是非松沢病院でもして頂きたいと申し上げたところ、こころよくお引き受け頂いたわけでございます。それでは、中谷先生、宜しくお願いします。

ご紹介頂いて恐縮しております、私、大変迂闊な人間で、お話をするようにとご依頼を受けまして、その時に迂闊にもお引き受け致しまして、その後大変追われておりまして、はたと気がついたときには、直ぐにその日が来るということになりまして、昨日は悩みに悩みまして、いったいどんなお話を申し上げたらいいか、ほとほと困りはてました。そこで、先程ご紹介頂きましたように私自身は刑法が専攻でございまして、その後日本の大学の法学部に「医事法」という講座を一年を通じて四単位の講座をつくったのは私が初めてでございまして、一人でできるわけではありませんから、色々な先生方のご協力を得てのことでございますが、そういう講座もやって参りました。

私自身、小さい頃から周囲が皆医者でございまして、父も医者ですし兄も医者ですし、従兄弟もというようなことで、自分も医者になりたい、医者になったら精神科医になりたいというふうなことを、娘時代は夢見ておりました。それが戦争中で、父がどうもあまり賛成してもくれませんもので、他の道に迷いまして今日に至っているわけです。それでも法律といっても、法律は無味乾燥の学でつまらないと言われながら、刑法というのはやはり人間とは何かとか、人が人を裁くとはどういうことかということを突き詰めて考えなければならない領域で、それはそれなりに生きがいがあります。男子一生の仕事というのではなく、人間一生の仕事として、私は今ではそれはそれなりに満足しております。けれども、色々な形で精神障害の方に関わりがあります。特に刑事法ですと、刑事責任という関係では、いつも考えなければいけない領域でもありますので、ぼつぼつと勉強させて頂くということを続けております。

特に精神保健法が施行されまして、少し経ったところで、医事法学会では、それまで精神医学の領域については、全然総会でのテーマとして取り上げたことがなかったものですから、もうここらでやはり「精神医療に於ける医師・患者関係」を見詰めたらどうかということを、医事法学会の理事会で提案致しましたものですから、そういう関係で秋元先生にも特別講演をお願い致しました。その秋元先生の「精神障害者の人権」というお話が大変感銘深いお話で、大変立派な先生というのはこういうお話がおできになるのかと思って、心にとめておりましたところ、最近『精神障害者リハビリテーション　その前進のために』という立派なご本をお書きになられまして、その中の第六章でしょうか、そこにそのお話はおさめられております。

精神障害者の人権というのは、秋元先生がここにお書きになられたことに尽きるわけで、それ以上のことを私は何も申し上げることは全くできません。それで、自分としてはどんなことができるんだろうということを、ここ一両日とくと考えまして、私なりに皆様方に一つの情報という形で提供できることがあれば、それを申し上げてみようということで、レジュメのようなものを用意させて頂きました。そういうわけで、今日のお話は、秋元先生のこのご本を是非お読み下さいませ。それから『年報医事法』という雑誌、去年の五号（日本医事法学会、一九九〇年七月発行）というのにも、先生のご講演の内容が載っておりますので、どちらでも御覧頂ければ大変感銘深く障害者の人権というものについて考えさせられる、また自らも考えていくというところがおありになるのではないかなというふうに考えております。以下、だいたいレジュメに沿ってお話を申し上げさせて頂きます、お手許に色々な資料を差し上げました。

人権意識と医療過誤訴訟ということですが、資料の一の一というところを御覧下さいませ。表の1となっておりまして、年度別紛争発生件数ですが、昭和三七年度以前と、四六年までというのがここに載っております。これで御覧になりますとすぐおわかりになりますように、三七年度以前は事故件数が五八件くらいだった。三八年以降は一年間に六三件とかというふうに段々段々増えてきていることがおわかり頂けるだろうと思います。

これを御覧になる時に、昭和三六年に国民皆保険制度がスタートしたということをお考え合わせて頂きたいと思います。国民皆保険制度が発足致しまして、医療行為の数が飛躍的に増大致しました。医療行為の数が飛躍的に増大すれば、同時に事故或いは過誤というようなものも発生してくるわけでございます。それと、四〇年代に入りますとかなり事故件数が増えてきているということがおわかり頂けると思います。その二頁目を御覧頂けますと、昭和四九年から平成二年までの、第一審新受件数、それから継続件数、患者容認率といったようなものが出ております。これは、昭和四五年頃から医療過誤訴訟が増えたということで、最高裁判所の方で統計をとりはじめたのが昭和四五年からでございます。

一頁目と二頁目は、その間に三年ばかり期間があるわけですけれども、一頁目のものは、これは事故発生件数、事故件数で、二頁目からのはこれは訴訟になった件数でございます。事故が発生しても訴訟になるとは限りません、訴えが提起されるとは限りません。訴えの提起までに至ったというのが四九年から平成二年まで、これは最近統計を手に入れましたものですから二年のは、患者容認率というのがございまして、例えば昭和五一年のは、患者が訴えますと、患者の方が勝訴するのが五六・四％もあった。それがどういうわけか、昭和六二年には一七・六％、それからまた少し戻りまして平成元年には二七・六％。それからご注意頂きたいのは、この継続件数というのが鰻上りになっている。というのは医療過誤訴訟というのは、非常に証拠、因果関係の立証、証拠の立証が非常に難しいものですから、大変手間暇がかかるということなんです。ですから、一審で有責ではない、或いは有責とされた場合、それでもう懲り懲りだから、上訴はしないというので諦めたりするくらい、大変時間がかかるのです。そのために継続件数、これは毎年の一二月三一日に訴訟になっている件数がどのくらいかということで統計をとりますので、段々に増えていっているということでございます。三頁目は、それを図表化したものでございます。

こういうふうに、医療過誤訴訟が増えたということは、一つには患者さんの方で、以前は先生がやって下さったんだから、何か事故が起きてもそれはもう先生にお任せして、その結果としてこうなったんだから、もうやむを得ないというふうに、いわゆる泣き寝入りが多かったのですが、いやそうではない、患者には患者の権利があり、人権があるんだという意識が高まって参りまして、その人権意識の高揚と共に、こういう紛争も増えてきたということも言えるのだろうと思います。

ところで、医療というものについては、何故医療が適法とされるのか、例えば盲腸の手術一つをとってみましても、お腹に傷をつけるわけですから、これを形式的に申しますと傷害になるわけです。しかし、盲腸の手術をしてもらって傷害罪で訴えるということは、まず考えないわけです。それは、なんらかの理由で、そういう行為は当然の行為として許されるということなのだと思います。

私は昭和二五年に慶応義塾大学の法学部を卒業致しましたけれど、その頃、刑法では犯罪が成立するのは、一つ一つの条文に当てはまるということ、これを構成要件該当性と申しますが、条文に当てはまるということ。それから、実際にその行為が違法だということ、例えば正当防衛で人を殺したのではない、緊急避難で殺したのではないといったような、そういう違法であるということ。それから、三番目にその行為者に責任を問うことができるという場合、この三つの要件が備わって初めて犯罪が成立すると言われますけれども、例えば医療行為の場合、注射をする、傷をつける、開腹手術をする、そういうものは一応傷害罪の要件には当てはまるんだけれども、それは治療行為だから、それは許される。適法な行為で、傷害罪にはならないんだと、簡単に言えばそういう説明だったのですけれども、次第にそれだけでは済まない、やはり何故医療が医療だから適法となるのかというと、ただ医療だからなんでもやってもいいというのではなくて、医療がその当時の医療水準に適ったものでなければならない。それから患者さんがその治療について、その説明を聞いて承諾を与えて、それでどうぞお願いしますということだから、その行為の違法性はなくなるのだと、段々にそういうふうに限定されるようになりました。

そういう関係で出てきたのが、インフォームド・コンセントという法理であるわけです。このインフォームド・コンセントと申しますのは、アメリカでこういう法理が形成されてきたのですけれども、アメリカでは一九〇五年頃の判例から同意のない治療というのは、これはアソータント・バッテリーといいますか傷害になるのだ。同意なくしてそういう医療行為をやれば、その行為は傷害となって損害賠償を支払わなければならなくなるのだというような考え方が段々に確立されて参りました。しかし、その場合に更に同意というものも、その内容がなかなかはっきりしなかったり致しまして、それを修正する原理というものが、また出て参りました。

そして、一九五七年のある判決の中に初めてインフォームド・コンセントという言葉が使われるようになりました。そして、一九六〇年の判決でこのインフォームド・コンセントとはどういうものかというその内容が比較的明確に示されるような判決が出まして、判例になりました。しかし、この段階では、医師としては色々な病気の病名とか病気の状態とか、それに対する治療法とか、そういう資料をすべて提示して、そして患者にどうするかということを聞くんですけれども、医師側にある程度の裁量を認めるというような内容のものでした。ところが一九七二年の判決、これは二つありますけれども、七二年の判決で、これには医師の裁量権はなくて、患者がまったくあらゆる資料を提示してもらった上で、自分はどの治療法を選ぶんだと決める。例えば貴方の病名はこうですよ、どういう状態にありますよ、それに対してはＡＢＣの治療法があります。Ａならばリスクはこのくらいあるけれども治癒率は高いとか、Ｂはリスクは非常に少ないけれどもあまり治癒は期待できないとか、そういうものを皆お医者さんの方で、患者さんに告知を致しまして、知らせます。その中から患者が選ぶという、そういう方法をとるようになりました。これが、確立されたインフォームド・コンセントの法理だというふうに言われております。そこには、医師側としてはまったく裁量の余地はないというようなことでございます。こういう考え方が日本にも紹介されまして、唄孝一先生という医事法の大家の先生がおられますけれども、この先生が四〇年代の初めくらいに紹介されまして、それが裁判所でも考慮されることになり、日本でも医師の説明義務という形で、これをとらえ、説明義務を充分に尽くさなかったということで、医師に責任を、民事責任ですけれども認めるという判決例がかなりあります。

平成元年の七月くらいまで、私が拾ってみたところでは、一二二例ぐらいあったのでございますけれども、そういうものが日本でも採用されるようになったということが言われています。やはり患者の自己決定権といいましょうか、患者の人権といいましょうか、そういうものを保証しようという、そういう考え方から出てきているということができます。

これは、なにもアメリカだけの法理ではありません、ドイツでは一八九四年に骨がん判決というのが出ております。これは八歳でしたか一〇歳でしたかの子供さんが骨肉種にかかったんですね。お医者さんはこれを骨肉種だから、今この片足を切断しないとお子さんの命が危ないんだ、だから切断しましょうということを、子供の父親に話しました。そうしたら父親としては、こんな小さな子供の片足がなくなるなんて、そんな可哀相なことはできないから、絶対に手術に反対だと言いました。しかし、医師としても、そのお子さんの命を助けたいというので、親の反対を押し切って切断致しました。そのためにそのお子さんは命びろいをしたわけです。しかし命びろいはしたけれども、法定代理人といいますか父親の同意がないのに手術をしたというので、そのお医者さんは傷害罪に問われました。こういう考え方は、ドイツでは今日まで続いております。ドイツでは、医療においては治癒ではなく、治るということではなくて、患者の同意こそが最高の法であるという、そういう格言があるんです。それはちょっと酷すぎるんじゃないか、同意が得られなかったとしても命びろいをしたとか、或いはよくなったというのであれば医師の責任は問わなくていいんじゃないかというようなことをいう有力な学説もありますけれども、判決としては現在こういう判例が生きている、そのくらいドイツでは患者の同意というものを重視しているということができます。あとでも申し上げますけれども、そういう意味ではドイツではインフォームド・コンセントという同意を必要とするということを非常に重視しますけれども、同時に医師の説明義務というものを比較的明確な形で認めるという、そういう判決例が幾つかあるわけでございます。あとでその点について、具体的な例について申し上げさせて頂きます。

こういうインフォームド・コンセントというのが、今日では非常に重視されております。これはなにも一般的な問題だけではなくて、例えば、皆様方、最近の事例で申しますと、臓器移植についてもインフォームド・コンセントということを考える必要があります。また、私どもが関連しております京都大学の医学部では、第二外科小沢教授のところで生体部分肝移植というものをやっております。もう二十数例やっているわけですけれども、これを最初にやる時から、私はそこに参加しておりましたけれども、その場合のインフォームド・コンセントは非常に厳密なものを用意致しまして、やっております。

他の医療施設でも、インフォームド・コンセントは今日では皆認めてそれに従っているわけですけれども、はたしてその内容がどうかということになりますと、かなり問題がありますので、これから脳死臨調の最終意見がどういうことになりますかわかりませんけれども、脳死者からの臓器移植ということが進められることになった場合でも、提供者のインフォームド・コンセント。それから受容者、レシピエントといいますか、その人のインフォームド・コンセント両方ともやはり重視されなければならないだろうと考えます。普通は提供者のインフォームド・コンセントだけを強調しますけれども、でも受容者の方も移植さえすればその日から直ぐに食べ物は美味しくなるんですよ、元気になるんですよ、今までとまったく違った健常者としての生活ができるんですよという美味しい話ばかり聞いて、そして同意するのはやはりまずいのではないか。サイクロスポリンという、免疫抑制剤をずっと引き続き服用しなければならないんですよ。それなりの色々なリスクがあるんですよという、そういう実際の事実を明らかに説明した上での同意でなければいけないのではないかというふうに考えます。

いずれにせよ、意識のある方、或いはちゃんとした判断力がある場合にその人の同意、その人が充分な説明を聞いて同意をするのであれば比較的問題はないと思います。そういう意味では例えばエホバの証人の場合でも、このエホバの証人の信者の方が成人であれば、その方がどうしても輸血はしてもらいたくないと拒否すれば、それはそれでいいだろうというふうに、私は考えますが。しかし、子供の場合はどうかということになりますと、また別論ではあろうかと思いますが、仮に輸血をすれば助かるんだけれども、輸血をしなければ命がなくなるという場合であっても、本人がどうしてもその宗教上の立場からこれを拒否するのであれば、それに対して強制的に輸血というのはできないのではないかなと、私はそういうふうに考えております。

そういうことで、本人に判断力があればこれはあまり問題ではない。しかしながら精神科の領域では、本人に判断力があるとは、十全にあるとは言えないような場合もありますね。そういうことを前提として考えますときには、やはり精神科に於けるインフォームド・コンセントというのは、かなり色々な問題を含んでいるということになるのだろうと思います。

「4」のところに英国のメンタル・ヘルス・アクトというのをあげておきましたが、これはここにおられる金子先生がご紹介されていらっしゃるわけでして、とくにそういうものをイギリスでは立法しているわけでございます。更に、イギリスの新しい新精神保健法メンタル・ヘルス・アクトでは、入院患者に対して治療について説明をする、その上で承諾を得なければならないという原則が初めて法律のなかに入れられました。詳しくは、金子先生がご紹介になっておられるものをお読み頂きたいと思いますけれども、原則の幾つかを列挙致しますと、まず略式入院の場合。日本では自発的入院にあたるんでしょうけれども、法律上の手続きを省略できる入院形式ですから、任意性の保障にはかえって問題があるとも言われておりますが、そういう略式入院している患者には治療拒否権がある。その同意がなければ、どのような治療も強制されることはない。但し、緊急の必要がある場合はこの限りではないというふうになっております。

二番目には、法的に拘束を受けている患者に、一定の一般的でない、特別の治療を施す場合には、その患者からインフォームド・コンセントを得ることが必要である。緊急の場合、或いは投薬開始については患者の承諾は不要で、また他の誰かの意見を聞くというようなことが必要ではないけれども、三ヵ月を超える薬物治療継続についてはコンセントが必要になる。しかし、患者が責任無能力で、インフォームド・コンセントを与えることができないか、または拒否の理由が非合理的、或いは幻覚とか妄想に支配されて拒否しているときといったような場合には、治療と無関係な別の医師の意見が必要となる。その医師が、治療に同意を示し、且つ患者を知っている臨床チームの医師以外の他のスタッフが治療に賛成した場合に初めて治療が行なわれる。長期投薬継続の場合には、定期的に報告が必要である。シリアスな医療、例えばロボトミーといったような精神外科、そういうような或いは性衝動を低下させるための移植術、脳底手術などがそうでしょうか、これを実施するには患者のインフォームド・コンセントを得ることが絶対条件である。患者が承諾を与えた場合には三人のコミッショナーで、更に医師のコミッショナーの診察が行なわれなければならない。

こういうような、法律でちゃんとしたインフォームド・コンセントの要旨について規定をしているということでございます。

精神科領域でのインフォームド・コンセントについては、特にここではあまり時間もたっぷりというわけでもございませんので、特殊治療に於けるインフォームド・コンセントについてだけ申し上げておきますが、特にロボトミーと電気ショック療法について取り上げさせて頂きたいと思います。

先程、医師の説明義務に関する日本での裁判例は、平成元年の七月までで、一二二例くらいあったと申しましたが、その中で精神科領域に関わるものは、このロボトミー判決だけで、二例ございました。

お手許に、ロボトミーの裁判例というのをお届けしてございます。二例ございまして、一例は昭和五三年九月二九日の札幌地方裁判所の判決でございます。これは、爆発型意思薄弱型精神病質慢性アルコール中毒症と診断された患者が、他の療法を試みることなく、また本人の承諾を得ないでロボトミーを実施され、情意面水準低下、思考障害が残り、要保護状態になったという事例で、事情の説明なく承諾なしに行なわれた手術は違法であるというふうな判断を受けたものでございます。

これらの裁判例の要旨要約につきましては、最後のところに書きましたように、東京弁護士会医療過誤法部編の「医師の説明義務」、第二回（『季刊実務民事法』）に要約されたものを拝借したものでございます。

ここでは、目的は手術の承諾であることと、医師が患者の身体に対し手術を行なう場合に、原則として患者の治療及び入院の申し込みとは別の当該手術の実施についての患者自身の承諾を得ることを要するとなっています。生命の危険または身体等を害する危険あるとき、また、承諾のための事情を説明することで結果が悪くなる恐れが予測されるときなどの場合には、承諾がなくても適法と認めうる余地があるとされています。

上の承諾は本人の承諾であるべく、ロボトミーのように手術の適合性・必要性につき、医学上見解が分かれ、重大な副作用を伴うべきものである場合には、患者の意思が一層尊重されなければならず、また精神衛生法、まだ法改正の前ですから、精神衛生法三三条による同意手術を経ていても、その手術につき個別的に患者の承諾を要します。

ところで、本件手術は承諾なしに行なわれたものであり、緊急事態にあったとはいえず、承諾のための事情の説明が不可能とか、これを為すことによって事態を悪化させることが予測されると判断され、出来なかったものというのが相当であり、違法たるを免れないということで、不法行為であると判断され、請求額一億五五八万円に対して認容額が四〇三六万円。要するに四〇三六万円の損害賠償、慰謝料を支払えという、そういう判決でございました。

ロボトミーは、私どもの刑法とか犯罪学とかの関連で申しますと、以前にそういう一見ある種の粗暴な犯罪者に対して、こういう外科的な手術をすることによって、その粗暴さというものを除去することができるということで積極的に治療が進められて、その後の追跡調査について、よく日本犯罪学会というところで、ご報告も承ったことがありますが、次第に、なるほど粗暴性はなくなるかもしれないけれども、しかし反面、に非常に情意面が低下して、かえってどうにもならない状態になることもあるということが明らかになりまして、このような治療というものは控えるべきであるというようになってきたわけでございます。

西ドイツでは、日本と違いまして、保安処分とか治療処分というものを認めているわけでございますが、その中に一定の社会治療処分というものを認めておりまして、その社会治療を行なう施設を、法がまだ施行される前から、モデル施設をつくりまして、そこで社会治療処遇というものを行なっていました。そして、その社会治療処遇のなかで、脳底手術という外科的な手術を認めておりました。しかし、これも一九七〇年代の初めくらいで、ドイツでもこういう治療は行なわなくなったと聞いております。他の病気のために脳底手術をやることはあるようですけれども、精神科の治療としてはやらないということになっているようでございます。ですから、前に精神科の精神治療として、こういうことが行なわれたというのも、試行錯誤といいますか、そういうことで、医療というのは常に進歩して、水準も変わっていくわけですから、医療行為の適法性ということを考えるときには、いつでもその当時の医療の水準ということが問題になるわけです。この医療水準は、ドイツでは昔からレーゲ・アルティスということで、これは絶対に必要欠くべからざる要件とされておりましたけれども、日本では比較的最近まであまり煩く言わなかったんですね。日本で、こういう考え方が定着して、非常に画期的な進歩が遂げられたのは未熟児網膜症に負うところが大なのです。未熟児網膜症の件数、一〇〇件くらい判決があるわけなんですが、その未熟児網膜症の訴訟において初めて日本でも、医療水準ということが非常に厳密に考えられるようになった。これも私ども患者予備軍と致しましては、大変有り難いと言いますか進歩だろうと思います。先程の、八ミリの映写を拝見致しましても、今から三〇年前の、この松沢病院と現在の松沢病院とはこんなに違う。それはやはり医療の進歩であり、或いは社会的に日本が豊かになってきたということでもあり、だから長生きすればするほど、またその恩恵に預かれるということで、私も長生きしたから色々なことが見られるのだろうというふうには思っているわけでございます。こういうことで、「札幌ロボトミー」と一般には言われていますが、これは四〇三六万円の損害賠償であったわけです。

名古屋のロボトミーも、これは精神分裂病・酒趣癖等の診断を受けた患者が、ロボトミー手術をされ、転びやすく頭痛不眠の症状の他、人格的・精神的変調を起こした場合なのですが、手術に際し説明に基づく承諾を得なければならないはずですが、その説明がなかった。そして承諾も得られていないのにその手術が行なわれたということで、この方は請求額が六七二八万円に対して認容額は一〇五二万円ということになっているわけでございます。

このロボトミー判決の事例は、例えば精神病院、単科の場合が多いです。医療過誤などが発生して問題になっている施設に参りまして、精神科領域においても患者の同意、インフォームド・コンセントということをお話しますと、「えっ！　精神障害の人にも承諾が必要なんですか、そんなことは考えられません」という古いタイプの精神科のお医者さんもいらっしゃいます。お話を申し上げたこちらの方がびっくりするくらいですが、向こうは向こうでびっくりしているんですね。そんなことがあるのかということでびっくりされますけれども、「でもこういう判決があるんですよ」と申し上げると、初めてそこで「ああ、そうですか」ということになって、それから少しお考えを改められているようですけれども、そういうことになっておりまして、それは一つには障害者の人権といいますか、そういうものが保護・保障される、そういう機運がますます高くなってきているということは言えるだろうと思います。

障害者でなくても、患者は医療サイドに対してはむしろ弱い立場なのかもしれません。そこで日本では、この頃、患者の権利宣言草案というものを一生懸命つくっておられる弁護士さん、考えられておられるグループがあります。それから、アメリカでは、今年の一二月一日から、ペイシェント・セルフ・ディタミネーション・アクトという、「患者の自己決定法」というのが施行されます。去年の一〇月にこの法案ができまして、一一月の五日に大統領が署名をして、そして施行は一二月一日からということです。

この法律は独立の法ではなくて、私も探すのに苦労したんですけれども、総括予算法のなかに入っているものですから、非常に見にくいんですけれども、そういう法律もつくられまして、「患者の自己決定法」ということなんですが、これもあとでまたちょっと同意のところで問題になりますのでもう一度触れることにしたいと思います。

ところで、精神科領域における特殊治療として、もう一つは電気ショック療法というのがございます。この電気ショック療法については、ドイツでの事件が報告されています。これは日本にも紹介されまして、大変私なんかも参考にさせて頂いているわけなんですが、第一電気ショック事件と第二電気ショック事件とがあります。

第一電気ショック事件は一九五一年に発生致しまして、そして一九五四年の七月一〇日にブンデス・ゲリヒトホーフという、日本の最高裁判所にあたるところですが、そこの判決が出ました。これは内因性鬱病の患者、五一歳の男性ですが、電気ショック療法を受ける、その第三回目の電気ショック療法で第一二胸椎が骨折したというんです。けれども、この時に患者への危険性などの説明が不十分であったとして、患者への医師の説明義務を尽くさなかった、したがって説明に対する同意も得ないでそういうことをしたのは、けしからんということで、医師が有責とされた事例でございます。

ところが第二電気ショック事件は、第一電気ショック事件の判決があった一九五四年の一一月に発生した事件で、判決は一九五八年の一二月九日、同じくブンデス・ゲリヒトホーフでございます。慢性アルコール中毒の患者が第六回目の電気ショック療法で左大腿骨の骨折を生じたというんです。これは、前の連邦裁判所の判決があった後ですから、第一審、第二審とも原告勝訴です。患者側が勝訴しています。ところが最後の上告審では、患者側が敗訴して、医師には責任がないとされました。その理由はなんだとお考えでしょうか。これは、その判決によりますと一九五一年、最初の電気ショック事件の発生した年、その頃は骨折といったような危険が発生するのが七%くらいであった。一〇〇回やればそのうち七件くらいはそういう事故が起こることがあった。ところが第二回目の電気ショック事件が起きた一九五四年一一月頃になりますと、その療法が非常に進歩致しまして、そういうリスクは千分の一以下になったということなんです。七%くらいのリスクならば、これはティピカルなリスクだから、これを患者に告知して、知らせて承諾を得なければならないけれども、〇・一%くらいのリスクであれば、なにも稀有なリスクを患者に知らせて不安に陥れる必要はない。そのくらいものであればティピカルなリスクとは言えない、だから、このくらいのものは説明しなくていいということで、第一電気ショック事件と第二電気ショック事件とは結論が分かれたということなんです。私は、これを見まして、「ドイツというところは、そういうリスクのパーセンテージで責任があったりなかったりするのか。なかなか合理的だな」と。「日本でももしインフォームド・コンセントというようなことを言うのならば、医師はどの程度の病状についてどの程度のものについてはどれだけの説明をし、そして承諾を得るか、そういうことを個別具体的に判例か何かで積み上げていけばいいのかな」というふうに考えました。

ところが、そうはいかないんですね。この頃は段々医療側に対する期待が厳しくなりまして、一九八〇年代に入ってから耳鼻科の事件なんですけど、鼓膜形成手術というのをやったんだそうです。鼓膜形成手術で、そのリスクが生じるのは二〇〇〇例に一例以下くらいなんです。二〇〇〇分一のなら、先程の第二電気ショック事件は一〇〇〇分の一以下だったのが、今度は二〇〇〇分の一以下なんですが、それでも「そういう危険が発生することがわかっていればちゃんと告知しなければいけない」というような判決が、やはりブンデス・ゲリヒトホーフから出ているんです。一九八一、二年だったと思います。それを見るまでは、私は合理的に割り切るのかなと思っていましたけれども、どうもパーセンテージだけでは割り切れないというので、インフォームド・コンセント、何をインフォームし、それに対してどういう形でコンセントを得るかというのは、具体的にはなかなか難しいものがあるような気が致しました。

そういう意味では、アメリカの場合ですとＡＰＡの電気ショックに対する特別委員会の出した「電気痙攣療法を受ける患者に対するコンセント・フォーム」という一九七三年のフォームがあります。これは保崎先生が今年ですね、『精神科治療学』の六号でしょうか、「電気療法について」というのに書いておられますので、関係の諸先生方多いようですから、それを御覧頂ければよろしいんですけれども、例えば「治療は朝食前にほぼ一週間に三回、精神科医・麻酔科医と何人かの看護婦により行なわれる。一般的にはこうであるが、貴方の医師が貴方に合った方法を決めてくれる……」、そういうふうな書き出しですけれど、具体的なことが書いてあります。ここには、「精神科医と麻酔科医と何人かの看護婦によって」と書かれています。ところが、こちらでは金子先生は電気ショックは、あの時は希で、実際には電気ショックはやらなかったというふうにおっしゃっておられましたけれども、最近は薬物療法の副作用ということもかなり問題になってきております。悪性症候群なんていうのは、その大きなものですけれども、悪性症候群、判決例はありませんけれども、訴えが提起されて色々と和解をしたというケース、或いは、示談で済ませたというケースは結構あります。最近は、悪性症候群も死亡という結果に繋がるというふうに言われております。〇・〇一％ぐらいの確率とかいうことを聞いたことがあり、非常に減ったということですが、少し前はわりあいにそういうのが出て参りまして、そうしますと薬物療法はオール・マイティではない。薬物療法にも危険がある。薬物療法で、長期にそういうものを投与するよりは、場合によっては電気ショック療法が良いというふうに考えられる場合もあるのでしょうか。

ともかくも、そういうことも言われているようで、この頃では電気ショック療法をなさる施設も稀有というわけではなくて、わりあいに行なわれているというふうに聞きました。そこで、私が非常にショックを受けましたのは、秋元先生にもご出席頂きました日本医事法学会の共同シンポジウムで、その電気ショック療法についてご報告下さった先生がおられたので、その患者の承諾を得ましたかということを聞きましたら、そのご報告の例だけではなくて、およそ同意は得ないのだというお答え頂いたものでびっくり致しました。ですけれども、その後色々な機会に伺いましたら、少なくともこの松沢病院では麻酔科医の立ち会いがある。それで必ず患者の承諾を得る、書面による承諾ですか、そういうことを伺いましたので、「流石に松沢病院だな」とほんとに敬意を表しているわけでございますけれども、そういう場合でも承諾能力があるのかどうかということが、かなり問題になるわけでございます。

そういうことになりまして、例えば今度のアメリカの一二月一日に施行されるという患者の自己決定法によりますと、「持続的代理委任書」とでもいうんでしょうか、「デュラブル・パワー・オブ・アトニー」というのを認めているんです。それは、意識のはっきりしている時に、自分が意識がおかしくなったらこの人に決めてもらう、だからずっと継続的に決めてもらうという、そういう人を指名しておく。これは、アメリカではどの州でも、殆どの州でそういう法律があるようでございますけれども、そういうものを認めるということなんです。これは精神科医療に於ける保護義務者というのとは、またちょっと違うのだろうと思いますけれども、そういうリビング・ウィルというものを考えるのと同時に、意識がなくなった時どうするか、そういう時に蘇生器を取り付けてもらうのか、生命維持装置を取り付けてもらうのか、取り付けられていたらそれを外してもらうのかといったことを、リビング・ウィルで書くだけではなくて、そういうことについて時事刻々に判断を要するときに、本人に代わって判断をするという人を決めておくということもどうなのかということについて、これからも問題になるような気が致します。

以上、色々な問題がございまして、結局はあまりはっきりした明確なお答えとか、結論みたいなものを申し上げることは到底私の力の及ぶところではございません。色々な問題があって、ことに精神科で、特に精神障害者の人権ということがいつも問題になるのは、例の悲しむべき事故が日本では起こり、その後、日本の精神医療は、やはり世界の精神医療に比べて劣るところがあるんではないか、問題が多いのではないか、そういう指摘がなされて、ますますこういうことが問題にされるようになったわけでございますが、各施設ごとに現在では非常に努力を重ねておられるというふうに、私は信じたいと思います。

この病院で、特に私がたいへん嬉しく思いましたのは、合併症にも直ぐに対応できる、つまり単科病院ではないということです。よく単科病院であるために、合併症を生じた時に、適切な治療が出来なかった、手遅れになって死亡したというケースはざらにあります、非常に沢山あります。そういうことを思いますと、こちらの病院に入院できる方は非常に幸せということができると思います。

こちらの病院だからできるのではなくて、精神科医療の水準として、どこでもそのようになってほしいなと私は思います。そういう点で考えますと、精神科医療については、医療法における特例が認められているわけですけれども、そういうものではなくて、外国の多くの国で精神科医療の医療スタッフの患者に対する比率なんか考えますと、本当に日本はなんということだろうと思います。それだけ医療側にも大変な負担がかかっているわけですから、その点をぜひ医療法の改正も含めまして、おそらくこの精神科医療に関わる皆様方の熱意がないとそこまでいかないのではないかというふうな気も致しますので、是非その改正のために力を尽くして頂きたいと思います。

今日は、最後に感想を申し上げますけれども、その前に、たまたま一週間程前に平成三年版『犯罪白書』というのが発表されました。そこで、この平成三年版の『犯罪白書』ですが、「高齢化社会と犯罪」というものの特集でございます。なんと、四八四頁中二六〇頁くらいが「高齢化社会と犯罪」に割かれまして、普段は五～六頁か、せいぜい十数頁だったんですが、「高齢化社会と犯罪」にスポットをあてているんですが、その他に注目すべきことは「精神障害者の犯罪」というところで、五年間にわたる色々な統計を纏めたものを発表しています。その関連のありそうなところを抜き書き致しまして、資料3、平成三年版『犯罪白書』からとしてお手許にお届け致しました。この第何表というのは、『犯罪白書』のそのままでございますので、読みやすいのでそのまま付けさせて頂きました。

1の34表、これが「刑法犯検挙人員中精神障害者の罪名別人員」（平成二年）というのでございますが、これを御覧になってまずいちばん驚かれるのは、検挙人員が成人が一三万九〇九六人に対して、少年が一五万四一六八人。少年比が五六・何％、過半数が少年だということです。これは、精神障害のある方というのではないんですよ、全体としてなんです。そのうち精神障害者、精神障害の疑いのある者、これが真ん中と右側を合わせまして、成人が全体の一・一％、少年が〇・一％、平均して〇・六％になっておりますけれども、殺人について見ますと、これは一一・七％、放火に至っては一七・四％と、精神障害者または精神障害の疑いのある者、これだけパーセンテージが高くなっていることにご注意頂きたいと思います。

その次の二頁目の表の1の44表、「心神喪失・心神耗弱者の人員」というところを御覧頂きますが、これは不起訴になったもの、不起訴でも心神喪失の理由で不起訴、心神耗弱の理由で基礎猶予になったものとに分けてあります。それから、裁判が開かれて、結局は心神喪失で無罪になったものと、心神耗弱で刑の減刑があったものというので、昭和六一年から平成二年までの数がここに書いてあります。

1の45表は後で御覧になっておいて頂きたいと思います。1の46表は罪名と精神障害名別の人員でございます。これは、皆様おそらく想像されていた通りだと思いますが、精神分裂病が六〇%、過半数であるということでございます。後は躁鬱病・てんかん・アルコール中毒・覚醒剤中毒・精神薄弱・精神病質その他の精神障害とあるわけです。

その次の47表を御覧頂きますと、罪名精神障害名別処分結果とあります。これで見ますと、総数が四〇二九、これが基本になります。そのうち不起訴になったもの、心神喪失・心神耗弱を問わず、その両方を合わせますと三六四八と、不起訴処分九〇・五%です。裁判になっても、無罪と有罪がありますが、心神喪失で無罪というのが〇・七%で、結局ですから四〇二九名のうち、有罪判決というのは三五四の八・八%ということになります。そして、精神障害名を見ますと、有罪になったもののうち精神分裂病が三・四%。精神薄弱が三五・一%　これがいちばん高いわけです、その次が精神病質の二一・六%、この精神薄弱と精神病質というのは、1の53表と合わせて御覧頂きますと対比できるだろうと思います。53表と申しますのは、矯正施設収容中の精神障害者数というので、精神薄弱と精神病質というのが出て参ります。矯正施設に入るのは、ごく僅かでございますが、こういうのが対応しているということになろうかと思います。それから、今度の『犯罪白書』で非常に注目致しましたのは、48表、49表もそうですが、本件の罪名と精神障害にかかる直近前科前歴名別人員というものです。本件は例えば殺人である、しかし直近の精神障害にかかる前科前歴を見ますと、本件殺人の場合四六人のうち一〇人は前も殺人であった、二一・一％。非常に高い率であることがわかります。

それから、本件が放火の場合を見ますと四七人おりまして、その直近の前科前歴も放火というのが二七・七％。こういうのは、繰り返しそういう同じようなことを行なうということが、これからわかるわけでございます。

こういうデータは、私、今度初めて見ましたので、なかなかこれをどうやって分析し、どう考えるかということをこれから検討しなければならないと思います。

こういうことから、やはりきちんと治療を受けていれば、犯行を繰り返すことは少ないはず、仮に入院していなくても治療を受けていれば、かなりの者がそれに対応できるということがわかると思います。それで、罪名精神障害名別犯行後の治療状況ですが、これは入院した総数四〇二九、これが基礎になるということを先に申し上げましたが、そのうち入院した、措置入院その他の入院を合わせますと、七〇・六％と非常に高率であるということがわかります。入院しなくても、実刑で身柄を拘束されていたという者は、入院したのに準じて扱うことができるのかもしれません。ただ、気になりますのは、罪名で殺人を犯した場合でも二〇名、これは犯行後も治療を全然しないというのが二・五％います。或いは傷害になりますと三・八％、放火になりますと四・六％が入院も治療もしないというのが気になるところでございます。

最後の53表になるわけですが、これは先ほどもちょっと触れましたけれども、矯正施設収容中の精神障害者数というので、行刑施設受刑者と少年院在院者、成人と少年というふうに分けてございますが、精神薄弱がいちばん多いということでございます。それから、先ほどの表とこれが対応しているわけでございまして、47表と合わせてご参考にして頂きたいと思いますけれども、こういう人たちがいると、精神障害者のうち成人について見ますと平成二年は八％の人が、そういう精神に障害のある受刑者であった。それから少年院については七・八％、ほぼ同じくらいの人が精神に障害のある人たちであったということが言えると思います。こういう人たちが、はたして一般のそういう矯正施設のなかに収容されてそのままでいいのか、そこで治療がどうなるのかというような問題もあるわけでございます。

日本では、保安処分はもちろん、治療処分も現在のところ認められておりません。こういう場合に、はたして起訴猶予となった場合に、入院すればいいのですけれども、或いは治療を受ければいいのですけれども、そうではない場合にどうするのかというような問題も出てくるわけでございます。

そういう処分、保安処分とか治療処分とかというものが認められていないために、かえって精神に障害のある人の刑事責任、本来は刑事責任が無いとされるべきところを、ある程度刑事責任を認められたりはしないかというようなことを言う人もいるわけでございます。

いったい、こういう犯罪性精神障害者といいますか、犯罪性とは言えなくても、少なくとも当該の場合に犯罪を犯したと、犯罪的な行為をしたという障害者の人権というものはどういうふうにすればより良く守られるようになるのか、或いは治療がちゃんとできるようになるのか、そういうことは、今のところはそんなに煮詰めた議論はないような気が致しますけれども、やはりどうしてもこれを考えていかなければならないような気が致します。

精神医療は、患者の人権とか自己決定権とか、その関連で申しますと非常に難しい問題が沢山ございます。そういう意味では、患者の人権の保障と、それから安全ということのために一定の行動規制をしなければならないこととのジレンマに陥ることが多いということを、秋元先生も適確に指摘なさっておられまして、それをどういうふうな形で処理していけばいいのかというようなことは、先ほどの持続的委任、代理か委任契約というのか、そういうような問題も考えていくのかどうかも含めまして、なお医療者側・法学の側の者とが協力して、新しいそういう道をこれから模索していかなければならないのではないでしょうか、というふうに思います。

障害者の人権は、精神障害者が非常に弱い立場あられるだけに、口を酸っぱくしていくら強調しても、なお強調し尽くせないものがあるかもしれません。しかし、同時にその医療に関わる医療者、看護の方もそうです、お医者さんもそうです、それ以外のメディカルの人たちもそうです。その方たちも、いつもある意味では危険にさらされている部分があると思います。その全ての方の人権が、完全に保障されてこそ、精神障害者の人権も一〇〇％保障されることになるのではないでしょうか。そういう意味で精神障害者の人権と、それから医療者側の人権と家族の人権、地域社会の人権、これらがどのように、できるだけ保障される道というものを、今まではあまりその点の検討が充分ではなかったような気が、私は少なくともするのです。そういうことを申し上げると失礼になるのかもしれませんけれども、そのための努力も、法律の立場の者にとってもそれは充分ではなかったような反省もございます。そこで、幸にして「法と精神医療学会」というものが数年前にできまして、最初の学会、創立総会の頃は、まるで土俵が違うのに、「遠く離れてこれから相撲をとろう」みたいなところがありましたけれども、この頃はどうやら同じ土俵にはだいたい足がかかったぐらいのところまで来たような気が致します。これから、一層先生方のご指導を仰ぎながら、法律の人間も努力をしていきたいと思います。そういう過程で、皆の福祉、幸せ、そういうものが実現されたら、素晴らしいなと思います。

松沢病院は、日本で二番目に古い精神病院ということを、先ほど伺いました。その病院が、精神医療の面では最も先進的ないい環境で治療を進めておられることに対して、敬服いたしておりますことを申し上げると同時に、今日の創立の記念日にあたりまして、ここに私のような本当に何もわからない者をお呼び頂きまして、こういうふうに皆様方にお目にかかって、直接お話し申し上げることのできる機会を与えて頂きましたことにつき、病院、金子院長、秋元先生、その他の関係の先生方にお礼を申し上げまして、それにしては雑駁なお話しではなはだ申し訳ございませんでしたとお詫び申し上げて、私の拙い話を終えさせて頂きます、ご静聴有り難うございました。

（松沢病院創立一一二周年記念講演会）

10　女性犯罪に見る世相の変化

御紹介頂きました中谷でございます。私、お電話で伺ったものですから、宮澤さんが、「犯罪にみる戦後の世相」を既にお話しなさったのかと思ったんです。その一、二回を受けまして、私の方は、今日の用意をすればいいのかなと思いましたので、そうでなければ初めの予定通りのお話しをしても良かったんですが。そういうことで、ちょっと手違いがあったようでございます。宮澤教授がちょっとした交通事故に遭われまして入院中でいらっしゃるものですから、私になんとかお願いしたいということのようでございますが、私は本来犯罪学ではございませんで、刑法を担当しております。最近は女性でもだいぶ犯罪とか色々な研究をしておられる方がいらっしゃるものですから、女性犯罪研究会というのをつくりまして、若い研究者を育てたいと思って必死になってやっているところです。一昨年から昨年にかけましては、女性による殺人犯の研究というのをやりまして、東京高裁管内の多くの裁判所で、殺人罪で有罪判決を受けました女性に関する研究報告を致しました。

今年から来年にかけましては、今度は女子少年の非行について、鑑別所で、全国的に調査を致しまして、その非行化過程の進化というものについて調査をしようとしております。そのような訳で、犯罪学とまんざら全く御縁がないわけではございませんけれども、なにしろそう専門にやっているわけではございませんので、宮澤教授のように非常に穿った分析などは出来ないかと思いますけれども、なにはさておき「女性犯罪に見る世相の変化」というものを、少し皆様方にお話し申し上げたいと思います。

拝見致しましたところ、女性の方もかなり沢山いらっしゃるようでございますし、男性も多分、女性の犯罪がどんなふうに変わったのか、或いはその犯罪の変化というのが、どういう世相の反映として受け止められるのか、といったようなことについては、多分御関心をおもち頂けるだろうというふうに思いまして、今日はその点について見ていきたいと思ったわけでございます。

女性犯罪は、昔から大変少ないというふうに言われて参りました。最近になりますと、「女性犯罪は非常に増えた、増えた」と言われておりますけれども、その実数と実際に発生した女性犯罪の件数というものと、全体に占める割合とか人口比というのは、必ずしも一般の方が受け止められるのとは、ちょっと違ったスタイルではなかろうかというふうに思います。

これは、例えば女性比と申しますのは、女性の犯罪を総数で割ったのが女性比になるわけでございますが、これは総体的なものですから、男性の犯罪が増えますと女性比は減ると、男性の犯罪が減り気味で女性の犯罪の数があまり変わらないときには女性比が高くなる、そういう仕組みになっておりますので、女性比が増えたから女性の犯罪が増えた、減ったから減ったというのではなくて、実数はそれとはちょっと違うのだと、そうしますと人口比にしてどうかと考えていくことになろうかと思います。

まず、女性犯罪については非常に数が少ないということが、言われ続けて参りました。しかし、最近になりますと大体一八％から一九％くらいの女性比を示すようになりました。この点はお手元にお配りしました資料3の第9表左側、女性で人口比というのがあって、その次に男性人口比というのがあって、女性比というのが出て参ります。これで見ますと昭和二〇年には九・七％、昭和五六年には一八・九％、昭和五七年には一八・一％というような数になっております。

私どもが、刑法を研究するようになりました頃、女性比というのは大体一〇％以下くらいであったわけで、それが暫く続いておりましたのが、この表で御覧頂きましても分かりますようにだいぶ最近になってから増えてきました。

一つには、女性の場合には家庭内にいることが多くて、犯罪を犯す機会が今までは少なかった。しかし、文化レベルが上がってくる、或いは社会に女性が進出するようになると女性犯罪は増えるのだ、女性比が増えるのだというふうに言われておりましたけれども、戦後日本は男女平等ということが憲法上保障されまして、次第に女性が社会に進出するようになって参りました。私なども、戦後の女性解放・門戸解放といったような恩典にあずかって、慶応義塾大学に戦後に入学致しまして、今日に至っているようなわけでございますけれども、そのわりあいにはあまり女性比というのは増えてこなかった。それが最近やや増えてきているというのは、この表からお分かり頂けるだろうと思います。

しかしながら世界のどの国でも女性の犯罪というのは多くないんです。非常に女性のパワーが強いと考えられるようなアメリカでもその他でも大体二〇％くらいです。そういうふうに考えますと、大体一八〜一九％くらいというのは、日本ではそこまでようやく来たというところにあろうかと思うわけです。

それから、女性の犯罪につきましては、色々な特徴があると言われておりますけれども、例えば犯罪の種類から申しますと、比較的に殺人の数が多いとか、或いは窃盗が多い。最近の例では、少女非行の九十何％かが窃盗です、そのうち七十数％が万引きということになるわけです。成人の女性犯罪を足して、いわゆる女性犯罪というものを見ますと、それでも八十数％が窃盗というようなことになるわけです。

男女の総体の中で、どのくらいのパーセンテージをそれぞれの犯罪が占めるのかといったようなことにつきましては、第10表を御覧になればお分かりになるだろうと思いますが、昭和二五年から二七年までの窃盗・殺人・放火・傷害といったようなものがここに出ております。これを御覧になれば、大体どのくらいの数で女子がこのような犯罪を犯しているのかというようなこともお分かり頂けるだろうと思います。

簡単にパーセンテージを出してみますと、窃盗については昭和二五年には一〇・五％だったのが昭和五七年には二四・数％、昭和五六年には二五・八％ということがお分かり頂けるだろうと思います。殺人は、昭和二五年には一九・九％、昭和五七年には二〇・五％、殺人がずっと高い女性比であることがお分かり頂けるだろうと思います。

これを、戦前と比較致しまして、戦前のものもご参考までに紹介いたしますと、第1表は大正七年から一三年までの平均であり、第2表は昭和七年から一一年までの年平均と、一二年から一八年までの夫々の年のものがここに窃盗・強盗・詐欺・恐喝・殺人・傷害・放火・賭博・富みくじといったような犯罪について、男女のこれは検挙人員ではなくて、有罪人員ですけれども、そういうものの表がここにあるわけでございます。

第3表は、戦争中といいますか、昭和一二年から一八年まで、第4表になりますと終戦直後昭和二一年の三月から二一年の八月までの一年間のものがそこにございます。これで見ましても女性比というのは、大正七年から一三年までの女性比が七・三％。第4表の方で見ますと、終戦直後の例で見ますが、これで見ますと平均致しまして女性比は三・七％。計算はそこに書いてありませんが、そういうことになります。

窃盗でも二・三％、殺人はやはり一八％ですね。ここでも、賭博というのが五・四％。この数を御覧になればお分かり頂けると思いますけれども、戦前・戦中それから終戦直後、窃盗の次に多いのが賭博なんです。どうしてこんなに多いのでしょうか。とにかく非常に賭博罪が多いということが分かります。今日では、こんないうふうなことはないわけですから、そこにも一つの世相の反映というもの、変化というもの、うかがわれるだろうと思います。比較的、恒常的なのが殺人であるというようなことが大体お分かり頂けただろうと思います。

その他、女性の犯罪につきましては、年齢の点から申しますと初発年齢が比較的遅いと言われております。比較的遅く最初の犯罪を犯して、それからは一瀉千里に悪くなってしまう、繰り返すようになってしまうという、そういうことが言われております。男性は一〇代の終りから二〇代の犯罪が非常に多いのに対して、女性の方は犯罪年齢は比較的高くなるというようなことを言われております。

この表は、昨年、私テレビで使ったもので、ちょっと古い五七年の『犯罪白書』から作ってもらったものなんですが、これで見ますと男性は比較的安定しておりまして、それからやや下がって、五五～五六年頃から少し上り坂になっていることがお分かりだと思います。女性はずっと上昇の線を辿っていたわけなんですが、五四年にちょっと下がりまして、五六年、五七年に数としては多くなっておりますけれども、男性の数が増えましたから比率から申しますと少し下がったということになります。

それから、色々なことがありますけれども、これで見ますと、窃盗・殺人総数で女性の占める比率、殺人と窃盗が全体よりもだいぶ高いところにあるということがお分かりいただけるかと思います。これも一つの特徴です。

年齢、これは男女の年齢比ではございませんので、これは後で触れることに致します。そういう女性特有の特徴みたいなものが色々あるわけでございますけれども、ここでは女性犯罪の変遷というものを中心にして見て参りたいと考えております。なお、女性犯罪につきましては、先程から申し上げますように、窃盗と、戦前ですと賭博、戦後ですと窃盗と殺人、ごく最近になってから覚醒剤というのが非常に多くなったと言われるわけでございますが、戦前の統計を見ますと先程から御覧頂いておりますが、非常に数が少ないことがお分かりになると思います。男性も女性も数が少ない、現在に比べますと非常に数が少ないですね。これはどうしてかと申しますと、まず最近の犯罪の中でいちばん多いものが道路交通取締法違反です。それから業務上過失致死傷というのが非常に多くなっている。それ以外の一般の刑法犯というものは、それほど数は多くございません。数が多くないと申しましても。第9表を御覧なればお分かりになりますように、そういうものを差し引いたのが三十数万人、男女合わせれば四〇万人くらいというようなことになっているわけでございます。

そういうものを除きますと、戦前のものは、大体車の数が非常に少なかったわけですから、昭和二〇年当時、車は全国で二〇万台位だったのではないでしょうか、今は数千万台あります。大体、そういう訳で、車を使っての違反とか、或いは犯罪とかそういうものはなかった。そういう時代には、したがって総数も少なかったということが言えるだろうと思います。この戦前の、或いは戦中の統計を見てお分かりになりますように、殺人について見ますと、昭和七年から一一年までの平均では、女性比というのは一七・八%、昭和一二年には一八・九%ですが、戦争が段々激しくなりまして、男性が戦場に参りますでしょう、そうしますと残るのは女性ですね。したがって女性比が高くなるということが御覧になれると思います。大東亜戦争が勃発した昭和一六年には二二・二%、一七年には二六・六%、昭和一八年には三六・一%になっております。それだけ国内には男性が少なくなって、したがって犯罪を犯す人も少なくなったということが言えるわけです。こういうところにも戦争の影響とか、或いはその時代の推移というものが、この犯罪を通しても分かるということに御注意頂きたいと思うわけでございます。

終戦直後になりますと、大勢の人が帰って参ります。復員軍人が戻って参ります。海外で活躍していた人たちが国土がなくなりまして、朝鮮にしろ台湾にしろ樺太にしろ、そういう所から引き揚げざるを得なくなった。二年間に五〇〇万人以上もの人口が増えました。そういう中で非常に物資が乏しかったし、戦後の荒廃したそういうところで犯罪も非常に多くなりました。そこでは特に財産犯が非常に増えたということが言えます。

第10表を御覧になりますと、昭和二五年、総数が六一万九七二三、そのうち窃盗が二七万二六一〇、或いは二六年になりますと六一万人の検挙者のうち窃盗で捕まったのが三二万八〇〇〇、過半数ということが分かります。これが発生件数・認知件数になりますと、もっと多いわけです。窃盗の場合はなかなか捕まりませんから、検挙された人数ですらこれだけ沢山あったということが言えるわけでございます。

そういうことで、最近ではこの表にもありますように、窃盗というのが、男性の犯罪はそう増えなかった。財産犯が増えない、むしろ下降傾向にあったということが非常に日本の特徴なんです。他の国では、財産犯がどんどん増えております。大変な倍率で犯罪というのが増えております。日本は全体と致しまして犯罪というのがそう増えない。したがって、日本は世界のどの国にもまして安全な国であるということになっているわけでございます。

それが最近の犯罪になりますと、特に女性犯罪について見て参りますけれども、いちばん新しい五八年度の『犯罪白書』によりますと、まず女性の刑法犯罪の罪名ですけれども、まず殺人・強盗・強盗致死傷・強盗強姦・傷害・同致死・暴行・恐喝・窃盗・詐欺・横領・強姦・同致死傷・放火・その他というふうな形で、ここに掲げられておりますけれども、昭和四八年には女性犯罪、女性の刑法犯、罪名別の検挙人員総数が五万一三三三名でした、それが五六年には七万八九四六名、五七年には七万九八二五名と、段々数が増えていっていることが分かります。そのうち、殺人というのは、四八年が四一四人で、五六年が三三七名で、五七年が三六二名ということになっております。特に、この殺人が全体の女性比としてはどうかと申しますと、二〇・五％です。男性の殺人事件と女性の殺人事件とを合わせまして、これで女性の殺人事件の数を割るわけですが、それが二〇・五％。ところで、そのうち九二・四％という大変な女性比の高いものがあります。なんだとお思いですか。

嬰児殺です。

嬰児殺は、圧倒的に女性によって犯されるということが、これでお分かり頂けるだろうと思います。大体、ずっとかなり長い時期にわたって、その比率は同じように高いんです、特に最近の嬰児殺は女性比が非常に高い。終戦直後くらいですと、まだまだ男性による嬰児殺があったんです。例えば、今日でもかなり傷害をもった子供が生まれるということがあるわけですが、私の見た範囲では、この頃あまりそういう人見なくなりましたが白子というのがありました。或いは兎唇、三つ口と一般に言われますか、そういう赤ちゃんが生まれたとき、今日では手術をして殆ど分からなくなりますから、あまり苦にしなくていいように思いますけれども、昔はそれは大変な子供だということになりまして、そういう子供が生まれたときには大体その父親が殺しているのです、つまり一家の責任者としてそういう責任を果たすという、そういう形だったと思うんです。

ところが最近では、どういう場合でも皆その母親が責任をとっている。父親とか祖父といいますか、その産んだ母親の父親、そういう人が関与することはまずなくて、これは核家族化したこととも関連がありますけれども、殆どの場合に、母親が殺しているということがよく分かるようになっております。それから、窃盗は四八年に四万一四一八人検挙されましたが、五六年には六万八八八八名、五七年、昨年は六万七六八九名と、ちょっと減っておりますけれども、この女性比は三年の中では一番高くて二四％になっております、殺人がそれについで二〇％なんです。こういうところに、女性の犯罪の一つの特徴を見るような気が致します。

そこで、いろいろな問題がありますけれども、時間の関係もありますので、今日はその嬰児殺と尊属殺を見てみたいと思います。今日では尊属殺というのは、憲法に反するということで効力がなくなっておりますけれども、しかし、六法全書の中には未だ尊属殺という規定があるんです、それがどうなったかということについて、これはどちらも世相と非常に関連がありますので、それについて少し見ていきたいと思います。

先程から申し上げておりますように、嬰児殺というのは、女性が犯す犯罪としては比率としてはいちばん高い犯罪であるということが言われます。この嬰児殺については少し説明をする必要があろうかと思いますが、外国では出産中もしくは出産の直後に自己の子を殺した母親はという形で、通常の謀殺又は故殺、謀殺というのは初めから計画を立てて殺した場合、故殺というのは咄嗟に殺したような場合、或いは傷害致死に至ったような場合を含めますけれども、そういう場合よりも刑を軽くするという特別な規定、嬰児殺に関する規定というのがあります。

ドイツでも、フランスでも、イタリアでも、或いはスイスでも、オーストリアでも、或いはイギリスでもこういう規定があります。そういう国では母親しか嬰児殺の犯罪を犯すことが出来ないんです。西ドイツに至っては嫡出ではない子供を産んだ母親、婚姻外の子供を産んだ母親だけが、この嬰児殺を犯すことが出来るようになっているんです。ですから、そういう国で嬰児殺の行為主体というのは、つまり犯罪者というのは一〇〇％女性であるのも当然のことになるわけです。

ところが、日本ではそういう限定がありません。普通に殺人と申しますと、「人を殺したる者は死刑または無期、もしくは三年以上の懲役に処す」というのが、刑法一九九条の規定なんです。ここには謀殺と故殺の区別もありません。嬰児殺の区別もありません。しかし、裁判の実務上は一定の範囲の子供を殺した場合に特別に扱いまして、これを嬰児殺として区別しております。判決謄本などもそういう形で区別しております。嬰児殺というのは、日本の裁判実務によりますと、外国のように出産中もしくは出産の直後ではなくて、そんな限定された範囲ではなく、生まれてから一二ヵ月未満の子供を殺した場合には、これを嬰児殺として扱うのが慣例になっております。

この扱いは、イギリスの「インファントサイド・アクト」、「嬰児殺法」という、そういう法律、一九三八年の法律ですが、この法律と同じ態度をとっているわけで、これは他にはないです。大体は、出産中もしくは出産直後に自分が産んだその子供を殺した場合、出産中というのは分かりますけれども、出産直後というのはどのくらいかということで、大体どのくらいだと思いますか。一日とか三日とか、或いは半日とか、二週間、他にもっと短い間だとお考えの方いらっしゃいますか。

ドイツでは判例によりますと、その子供を産んでから二時間後はどうだろうか、ということについて問題にしたのがあります。それから、出産後三〇分だけれども、だから直後とは言えるんだけれど、その間に起きて家事をやった、そういう場合も出産直後と言えるかということで、判例で問題になったことがあります。この程度までは、どうにか出産直後だと認められましたけれども、もう四～五時間たてば駄目なんです、それくらい厳格です。

日本の場合は、一歳未満の子供を殺した場合は、とにかく嬰児殺として刑を軽くするというふうな扱いが伝統的に続いて参りました。これは、戦前でもそうでした。戦前は御承知のように人工妊娠中絶というのは許されませんでした。堕胎罪というのは非常に厳格に処罰の対象になりました。優生保護法のような規定もありませんでした。そこで、例えばたった一回だけ強姦されてそのために出産せざるを得なくなったような未婚の母親が子供を殺すというような、非常に同情すべき場合でも、嬰児殺ということで責任を問われることになりますが、そういう場合に戦争前は、昭和二三年までは懲役二年までならば執行猶予をつけられるけれども、三年になると執行猶予がつけられなかったんです。そこで、大体の場合については戦前でも懲役二年執行猶予三年というのが、これが相場なんです。

言い渡される刑罰にも相場というのがございます。この間、田中さんの判決のときに、五年の求刑があったのに対して四年の実刑が言い渡された。これは大体相場通りというようなことが言われました。というのは、実刑を言い渡すときは求刑の二割引き、執行猶予を付けるときには求刑通りというのが、大体のところ皆が考えている、そのくらいは普通だという、刑罰・刑の相場と言われるものがあるわけです。

嬰児殺については、日本では戦前は懲役二年執行猶予三年というのが、大方の刑の相場であったわけです。これが戦後になりますと、執行猶予は懲役三年までつけられることになりました。そうなりますと、私の調べた範囲では懲役三年執行猶予三年というのが圧倒的多数です。懲役二年と執行猶予二年、懲役二年と執行猶予三年、懲役三年と執行猶予三年、懲役三年と執行猶予四年というところを合わせますと、大体八〇％位になる。そういうふうに殆どが執行猶予つきで、刑の実刑を言い渡されることはありません。

戦前に、この嬰児殺について研究をした方があります。不破武夫という、元京城大学の教授で、その後九州大学の教授になってそこで亡くなられた先生ですが、この方が京城大学におられた頃に京城の地方の判決の中から、嬰児殺についての、刑の量定に関する実証的な研究というものの中に嬰児殺について扱ったものがあります。この中では非常に気の毒な例が色々あるわけですが、大多数が未婚の女性の子供か未亡人が産んだ子供、或いは近親相姦で生まれた子供でした。御承知の通り、日本には近親相姦の規定がありません。不破博士は、この調査研究をした結果、なぜ日本には近親相姦の規定がないんだろう、こういう規定があればこういう子供が生まれなくて或いは済んだかもしれない、そういうことを考えるとどうしても近親相姦の規定をつくるべきだというようなことを主張しておられるんですが、それはまた少し話が逸れますので止めますけれども、私が申し上げたいのは未婚の女性、若い女性が産んだ、いわゆる私生児殺しが多数であった。これは終戦直後ぐらいまではそうであったということが言えるだろうと思います。

私が嬰児殺しなどについても関心をもつようになったのは、昭和三〇年の後半からでした。三〇年から、とくに三五、六年頃から四〇年頃までの資料を色々集めました、四〇年から四二年にかけて全国の女子の刑務所を全部まわりまして、そしてそこに収容されている受刑者全部の、その頃は身分帳を見せてもらうことができました。鬼頭判事のあの事件があってから、私どもが身分帳など見ることは出来なくなってしまいましたけど、その当時は未だ私どももそれを見せてもらうことが出来ました。それを調べて参りましても、嬰児殺で入獄している人は殆どないわけです。殆ど全部執行猶予がつきますから。私は、嬰児殺については、したがって東京地方裁判所の判決謄本を見せてもらうという形で調査をしましたが、さらに、卒業生で各地方で司法修習生をやっているとか、或いは検事をやっている、判事をやっている人たちに頼みまして、だいぶ沢山の判決謄本を集めまして、これを分析したことがあります。

その中でもまず、私生児殺というのが多うございました。そこで見られるのが非常に気の毒な例が多かったんです。男性に裏切られて結婚するはずだったのが結婚出来なくなったとか、或いはその他諸々のケースが多くありました。

ところが、当時私が見たケースで非常に珍しかったのは、一人子供がいる普通の家庭の婦人が、二番目の子供を出産して、自宅で柱に掴まって出産している、未だ出産完了しない時に、上の子供が「ママ、ママ」と言って来て、現場を見られたと思ったのか、その子供を即座に殺してしまった。その子供というのは、産んだばかりの赤ちゃんを殺してしまった。これが嫡出の子、正式の婚姻夫婦の間に生まれた子供を殺したケースで、これは非常に珍しいケースでした。しかし、最近の例になりますと、そういうのは全然珍しくないんですね。私ども女性犯罪研究会の方で、調査したものでは九十何例かあったんですけれども、そのうち過半数は嫡出の子です。正式の婚姻の夫婦から生まれた子供を、その妻である母親が殺害したという例でした。

そういうことで最近の嬰児殺の特徴は、嫡出子殺しが増えたということ、したがって年齢も高くなりました。昔は未婚の母親が自分の子供を殺すわけですから、比較的に年齢が若い、一〇代の終り二〇代の初めくらいに殺すのが多かったんですが、最近は結婚をして一人か二人か子供がいる、或いは全然いない場合もたまにはありますけれども、そういうことですからかなり年齢が高くなっているということがあります。私が、昭和三八、九年頃でしょうか、やはりテレビで嬰児殺の問題を扱わなければならないことがありまして、いちばん最近の嬰児殺がどういうのかというので東京地方裁判所に行って判決謄本を見せてもらったことがあります。そのときに不思議と、母親が二九歳というのが何人もいまして、二九歳というのは嬰児殺し適齢なのかと思ったことがあったくらいでございます。そういうことで、年齢も変わってきたということが言えます。

それから、もう一つ言えることは、私どもの研究結果が明らかにしていることなんですけれども、複数の子供を殺すというケースが出てきているということです。産んでは殺し、産んでは殺しというのがあるんです。こういう場合でも、判決はまず執行猶予つきです。三人も四人も殺しても、なお執行猶予がつく、そういう意味では嬰児の生命はなんと低く見積もられているんだろうかなと、私は思います。

というのは、一九七〇年から七一年にかけて、私は西ドイツだけではなくてヨーロッパの色々な国を訪ねて、調査研究をしたことがありますけれども、そこであるドイツの北の方の、普通の人は行ったことがない所だと思いますけれども、ペヒタという所、そこの女性の刑務所に参りましたところ、終身刑の受刑者が非常に模範囚であったためにまもなく釈放されるということで、二人いました。一人は終身刑を言い渡されてから二〇年。ですから一九五〇年に判決を言い渡されて、そして二〇年経って、特別な恩赦で釈放してもらえるということでした。もう一人は、これは一五年で釈放される、珍しいのだということを言っていましたけれども、その人がなんで終身刑を言い渡されたのかと申しますと、生後六ヵ月の自分の子供、その行為者は売春婦でしたが、売春婦が子供が出来てしまって、どうにもならなくなって六ヵ月の子供を殺したんです。日本ならば、一年以内ですから当然嬰児殺で、まず執行猶予です。ところが、西ドイツではその行為者に対して終身刑、無期刑が言い渡されていたんです。それで、一五年経って、そして今度ようやく釈放されるということで、一五年も一般の社会から隔離されていたわけですから、少しずつ社会の状況も見習って、色々これから準備をするところだと、そういう人に会って参りました。

こういうふうに考えますと、子供の生命というものが犠牲にされたときに、それに対してどう対応するか、刑が重いことが良いというわけではありませんけれども、しかし、日本の場合は仮に計画的に殺しても、最近では一人殺しただけでは無期刑を言い渡されることも滅多にないんです。何人も殺して初めて無期。死刑制度はドイツでは廃止されておりますし、死刑制度のない国が多いですけれども、死刑制度のない国で故意に人を殺した場合にはまず選択の余地なく終身刑なんです。

日本の場合は、どういう場合でも死刑または無期、もしくは三年以上の懲役ですから、非常に幅が広いわけです。その辺のところもやはり考えられるかと思いますけれども、いずれにしろ日本の場合には三人も四人も殺しても、なお、執行猶予がつくという風土、これがどういうことだろうかというふうに思います。しかも、戦前のように嬰児殺を犯した母親は非常に気の毒で、本当に気の毒でこういう人が何故こんなことを犯したのか、誰がそういう立場におかれてもそういう行為をしたかもしれないと思うような嬰児殺では最近のものはないのです。非常にその特徴的な例を、御紹介致しましょう。

これは、大学を出た御夫婦の問題です。お二人とも国立大学の生活協同組合にお勤めでした。そのお二人が、同じような、大学は違っていましたけれども都内にある国立大学の生活共同組合で働いていまして、色々な機会に知り合いになりまして、相愛して結婚することになりました。そのときに、奥さんになった女性に対して大学の生活共同組合の幹部の方が、君も頑張って結婚後もちゃんと働いて欲しいという希望を述べられました。本人も当分働いて、共稼ぎをして、色々と計画の設計を立てようと思っておりました。当分受胎調節をやることにしておりましたが、たまたまあるとき面倒臭くなってそれを怠ったことがあったんですね。最近色々なものを見ますと、受精・着床、そして妊娠、ちゃんと継続して、産むということは大変なことなんですね。三億もの精子が子宮に入ってもたった一個の卵子と巡り合うのは、本当に珍しいケースなんです。生命の神秘というのは、テレビでも放送されまして、私どももびっくりして見たり、或いは最近問題になっておりますす体外受精の話を聞いてみましても、体外受精、卵子に人工的に精子をかけて、培養液で培養してもなかなか受精卵がうまく着床するに至らないようです。大体受精卵が出来るのに何十%か位で、それを子宮内に戻して、そして出産するまで非常に確率が高くても一〇%未満位なんです。日本だと数%しか成功しない。そういうことを考えますと本当に、受精・着床・出産というのは大変なことなのだなと思いますけれども、とにかくたまたま避妊を怠った時に受胎をしてしまったわけです。「これは大変だな」とその奥さんは考えたようです。ところが、その妊娠だと気がついた頃、ご主人は千葉県かどこかに土地を買っていたんですね、数百万円で。その数百万円で買った土地に家を造るためにも当分子供などもたないで、一生懸命二人で共稼ぎをしなければならないということで、更に覚悟を決めたわけですが、お腹のなかの赤ちゃんは段々大きくなるわけです。ご主人の方から、何かおかしいのではないかということを言われましたけれども、この頃少し太ったということでごまかしまして、結局出産日までそのまま働き続けまして、いよいよ出産の日に、アパートか何かだったと思いますけれども、そのトイレの中に生み落として、これを殺害してしまったというケースです。

私は、これをマイホーム夢見型嬰児殺しと名付けたわけですけれども、大学まで出た方で、最初の子供です。最初の子供をそういう形で産んで、産むについて、産む気がないものですから、全然出産のための用意というのがしていない、これは初めから産んで殺すということが分かっているわけですけれども、そういう形で産んだ。これは勿論、懲役三年執行猶予三年という判決だったと思います。

それから、皆様御記憶がある方もあろうかと思いますけれども、大阪の高槻というところで、あるマンションのベランダから数体の嬰児の死体が発見されたというケースがありました。これも何人かの子供を、その奥さんが殺してそのままそこに置いておいたというケースです。これもやはり執行猶予でした。

それがもっと新しいケースになりますと、山形県の米沢で織物工場で働いている女性が、庭に自分の産んだ子供を埋めたか何かで、それが発覚したというケースがありました。ところが、その家の物置に行ったところが、三体くらいのかって産んだ嬰児の死体があったというケースがありました。たまたまこのケースは山形地方裁判所の米沢支部の支部長が慶応義塾大学卒業の方でした、大変優秀な方ですけれども、この方が第一審の裁判官だったわけですが、実刑の言い渡しをしました。私のところへ、手紙が来まして、私もこれは実刑で良いだろうというふうに思うと返事を出しました。しかし、これに対しては控訴されまして、仙台の高等裁判所で、結局執行猶予がつきました。

こういうことで、産んでは殺し産んでは殺しというケースは、四〇年頃に調べたときには殆どなかったんです。そのとき、一〇〇例以上の件数を集めましたその中でたった一件だけ、双子を産んで同時に殺したというケースがありました。そのくらいで、あと複数の嬰児を殺したという事例には、私は遭遇しませんでしたけれども、最近五〇年代に入って、四〇年代の後半からはわりあいにそういうケースが増えてきたということ、これも一つの世相の反映なのだろうか、或いは女性の意識の変革なのだろうか、考えてみる必要があるだろうと思うんです。

私は、来週は堕胎罪・人工妊娠中絶・優性保護法の改正、或いはそれと合わせて生殖医学の問題、他人の性器を使っての人工受精とか、体外受精とか、そういうものを含めて人間の生命の発生に関わる問題についてお話ししたいと思っておりますけれども、今日は産まれてからの扱いに関連して成立する犯罪について考えているわけなんですけれども、そういうことでいろいろ問題があるということです。

それが、もしかして人工妊娠中絶が安易に行なわれていると、つまり自分のお腹のなかにある時は、産むか産まないかを決定するのは母親である、産みたくなければ人工妊娠中絶をする。人工妊娠中絶をするにはいろいろな要件があるけれども、そんなことはノミナルなものであって、全然実質的な意味がない。そこで、本当はお腹のなかにある間に処分してしまいたいんだけれども、たまたまお金がなかった、或いはたまたま気がついた時には妊娠数ヵ月になってしまって処置が出来なくなっていた。そういうときには、結局産んだ方が安上がり、人工妊娠中絶をやれば手術費用が掛かりますけれども、一人で産むにはそれほどお金が掛かりません。一人で産んでそのまま殺害するというケース。

嬰児殺のケースを見ますと、ただ判決謄本の中に表れた事実だけ考えてもやはり大変だなと、例えばスラックスをはいたままで産んで、そのままその汚れたスラックスに子供を巻き付けて、そのまま捨ててしまうというようなことだとか、或いは会社でＯＬの人が、会社の会議室を借りまして、会議室のテーブルの上で産みまして、それをビニールの袋に包んでポリバケツの中に捨てるとか、色々なことを見ましてぞっとしますよね。ぞっとするよりも一度嬰児殺のケースを調べたいということで、私の同級生で東京地裁の裁判長をしている人がいたので頼んだことがありますす。そうして、記録を全部見せていただいたことがあるんです。記録というのは、一件でもこんなに沢山あるんです。

それには、例えば公衆便所に赤ちゃんを捨てた、その発見された状況からなにから全部カラー写真で撮ってあるんです。そういうのを見ますと、本当に胸が痛くなるような状況です。

ですから、実際にそういうことを行なうことがどんなに大変か、余程の覚悟をしてそれをやるのだろうと思いますけれども、しかし、最近の裁判の判決の中には、色々な判決がありますけれども、新婚旅行に行く途中にシティ・エア・ターミナルのごみ箱の中に、結婚前の愛人との間にできた子供を捨てたというケースを思い出される方が皆様方の中にはあるかと思いますけれども。その判決のときもそうでした。本人だけをせめられない、その相手となった男性にも責任がある、本人だけは責められないんだから執行猶予をつけるのだというのがあります。

そうかと思いますと、今や人工妊娠中絶というものが、非常に容易に行なわれる。したがってお腹のなかにある間は本人の希望次第でなんでもできる。その延長線上に嬰児殺があるのだとした判決を幾つか見たことがあります。そうすると、非常に問題があるんです。

まず第一に人工妊娠中絶は常に正当化されるのでしょうか。裁判官も人工妊娠中絶なら良いのだという考え方が前提となっているんです。はたしてそうでしょうか。実際に法を護る人がそういう意識で良いのだろうか。ということ問題ですけれども、やはり堕胎が自由に行なわれることから、嬰児殺が続発してくるのだということからすると、非常に問題があるような気が致します。

ただ、幸いなるかな嬰児殺の数は、あんまり変わりがありません。戦前戦後を通じて、年間大体一七〇～一八〇件から二〇〇件位まであまり変わりがない。昭和四八、九年頃に一時的に「最近の女性は母性喪失である、子殺し・子捨てがこんなに増えたのは、女性の母性喪失に基づくのだ」ということを、マスコミが大キャンペーンで報道したことがあります。しかし、その時でも絶対数はそう多くありませんでした、同じだったんです。けっして増えてはいません。

子供を殺すというのは、余程のことがない限りそういうことをするわけがないという、それは私たちの健全な社会というものの救いなんだろうと思いますけれども、しかし昔の態様に比べると、昔は女性の子殺しはもちろん、その他の殺人でも同情に値するようなものばかりでした。だから女性に対する刑は軽い、執行猶予がつくのが何十％にもなる。男性の大体倍くらい執行猶予がつく。これは女性に対して司法当局が甘すぎるのだという批判もありますけれども、そうではなくて犯罪の態様それ自身が、情状からみて同情に値するものが多いということなので、刑が特別に甘すぎるということではないのだろうと思います。

これは、被害者との関係なんですが、嫡出子・非嫡出子・夫・愛人・父母・その他とありますが、こういうことで大体身内の者なんです。関係のない他人を巻き込むことは滅多にないんです。身内の間で殺害行為が行なわれるということは、それなりの理由があるということが多かったわけです。だからこそ、執行猶予がついても当然であったと言えるだろうと思いますが、現在でもそれは言えるだろうか、それが問題だと思います。

それから嬰児殺の事例を見ますと、これは家族形態とも関係があるということがよく分かります。段々に核家族が増えて参りますと、どうしても育児というものをひとから習うということがありません。どうしていいか分からない。子供が可愛いものかと思ったらとんでもないもので、始末に窮して殺してしまうというケースもあります。いわゆる育児ノイローゼというのは、私どもの調査によりますと、昭和三〇年に殺人の事例を調べたものと、昭和五一年から五五年までの間のものと比べますと、育児ノイローゼというのは倍以上も増えております。母親、或いは主婦、女性というものが、核家族の中で非常に重大な役割を果たさざるを得なくなっている。かつて、女性法律家のパイオニアとも言われる方が、「今や主婦というものは、代役のない主役のようなものだ」と書かれたことがあります、大変良い表現だなと思いました。昔ならば、主婦が風邪ひいた、どこかに出掛けたい、病気になったというときに、その家には誰かいたわけです。お姑さんがいるとか、叔母さんがいるとか、兄弟がいるとか、拡大家族でしたから誰か手助けをすることが出来る。しかし、今では誰もそういうふうに手助けをしてくれる人がいない。地域社会でのそういう福祉が十分に行なわれていれば、それでも誰かが代わってくれるけれども、そういう代わってくれる人が誰もいないということは、いつでも出ずっぱりの主役なんですね。その人が倒れてしまったらどうにもならなくなる。だから、経済的にも男性一人の経済力では生活を支えがたいそういう状況のなかで今、パートで働いている女性が非常に増えております、そういう意味では、経済的な負担も多い。それでも、共働きでも男性が十分に手伝ってくれるかというと、そういうことはありませんですよね、なかなか。

これは、家事労働時間に関する国際比較というものがありまして、それで見ますと、日本の女性は思ったほど家事労働に時間を割いていないんです。これは確かですけれども、それ以上に男性は世界各国で最も家事労働をしない。いちばん協力しないのが日本の男性であることが、非常に明確に出てきているんです。そういう意味でも、核家族化致しますとどうしても負担が女性・母親にかかって、それが育児ノイローゼとなり、或いはどうかした拍子に子供を殺すようになってしまうというようなことが分かります。

そういう意味でも、実数はそれほど変わらなくても、犯罪の態様・内容、その背景を考えますと、そこには大きな社会の変化、或いは世相の変化というものが認めることが出来る、大変興味がある、そういう結論が出て参るわけでございます。

今日は、色々な問題を申し上げました。或いは皆様方にわりあい身近な問題ですので、後の討論の時間を少し沢山もった方が良いのではなかろうかと考えます。ここでは嬰児殺に関する研究としては、戦前の不破教授の論文、それから終戦直後に植松正という一橋大学の名誉教授の方が書かれた論文、これは一〇〇例位を集められたもので、それから、私が昭和四七年に発表致しましたものがあることを申し添えておきます。

以上で私の報告とさせていただきます。ご静聴ありがとうございました。

（港区昭和五八年度秋期成人大学）

中谷瑾子　略歴

大正一一年八月二三日山形県酒田市に生まれる。

日本女子大学国文科を経て、昭和二五年九月、慶應義塾大学法学部法律学科（旧制）卒業。昭和二五年一〇月一日、慶應義塾大学法学部助手。昭和三一年一月一日、慶應義塾大学法学部助教授。昭和三七年四月一日、慶應義塾大学法学部教授（慶應義塾大学法学部初の女性教授）となり、昭和六二年三月、選択定年で退職。塾長からの依頼により新設の杏林大学社会科学部教授として転任。平成八年四月、新たに大東文化大学大学院博士課程設立要員として乞われ、同大学院教授として招聘をうけるにあたって、学部にオムニバス方式の医事法の講座の開設を条件として赴任した。現在、慶應義塾大学名誉教授・大東文化大学名誉教授。

刑事法随想
わが心の軌跡
曲肱の楽しみ

中谷瑾子《なかたにきんこ》

慶應義塾大学名誉教授
法学博士　弁護士

初版第1刷発行　2004年7月7日

著　者
中 谷 瑾 子

発行者
袖　山　貴＝村岡侖衛

発行所
信山社出版株式会社
113-0033　東京都文京区本郷6-2-9-102
TEL　03-3818-1019　FAX　03-3818-0344

印刷・エーヴィスシステムズ　製本・渋谷文泉閣

ISBN 4-7972-5317-7 C3032